G

韦森 著

文化与制序

修订增补版

上海三联书店

**韦森**　汉族，籍贯山东省单县，经济学博士，教授，博士生导师，曾任复旦大学经济学院副院长多年，现为复旦大学经济思想与经济史研究所所长。

1982年获山东大学经济学学士学位后，曾在山东社会科学院《东岳论丛》编辑部做编辑工作数年，并被评为助理研究员。1987年受联合国资助，到澳大利亚国立大学国家发展研究中心留学。1989年获澳大利亚国立大学硕士学位。1995年在悉尼大学获经济学博士学位。2000年至2001年曾为剑桥大学经济与政治学院正式访问教授。2001年回国正式执教复旦大学经济学院。2006年曾为哈佛大学哈佛燕京学社短期高级客座研究员。2001年回国后，曾在复旦大学为研究生和本科生教授微观经济学、宏观经济学、制度经济学、比较制度分析等课程，多年来在复旦大学多次被学生评为最受欢迎的教师。

自80年代初以来，曾在国内外著名学术刊物上发表论文数十篇，并经常在国内外有影响的财经媒体和门户网站上撰写专栏文章、访谈和学术随笔。主要研究领域为制度经济学和比较制度分析，对哲学、伦理学、法学、政治学、人类学、语言学、社会学以及宗教神学等学科也有着广泛的研究兴趣。

**主要学术著作：**

《社会制序的经济分析导论》，上海三联书店，2001 年。

《经济学与伦理学：探寻市场经济的伦理维度与道德基础》，上海人
民出版社，2002 年。

《文化与制序》，上海人民出版社，2003 年。

《经济学与哲学：制度分析的哲学基础》，上海人民出版社，2005 年。

《经济理论与市场秩序：探寻良序市场经济运行的道德基础、文化
环境与制度条件》，格致出版社，2009 年。

《语言与制序：经济学的语言与制度的语言之维》，商务印书馆，2014 年。

《经济学与伦理学：市场经济的伦理维度与道德基础》，商务印书
馆，2015 年。

《国家治理体制现代化：税收法定、预算法修改与预算法定》，商务
印书馆，2017 年。


**个人随笔集：**

《难得糊涂的经济学家》，天津人民出版社，2002 年。

《经济学如诗》，上海人民出版社，2003 年。

《思辨的经济学》，山东友谊出版社，2006 年。

《市场、法制与民主：一个经济学家的日常思考》，上海人民出版
社，2008 年。

《大转型：中国改革下一步》，中信出版社，2012 年。

《重读哈耶克》，中信出版社，2014 年。

《中国经济增长的真实逻辑》，中信出版社，2017 年。

《制度经济学三人谈》（韦森、汪丁丁、姚洋合著），北京大学出版
社，2005 年。

思想的云层正在一同放射闪电。制序与观念之间正在恢复或即将恢复均衡。

——雪莱（Percy B. Shelley, 1820,《解放了的普罗米修斯》，序）

# 再版序言

It is far off and profound, who can discover it?

——*Ecclesiastes*，7：24

2001年3月初，我从剑桥大学经济学院访学归国后，曾为复旦大学经济学院的研究生开讲了一门"制度经济学专题研究"的课程。那年讲授这门课程的授课笔记，就整理成了这本小册子，当时定名于《文化与制序》，于2003年初由上海人民出版社出版。

自2003年这本小册子初版以来，转眼16年多已经过去了。文化与"制序"（英文为"social institutions"），在这两个领域中，国内国际都有很多研究，乃至到目前均有许多学术专著出版。但是真正研究二者之间关系的，到目前看来仍然还不多。这本小册子一开始撰写，笔者就尝试从思辨哲学的角度思考二者之间的关系。这么复杂的问题，今天要我重新写这本小册子，可能会换个角度重新研究，乃至重新思考和重新写作。但是，最近几年，自己深陷在货币理论和世界货币制度史的比较研究之中，这两个相关联的领域文献如海。现在实在没时间再回去重拾"文化与社会制序"这个具有重大意义且极其复杂的研究课题。甚至连对这本小册子做些细微结构修改的时间都没有。故这次重印，我基本上还保持了原貌、篇章结构、内容语句，学术观点和论述基本上都没动，而只是对书中个别明显的不当用词和句子略做修改。而对于一些新的感悟和补充，凡新添上去的语句，我都会在注脚中标出新近增补的日期。

实际上，笔者关注和思考中国传统文化与中国社会的现代化关系问题已经多年了。从20世纪80年代初大学毕业后在山东社会科学院工作，到1987年初在澳大利亚读书学习，就一直思考着这个问题，萦绕脑际，挥之不去。从2001年我在上海三联书店出版《社会制序的经济分析导论》（韦森，2001）开始，之后出版的每本书的最后一章，关注和论题（包括这本小册子），都是在思考中国社会的现代化道路问题。故在这本重印之际，我把自20世纪80年代中后期在国内国外发表的几篇文章（包括其中的一篇译作）收罗在附录（共5篇，其中有一篇首次在中国大陆发表）中。这本不到10万字的小册子及其5篇附录中，细心的读者能看出几十年来笔者思考和梳理传统文化与中国社会现代化过程问题的思想轨迹，也许能够辨析出我在学术观点上的进步以及变与不变。

2018年，是中国改革开放40周年，经过40年的市场化改革和对外开放，中国经济从整体上已经基本完成了从中央计划经济向市场经济的社会转型，中国经济保持了30多年的高速增长，GDP总量目前已经居世界第二。从某种程度上说，中国社会已经完成了这一轮科技革命发展阶段的工业化过程，可以说，在自器物层面上实现了现代化。但是，在社会制序方面，中国目前应该还在现代化转型的"半路上"。在这个现代化转型的历史关口，希望笔者这些年的理论思考与探讨，能提供一些有益的思想资源。

这里谨向本书初版编辑忻雁翔女士，以及再版特约编辑谷雨和上海三联的匡志宏、李英致以由衷的感谢！感谢她们在这本小册子初版和再版过程中所付出的所有编辑辛劳。这里亦特别感谢上海三联书店对我这套学术专著出版的鼎力支持。最后，笔者由衷地希望这本小册子能成为一块引玉之砖，引起学术和思想各界更多学者的关注与思考，研究中国传统文化和中国社会现代化的关联问题，以期将来在这方面能有更多的研究专著出版。

　　是为再版序。

韦森于 2019 年 1 月 14 日谨识于复旦

# 初版序言

> "文化"（Kultur）这个词意义实在含混得很，使用起来非得万分小心不可。
>
> ——洪堡特（Wilhelm von Humboldt，2001，参中译本，第89页）

这本小册子凝汇了笔者对文化与"制序"（institutions）关系的思辨的和历史的思考。从某种程度上来说，这本小册子是笔者对文化与制序及其相互关系的一种哲学本体论的（ontological）反思。

近年来，复旦大学经济学院的学生和同事们常抱怨我的理论文著艰涩难懂。中国经济学界的一些关注着我的作品的同仁和朋友——如中国社会科学院的党国英教授——也常常反馈过来类似的信息。然而，了解我的理论思路的学术友人和我教过的学生均知道，近一两年来，我学术探究的努力方向之一，就是尽量将自己的思想通俗化，并力求使自己文著的话语（discourse）清晰明了。在这本小册子中，我更是有意识地致力于追求此目标。

如果说我的文章和著作真的难懂的话，那主要是因为近些年来我所做的跨越多学科思辨思考的缘故。屡屡介绍和评论经济学界、法学界、哲学界、伦理学界、政治哲学界、人类学界、社会学界和宗教神学界的一些思想大师的观点，随之也就使自己所讨论的话题变得"云里雾里"起来。因之，我的学术进路的较难懂，可能是自己在多学科里的许多思想巨人的理论丛林中漫步的一个自然结果。

我的专业是理论经济学。我最终的学术追求，是社会制序（social institutions）的经济分析和比较，尤其是东西方市场经济制序的分析和比较。因此，这本小册子特别呈于那些对所谓的"制度经济学"感兴趣的中青年思想者。

当代文化人类学家格尔兹（Clifford Geertz，1973，参中译本，第 408 页）曾警示道："将一己之见上升到哲学问题的高度是危险的。"读格氏此言，如醍醐灌顶。自己学经济学，却从哲学视角谈文化，事非所愿，也原非得已，自不免僭越，故如履薄冰。这里，谨呈请中国哲学界、人类学界和文化界的方家高人批评垂教。

《易经·兑卦第五十八》有言："《象》曰：丽泽，兑；君子以朋友讲习。"（这句话翻译成现代汉语大意为："好比两泽相连，象征心悦神怡一样，君子看重朋友间的探讨、研习学问"）倘若此，何其美！人类社会就是在认识和遵循"天道"并在人们思想的产生和交流中不断进步的。

是为序。

韦森于 2003 年元旦谨识于复旦

2003 年 2 月 26 日定稿

# 目　录

# 第一章　引言：　话说当今中国学界的
## "文化热"与"制度热"

人是悬挂在他们自己编织的意义之网上的动物。

——格尔兹（Geertz， 1973， p.5）

文化与制序（institutions）[1]，分别是当今中国思想界的两大热门话题。一方面，自"五四运动"（严格来说，从晚清大学士

---

[1]　在这本小册子中，笔者把英文的"institution"一词一律翻译为"制序"。西方当代著名哲学家曼海姆（K. Mannheim, 1960, p. 245）在其名著《意识形态与乌托邦》一书中曾指出："我们应当首先意识到这样一个事实：同一术语或同一概念，在大多数情况下，由不同境势中的人来使用时，所表示的往往是完全不同的东西。"可能正是因为这一原因，"institution"一词在中国学术各界翻译得很乱。在中国经济学界，大家一般不假思考地把它翻译为"制度"，而中国英语学界（如姚小平、顾曰国教授）和哲学界（特别是研究语言哲学的中国著名中青年哲学家如陈嘉映教授等）一般把"institution"翻译为"建制"。另外值得注意的是，在《索绪尔普通语言学教程的三度讲演》中译本中，我国语言学家张绍杰教授将所有的"social institutions"全部翻译为"社会惯例"，而将所有的"convention"全部翻译为"规约"（参 Saussure, 1993）。华东师范大学哲学系的杨国荣（2002）教授则在他的《伦理与存在》中，把"institution"全部翻译为"体制"。这些均值得我们深思。事实上，正如笔者最近在一些文论中一再指出的那样，三位诺奖得主哈耶克、科斯和诺思各人在使用"institution"一词时，所涵指的现实对象性实际上也是不同的。哈耶克倾向于把他的研究对象视为一种"order"（秩序），科斯则把"institution"视为一种"建制结构"（有点接近英文的"structural arrangement"，即"结构安排"；或"configuration"，即"构形"），而诺思则把"institution"视为一种"约束规则"——用诺思本人的话来说，"institutions are rules of game"。经过多年的反复揣摩，我觉得最能切近或精确界定西方语言中"institution"一词的，还是《牛津英语大词典》中的一种定义："the established order by which anything is regulated"。《牛津英语大词典》中的这一定义翻译成中文则是："（由规则）调节着建立起来的秩序"，即我们可以把它理解"由制度规则调节着的秩序"。这一定义又恰恰与哈耶克在《法、立法与自由》中所主张的，"社会秩序"是建立在"规则"基础之上的这一洞识不谋而合。到这里，也许读者能明白近几年我为什么一再坚持要把"institution"翻译为"制序"（即制度规则调节着的秩序）的缘由了。

倭仁 1876 年向同治皇帝就"文化"问题上奏折）以来，伴随着国人（主要是中国哲学界、文化界和历史学界）对中华民族和国家的发展走向及其变迁张力的忧虑和关注，文化讨论以及与之相关联的中西文化比较研究在中国近代和当代思想史上已经几起几落。当中国经济改革推进自 20 世纪 80 年代中后期而踟蹰不前时，也曾在国内外华人思想界再度兴起了一场新的"文化热"，并且这一场文化热在目前似仍"余热未散"。另一方面，随着自 90 年代中后期以来，中国经济学界对目前在国际上"如日中天"的"新制度经济学"（New Institutionalism）[1] 的学术观点、分析进路和理论洞识的引进，经济学的"制度分析"在当今中国似乎是"大行其道"，且有继续"走红"之势。当今中国经济学界"制度热"的表现在于，要么"制度分析"已成了理论经济学（如果说中国已开始有了的话）建构的"集中意识"（focus awareness），要么成了其他经济学学科理论分析的"支援意识"[subsidiary awareness——这里借用英国当代著名政治哲学家 Michael Polanyi（1958）的两个术语]。然而，综观当今中国思想界中这两大热点话题的有关讨论，可以看出，目前各学科的方家大致还是"各吹各的号，各唱各的调"。且不说在跨学科之间缺乏

---

[1]　由于以科斯（Ronald Coase）、诺思（Douglass North）、威廉姆森（Oliver Williamson）、张五常（Steven N. S. Cheung）等为代表的新制度学派（New Institutionalist）至今仍然忽略了对"institutions"中的"社会事态"（state of social affairs）即"社会秩序"（social orders）层面或方维的研究，而只关注"institutions"中的正式和非正式约束（尤其是其中的产权约束）即"制度"方维，照中国学界目前的通用译法，把"New Institutionalism"译为"新制度学派"，似乎名副其实。故本书将遵循目前国内经济学界的惯例仍然使用"新制度经济学"一词。

沟通和了解，即使在本门学科甚至本研究领域内部，各家亦"隔膜"颇深。特别是在当今"红红火火"的中国经济学界，更是如此。

鉴于这一格局，作为一个"文化热"和"经济学的制度分析热"这两大当今中国热点讨论的"边缘"学人（这里借用汪丁丁提出的这个词），笔者旨在以这本小册子来呼唤经济学、人类学以及中国哲学和文化界在当代社会科学话语环境中沟通与对话。在第二章，我们将通过语源的追溯和对人类学家学术观点的文献回顾，初步梳理一下文化概念的大致规定性，并试图从中发现文化研究与社会制序的经济分析在方法和研究内容上可能存在的切合点。基于当代文化人类学者尤其是格尔兹（Clifford Geertz）对文化概念的理解，在第三章我们将辨析"文化"与"制序"这两个概念的各自规定性，并探析二者的相互交叉和关联之处。通过引介英国当代著名生物学家道金斯（Richard Dawkins，1989）在《自私的基因》一书中所提出的"拟子"（memes）概念，在第四章我们将进一步思索、把握和界定"文化拟子"的规定性。有了"文化拟子"这个概念，我们就能较便捷和准确地理解和把握"文化濡化"（enculturation）和"文化播化"（cultural diffusion）这两个社会机制过程了。由于经济学家视野中的制序化（institutionalization）[1] 与"制序变迁"

---

[1]　基于把"institutions"解释（亦即翻译）为"制序"这一点，在社会制序的经济分析的话语语境中，我们把"制序化"（institutionalization）理解为从个人的习惯到群体的习俗（自发社会秩序）、从习俗到惯例（非正式约束）、从惯例到制度（正式约束）这样一个内在于社会过程中的动态逻辑发展进程（参韦森，2001，第三篇）。从某种程度上来看，我们所理解的"制序化"又近似于社会制序本身的"型构"（formation of social institutions）过程。

（institutional change）[1] 均应当是而实际上也是在文化濡化与文化播化的社会机制过程中发生的，运用"文化拟子"这个概念来反思文化濡化和文化播化与制序化和制序变迁关系，就构成了第五章的任务。在前几章对文化与制序及其相关联的几个概念及其相互作用机制进行了探究和梳理之后，在第六章，我们将从文化与制序的相互关联和相互作用中，看东西方社会制序的型构与演进路径。最后，我们将达至整个理论分析和探究的结论，并提出一些尚待进一步思考的问题。

_____

[1] 在社会制序的理论分析的"此在"层面上，我们把"制序变迁"理解为社会制序的各个环节或其中任一个构成部分（如习惯、习俗、礼仪、惯例、规则、契约、法律和其他种种制度性约束，等等）在时间系列中的改变和演化，其中包括一些构成部分的"消解""解构""弥散"或"消失"。

# 第二章　文化概念

哲学家经常像小孩。小孩有时在一张纸上胡乱画些什么，然后问大人："这是什么?"——原来大人曾几次给小孩画些画，然后告诉小孩："这是一个人"，"这是一幢房子"，等等。后来，小孩也涂了一些记号，问道："那么，这是什么?"

　　　　　　　——维特根斯坦（Wittgenstein， 1977， p. 17e）

社会制序作为人类"生活世界"(Lebenwelt——这里借用哲学家胡塞尔提出的一个概念)的"生活形式"(Lebenformen——这里借用维特根斯坦提出的一个概念),是存在于一定的场景与氛围之中的。这主要是因为,人们现实的经济和社会活动本身,就是在既定人类生活世界中的场景与氛围中发生的。制序化是一个自我完成的内在动态逻辑发展过程(参韦森,2001,第三篇),但它不是一个在自我封闭的系统中的自我生成、驻存、演进和变迁的孤立过程。制序化,以及内在于其中的"制度化"(constitutionalization)[1],总是发生在一定的社会场景和氛围之中,其过程的实现和动态变迁,也自然甚至必然反映和投射在其存在的场景和氛围之上,影响着、改

---

[1] 由于把英文的"institutions"理解为包含作为种种"社会事态"(social state of affairs)的"秩序"和作为规则和约束的"制度"动态发展着的"逻辑整合体",我们把"制序化"理解为:从个人的习惯到群体的习俗(自发社会秩序)、从习俗到惯例(非正式约束)、从惯例到制度(正式约束)这样内在于社会过程中的动态逻辑发展进程,从而把"制度化"界定为社会或社群内部正式约束规则(尤其是其中的法律规则)的确立与制定过程。由此来看,制度化内在于制序化之中,但不一定要全部经过从习惯到习俗、从习俗到惯例、从惯例到正式(法律)制度这样一个逻辑发展过程。这是因为,社会或社群中的一些制度(包括一些组织内部的制度),可以经由(而现实中实际上往往是如此)主权者的意志理性地建构(即制定)出来,也可以经过社会博弈的参与者在博弈开始之前,就经由讨价还价而预先设定下来。基于这一理解,我们把"制度化"(constitutionalization)理解为一个组织、社群或社会内部运作程序的规则化以及约束规则的构成化、体系化和程式化。

变着和改造着制序化本身的场景和氛围。制序化本身的这种场景和氛围，从广义上来说就是文化，或者说文化传统[1] 和文化遗产。

由于制序、制序化和制序变迁实际上内在于文化场景与文化氛围之中，并因而与文化场景和文化氛围有着"斩不断、理还乱"的复杂关联和相互作用，不尽力辨析和梳理其中的关联纽结及相互作用机制，就难能对制序的实质、制序化的式样以及制序变迁的路径有一个较为明晰和深层的理解。

在具体探究和解释文化与制序、文化演进与制序化和制序变迁之间相互关联的社会机制过程之前，一个必须要做的事是，简略地考究一下"文化"概念的大致规定性。这里之所以说是"简略地"，是因为，什么是文化本身，多年来就是人类学家、哲学家和文艺评论家们似乎永远讲不清、道不明的一个问题，以至于在对文化概念本身的理解上，似乎每一位认真思考这一问题的论者均有自己的看法。据有的学者统计，目前学界对文化概念的定义有数百种之多。因此，笔者这里无力也无意在学界对文化概念所见各异的诸多界定中，再增加自己的理解。

为了对文化概念的词义有一较为切近的领悟，这里我们还是先从词源上追溯一下英文中"culture"和中文中"文化"词义的历史演变过程，然后再来回顾一下人类学家、哲学家和文艺评论家和其他论者对文化概念的把握和界定。

首先，让我们先来追溯一下英文中"culture"一词的词源。按

---

[1] 据美国学者爱德华·希尔斯（Edward Shils）所言，一种文化范型若能持续三代以上，就可以成为传统（转引自郑家栋 2001a，第 52 页）。

照剑桥大学以马内利学院的前院长唐·卡皮特（Don Cupitt，1997，pp. 22~23）考证，英文中的"culture"源自拉丁文的动词"*colo*""*colere*""*colui*""*cultum*"等词。在拉丁文中，这些词的意思是"to till the ground，to tend and care for"。由此来看，早在很久以前，这些现代英语中的"culture"一词的拉丁文"远祖们"，已有当代西方人使用它时所含有的许多意思，其中包括栽培、培养、驯养、耕种、照管等等涵义。这些涵义概括起来就是，通过人工劳作，将自然界的野生动植物加以驯化和培养，使之成为符合人类需要的品种。因此，卡皮特认为，从一开始，"culture"就意指被（人所）熟识（familiarized）、驯化和培育过的世界的镜像。用古罗马法学家西塞罗（Marcus Tullius Cicero）的话来说，"culture"意指"第二自然"。由此也可以看出，在西方人的思想与语境中，"culture"源自自然，又区别于自然，人化自然或自然的人化均可被视为"culture"。后来，在西方人对"culture"一词实际使用中，它的涵义不断扩展，以至于"culture"后来的涵义不仅包扩土地的"cultivation"（耕作）即农业，也包括各种各样的家室中植物的栽培，宠物的驯化，个人技能、人格、品德和心灵的"修炼"功夫，及人际间关系和友谊的培养（在西方人的心目中，这些活动被理解为"low culture"），以及艺术、科学和"cult"，即对诸神祇的关注、照料、供奉和膜拜（这些活动在西方人的眼中被视为"high culture"）。[1] 这样，在西方人的使用

---

[1] 据英国文化史学者雷蒙德·威廉姆斯（Raymond Williams）考证，从18世纪末开始，西方语言中的"culture"一词的词义和用法发生了重大变化。在《文化与社会：1780~1950》一书中，(Williams，1958，P. XVI) 提到："在这个时期以前，文化一词主要指'自然成长的倾向'以及——根据类比——威（转下页）

中，"culture"一词所蕴含的客观对象性，就从原来的人对自然本身的照管、驯化，逐渐申引为对人自身本能状态的教化、培养和"修身"的工夫及活动，以及对人与人之间的关系的培养和照料活动。尽管如此，"culture"一词本来所蕴含的人对自然的照料和驯化的意思，仍然还存留在这个词的西方现代语义之中。

在汉语中，"文化"这个词最早可追溯到《易传》中的"人文化成"一语。在《易·贲》中，有"观乎天文，以察时变；观乎人文，以化成天下"云云。由于中国古人用"人文"指人所创造的事物，并与"天文"和"地文"并立为三，所以《易传》中这两句话的意思是，用人类所创造的东西来参天地之造化，建立文明美好的社会。据王作新博士（1999，第1～3页）考证，把"文""化"二字联系在一起而正式作为一个词来使用，始于西汉。刘向《说苑·指武》有曰："圣人之治天下，先文德而后武力。凡武之兴，为不服也；**文化**不改，然后加诛。"很显然，从刘向的这段话中可以看出，"文"是指文德，即现在所理解的社会伦理道德，"化"是指教化，即经教育而使人转化。因此，"文化"在古汉语中就有以伦理道德教导世人，使人们成为在思想、观念、言行和举止上合乎特定礼仪规范的人的意思。这就是中国古汉语中"文化"一词的基本涵义。事实上，这一涵义也一直沿存在现代汉语中"文化"一词的词义之中。

---

（接上页）廉姆斯人的培养过程。但是到了19世纪，后面这种文化作为培养某种东西的用法发生了变化，文化本身变成了某种东西。它首先是用来指'心灵的某种状态或习惯'，与人类完善的思想具有密切的关系。其后又用来指'一个社会整体中知识发展的一般状态'。再后是表示'各类艺术的总体'。最后，到19世纪末，文化开始意指'一种物质上、知识上和精神上的整体生活方式'。"

据周蔚、徐克谦（1999，第4页）所言，最早用"文化"这两个汉字来对译西方文字中的"culture"，始于日本学者。后来国人也沿袭了日本学者的这一译法。但是，毫无疑问，古汉语中的"文化"和西方文字中的"culture"，在原来的涵义上是有区别的。只是随着近现代世界历史的发展，以及西语的"culture"和汉语的"文化"两个概念同时在西方和东方社会人们的实际使用中所涵盖的词义越来越广，并随着东西方"文化"——"culture"的交流，二者在现代和当代社会科学及文艺理论的话语语境中，词义越来越趋同。尽管如此，现代汉语中的"文化"与西方文字中的"culture"，还是有些区别的。主要区别在于，现代汉语中的"文化"一词，较偏重于涵指人们的精神活动和精神产品，因而，在一般中国人的观念中，农业耕作、种植、驯化动物、植花养草，并不像一般西方人的观念中那样被视为"culture"（文化）的内在构成部分或文化活动（cultural activities）。[1]

在对英文的"culture"和中文的"文化"两个词进行了词源学的概念追溯之后，让我们再来梳理一下人类学家、文艺批评家以及其他论者是如何理解和界定文化概念的（在以下的讨论中，我们将把中文的"文化"与英文的"culture"视为涵指同一实存的同一个概念）。一般来说，在论界力图界定和把握文化概念上，有两种定

---

[1] 在下面的论述中，我们将会看到，当代中国人观念中的"文化"一词的含义，比较接近古迪纳夫（W. H. Goodenough），列维—斯特劳斯（C. Lévi-Strauss），格尔兹（C. Geertz）和施奈德（D. Schneider）等学者的狭义的"观念型"的文化定义。换句话说，在对"culture"理解上，当代人类学家们已逐渐扬弃了源自拉丁文的"耕作、栽培和驯化动物"原来的涵义，而逐渐接近中国人观念中的"文化"概念。

义方式。[1]

第一种定义方式可以被作为是文化的"社会定义"进路。这种定义也可被称为文化的宽泛定义。根据这种宽泛的定义，文化被视作某一时期的某一特殊社会生活方式的整体称谓。人们通常所说的"玛雅文化""华夏文化""日本文化"，就是指玛雅人、华人和日本人的整体生活方式，其中包括他们的生产活动、经济与社会交往方式、政治运作方式、宗教信仰与礼仪活动、家庭与社群的结构，以及艺术活动、伦理准则、价值规范、社会礼仪、风俗惯例及法律，等等。对文化的这种宽泛的理解，最早源自西方一位人类学家爱德华·泰勒（Edward B. Tylor）。在 1871 年出版的《原始文化》一书中，泰勒（Tylor，1871，p. 1）曾把文化界定为包括器物、制序在内的由"知识、信仰、艺术、道德、法律、习俗，以及其由作为社会成员的人所获得的任何其他能力和习惯的复合整体"。沿着这种宽泛的文化定义思路，当代一位人类学家哈里斯（M. Harris，1968，p. 11）后来曾明确指出："文化概念意指（comes down to）一些特定人群的行为模式，即习俗和人们的生活方式。"这种对文化概念的宽泛的"社会定义"，更能从当代著名人类学家马林诺夫斯基（Bronislaw

---

[1] 值得注意的是，英国文化史学者、文化社会学家威廉姆斯（Raymond Williams）曾认为存在三种文化定义方式：一是"观念型"的文化定义，二是"文献式"的文化定义，三是文化的"社会"定义（参罗钢、刘象愚，2000，第 125～126 页）。这里要特别指出的是，在现代社会科学尤其是管理科学的话语语境中，又广泛出现了"企业文化"的概念。而所谓"企业文化"，主要是指一个由企业内部员工的团队精神、管理方式、营业导向，以及企业内部同事关系的亲疏程度等所构成的一种企业内部的氛围。另外，殷海光先生在《中国文化展望》一书中，曾列举了文化的六种定义方式：记述的、历史的、规范的、心理的、结构的和发生的定义（参殷海光，2001，卷三，第 1～20 页）。

Malinowski)在《文化论》(1987，参中译本，第2页)[1] 中对文化的如下界定中体现出来："文化是指那一群传统的器物、货品、技术、思想、习惯及价值而言的，这概念实包容及调节着一切社会科学。"在另一著作中，马林诺夫斯基（Malinowski, 1960，参中译本，第56页）则更明确地指出："文化是由部分自治（autonomous）和部分协调（coordinated）的制序（institutions）所构成的整合体。"[2] 对这种宽泛的"Tylor式"的文化概念的内涵，另一位人类学家克莱德·克拉克洪（Clyde Kluckhohn）在1949年出版的《人之镜》一书中曾做了以下全面罗列：(1)"一个民族的全部生活方式"；(2)"个人从他的群体中获得的社会遗产"；(3)"思维、感觉和信仰方式"；(4)"行为的抽象"；(5)"人类学家关于一个人类群体的实际行为方式的理论"；(6)"集中的知识库"；(7)"对经常出现的问题的一系列标准化的领悟（orientation）"；(8)"习得行为"；(9)对行为进行规范调节的机制；(10)"适应外部环境和其他人的一系列技能"；(11)"历史的沉淀"（转引自Geertz, 1973, p. 4）。这种宽泛的文化定义，恰似印证了中国坊间的"文化是个筐，什么都能装"的一句俗语（引自秦晖，1998，第260页），也恰似引证了马林诺夫斯基以及其他西方学者所提出的"文化是

---

[1]　马林诺夫斯基的《文化论》似乎并没有出版过英文版。查遍剑桥大学的所有图书馆以及美国国会图书馆，笔者也未查到此书。费孝通先生在该书中译本"译序"中也特别指出，马林诺夫斯基的《文化论》原稿"迄今未刊行"（时为1940年。费孝通先生在"译序"中还特别指出，他获"特允先行汉译"（参Malinowski, 1987，"译序"，第3页）。

[2]　从马林诺夫斯基《科学的文化理论》中关于文化定义的上下文里可以看出，他所理解的"institutions"，不仅包括习惯、习俗、惯例和法律规则等（即我们所理解的"制序"）的涵义，也包括这个英文所包含的"组织机构"的涵义。并且，马林诺夫斯基似乎更多地是从第二重涵义上使用这一概念。

百衲之物"（a thing of shreds and patches）的老观点（引自 Geertz，1973，参中译本，第 458 页）。澳大利亚国立大学的罗杰·基辛（Roger M. Keesing，1974，pp. 75～76）也曾对文化概念的这种包罗万象的理解进行了如下归纳："文化是用作为把人类群体与他们的生态结合起来（社会地传播着的行为模式）的体系。社群的生活方式包括技术、经济组织的样式（mode）、生活方式（settlement patterns）、社会群居和政治组织的方式，以及宗教信仰和实践，等等。"

自 20 世纪 50 年代以来，许多人类学家和文化学者认为这种极宽泛的"Tylor 式"文化概念不具有理论分析的可操作性，[1] 进而

---

[1] 可能正是因为宽泛的文化定义的这种"不可操作性"，精明的法国著名社会学家涂尔干［Émile Durkheim，国内曾有多种译名，如迪尔凯姆、杜尔克姆、杜尔金（许国璋译法）和德克海姆，等等］一生宁肯使用"集体意会"（collective conscience）和"集体表诠"（collective representation），都没有使用过英美人类学中的"文化"一词。尽管涂尔干本人曾注意到并大量引述英国人类学家泰勒（Edward B. Tylor）和其他许多人类学者的著作，可他并没有用文化这个术语来综括他所讨论的对象（参傅铿，1990，第 98～99 页）。并且，从涂尔干（Durkheim，1902）的《社会分工论》的大量论述中，我们可以清楚地看出，他所说的"集体意会"，就是指人类学家所说的文化。譬如，涂尔干（Durkheim，1902，参中译本，第 42～43 页）说："社会成员平均具有的信仰和情感的总和，构成了他们自身明确的生活体系，我们可以称之为集体意识或共同意识。毫无疑问，这种意识的基础并没有构成一个单独的机制。严格地说，它是作为一个整体散布在整个社会范围内的，但这不妨碍它具有自身的特质，也不妨碍它形成一种界限分明的实在。……它并不会随着世代的更替而更替，而是代代相继，代代相传。它不同于个人意识，尽管它是通过个人来实现的。"在后来的《社会科学方法的准则》一书中，涂尔干（Durkheim，1919）又把他的"集体意识"概念转化为"集体表象"，并用后者指谓神话，民间传说，宗教观念、道德信念，以致法律和金融制度，等等。很显然，涂尔干的"集体表象"大致等于人类学家的宽泛的"文化"概念。与涂尔干避开使用"文化"这一极难把握的概念相似，马克斯·韦伯（Max Weber）在其著作中则更倾向于用"ethos"这一概念来涵括宽泛的文化定义所涵指的对象性。也正是因为在西方语言中的"culture"太过含混，德国著名语言学家洪堡特（Wilhelm von Humboldt，2001，参中译本，第 89 页）才特别警告说："'文化'（Culture）这个词义实在含混得很，使用起来非得万分小心不可。"

主张把文化概念"缩小到一种狭义的、专业化的和……理论上更有强大（解释）力量的概念"（Geertz，1973，p. 4），即人类学家们所理解的第二种"观念的文化概念"（ideational conception of culture）。按照这种观念的文化概念，文化本身是由某种知识、规范、行为准则、价值观等人们精神或观念中的存在所构成。文化影响并形塑人们的行为，但文化并不就是人们的行为本身；文化外化为种种社会制序，但文化本身并不就构成种种制序；文化对象化、物化或者说昭显在人所创造的各种器物、社会组织机构之上，但文化概念所涵指的对象性并不就是各种人造器物和社会组织机构。

对这种观念的文化概念，著名的人类学家古迪纳夫（Goodenough，1957，p. 167）早在20世纪50年代就曾做过非常明确的表述："一个社会的文化是由人们为了以社会成员所接受的方式行事须知和信仰所构成。文化不是一个物质现象。它不是由事物、人、行为和情感所构成，而是它们的组合（organization）。文化是存在于人们头脑中的事物的形式，是人们洞察、联系以及解释这些事物的方式。"

对文化的这种狭义的观念型的理解，在欧洲大陆经由著名法国结构人类学家列维-斯特劳斯（Claude Lévi-Strauss）的理论解释，而得到学界的广泛认可和理解。按照列维-斯特劳斯的理解，文化是人类心智积累性创造的一种共享的符号系统（shared symbolic systems of cumulative creations of mind）。列维-斯特劳斯还认为，人类是在对"文化域"（cultural domains——诸如社会组织、亲属关系、神话、宗教、原始艺术和语言，等等）的心智构建中来型构这种共享的符号系统的（Keesing，1974，p. 78）。

沿着列维－斯特劳斯所拓辟出的文化的观念理论思路（ideational sense of culture），当代文化人类学的大师格尔兹（Clifford Geertz）把对这一概念的把握，推进到了人类理解的边沿。受胡塞尔、维特根斯坦和赖尔（Gilbert Ryle）哲学思想的影响，并传承了帕森斯（Talcott Parsons）的社会学分析传统以及列维-斯特劳斯的结构人类学的理论成果，格尔兹以其缜密、精确、细微和深刻的思辨力，比较准确和恰当地界定了观念型文化概念的规定性，并从许多方面探析了文化模式在人类社会生活过程及其内涵在其中的制序变迁过程中的作用。

像列维－斯特劳斯一样，格尔兹也是从对民族志实例记载（ethnographic particularities）[1] 的解释中，升华出他的一般文化理论的。然而，列维-斯特劳斯的结构人类学的理论建构，是一种"天马行空般的"（disembodied）和"非场景化的"（discontextualized）的理论进路。并且，列维-斯特劳斯本人对不同种群、部落的神话和习俗的民族志的实例记载充满了怀疑，因而他比较注重用其"野性

---

[1]　欧洲大陆学者常把人类学家（anthropologists）通过"实地调查"（field work——这常被我国人类学界直译为"田野工作"）而记录的民族或部落人群的生活方式的研究称作"ethnography"（民族志或人种志）；而把在实地调查所得来的不同种群的文化资料加以比较，从中发现并解释它们的异同和验证一些相关的理论假说的"人类学研究"，称作"ethnology"（民族学或人种学）。按照列维-斯特劳斯（Lévi-Strauss，1963，参中译本，第2页）的见解，"ethnography"在所有国家都具有相同的含义，而"ethnology"在欧洲大陆则相当于英美国家中所谓的社会人类学（social anthropology）或文化人类学（cultural anthropology）。列维-斯特劳斯还认为，民族志、民族学和人类学不是三个各自独立学科，而是同一学科中的三种不同概念，或同一研究路径上的三个不同阶段（Lévi-Strauss，1963，中译本，第382～389页）。

思维"[1]，从"心理或历史时间的存余物和碎屑"中，建构出有条理的理性结构。与列维-斯特劳斯的理论进路不同，格尔兹是在对现实生活中人们丰厚日常经验（如斗鸡、葬礼、盗羊者甚至眨眼皮这样的人们日常琐事）中的"particularities"描述和分析中，升华其文化理论的。由于把民族志的事例记载置放到人类日常经验中来理解，格尔兹认为，人类学问题实际上就变成了一个文化解释问题，并且这种文化解释，并不是脱离现实的和超越实情实境的神话和习俗的理论"暇思"，或如列维-斯特劳斯所理解的那样，是一种"解码"（decipherment）、一种用预先给定的和构想的概念世界的要素组合的文化图案[2]，而是要对作为"一个民族的全部习俗所形成

---

[1] 在《野性思维》一书中，列维-斯特劳斯（Lévi-Strauss，1962）表面上看来是研究"未开化"（savage）人的"具体性"和"整体性"的思维。然而，列维-斯特劳斯这一著作的主旨却是在于说明，未开化人的"具体性思维"和开化人的"抽象性思维"，并不是分属为"原始"与"现代"、"初级"与"高级"这两种不同的思维方式，而是在整个人类历史中，始终存在的两种平行发展、具有不同功能且互相补充和渗透的思维方式。列维-斯特劳斯认为，人类的艺术活动和科学活动就分别与这两种思维方式有相关。他还断言，正如植物有"野生的"和"园植的"两大类一样，人类的思维方式也可分为"野性的"和"文明的"两大类。

[2] 在列维-斯特劳斯的"野性思维"中，野性的逻辑运作起来就像一个万花筒，它里面的碎屑（这些存余物和碎屑是列维-斯特劳斯从不同民族志中的神话、宗教仪式、巫术和习俗记载中提炼出来的）可以变化成各种各样的结构图案。用20世纪初一位著名人类学家弗兰克·博厄斯（Frank Boas）的话来说，列维-斯特劳斯所要做的工作似乎是，"建立起神话世界，就是为了粉碎它们，再从碎片的基础上建立起崭新的世界"（转引自 Geertz，1973，p. 353）。列维-斯特劳斯大致就是从这种思维的置换观点中归纳出他的结构人类学的作为"冻结理性"（frozen reason）的"野性思维"的（Lévi-Strauss，1955，1962）。列维-斯特劳斯自己对此解释道："野性思维借助形象的世界（Imagine Mundi）深化了自己的理解。由于把世界视为可知的，以至于使野性思维能通过漂亮的心智建构来映照世界（转引自 Geertz，1973，pp. 355～356）。"对此，格尔兹（Geertz，1973，p. 352）评价道："列维-斯特劳斯为自己所创造的，乃是一架凶险的文化机器（infernal cultural machine）。它让历史变得毫无意义，使情感变成了理智的影子，（转下页）

的一个整体"的"交流体系"的"深层结构"进行"深度的描写"(thick description)[1]。基于古迪纳夫的文化是一种人们心智和观念存在的理解，并吸收了列维-斯特劳斯的文化是一种人们共享的符号系统这一洞识，格尔兹也把文化理解为一种观念性的存在。但是，格尔兹把古迪纳夫、列维-斯特劳斯和"新民族志学者"的"认知文化观"（the cognitive view of culture）视作"化约主义的"（reductionistic）和"伪装的形式主义的"（spuriously formalistic）。按照格尔兹的理解，尽管作为文化的"意义"和"符号"，是一种观念性的存在，但实际上它们并不是存在于"人头脑之中"的一种个人知识和感悟，而是为社会成员所共有的"交流体系"（Geertz，1973，p. 354）[2]。这亦即是格尔兹所说的，文化"存在于人们之间，而不存在于人们（头脑）之中"（between them，but not in them）的意思。用格尔兹（1973，p. 362）的话说："思想不是由位于赖尔（Gilbert Ryle）所谓的头脑密窟中的神秘过程所构成，而是由能指符号的交流构成，即由人们赋予意义的经验对象（礼仪和工

---

（接上页）用我们所有人内在的'野性思维'……'重组成一个感情在其中不起任何作用的客观综合体'。"格尔兹还尖锐地指出："《野性思维》中的高等科学和《郁闷的热带》中的英雄探险，从本质上只是相互间'十分简单的转换'。它们是同一深层结构的不同表达方式：法国启蒙运动的普遍理性主义。"

[1] 格尔兹（Geertz，1973，p. 351）还认为，"表面上看来，人类学只是对习俗、信仰或制序的研究。从根本上说，它是对思维的研究"。

[2] 法国当代著名结构主义思想家和符号学家罗兰•巴特（Roland Barthes，1985，参中译本，第29页）曾指出："经过对词素（sôme）与义素（sème）、形式（forme）与理念（ideé）、形象（image）与概念（concept）等词的一番考虑和犹豫之后，索绪尔（Ferdunand de Saussure）选定了能指（significant）与所指（signifié），二者的结合便构成了符号。这一主张至关重要，应该时刻不忘，因为人们总易于把符号当成能指，而它实际上涉及一种双面的现实（即能指和所指的结合——引者注）。"这段话对理解和把握什么是"符号"，非常重要。

具，偶像和水穴，手势、记号、图象和声音）的交流所构成。这种观点使文化研究成为和其他任何科学一样的实证科学。"

基于对文化概念规定性的实质这一基本理解，格尔兹把他的文化观视作一种符号学的（semiotic）。按照这一思路，格尔兹认为，研究文化就是研究人们之间共知的符码（shared codes of meanings）。通过借用法国著名现象学家保罗·利库（Paul Ricoeur）对"文本"（texts）的宽泛定义，格尔兹亦曾把文化定义为"文本的汇聚"（an assemblage of texts），"有序排列的意义符号丛"（ordered clusters of significant symbols[1] ），是一种人们的"行动的记存"（acted document）[1]（Geertz，1973，参中译本，第11、417、459、511 页）。格尔兹还进一步认为，文化作为"文本的汇聚"，"有序排列的意义的符号丛"和"行动的记存"，具有公共的性质。用格尔兹的话说"它们是公共的，而不是私有的"（they are public，not private）。他还进一步指出："虽说文化是观念性的；但它并不是存在于人的头脑之中；虽然它是非物质性的，但也并非超自然的存在（an occult entity）。"（Geertz，1973，p. 10）可能是针对福柯（Michel Foucault，1974）的"语言和话语本身即

---

[1] 这里的"symbols"可翻译为"象征"。对格尔兹著作中的"符号"一词的多种用法（使用英文中的"token""icon""sign""symbol"以及"code"，等等）的中译法，王海龙（2000，第38～39 页）曾做了非常细腻的探讨。另外，特别值得注意的是，罗兰·巴特（Roland Barthes，1985）曾在《符号学原理》的小册子中对"符号"及其相关和相近概念进行了非常清晰的梳理，并对黑格尔等方家对符号及其相关联的概念的辨析做了归纳。

[2] 格尔兹的《文化的解释》的中译本的译者将它译为"表演的文件"（Geertz，1973，参中译本，第11 页）。

权力"[1] 的命题，格尔兹（Geertz，1973，p. 16）指出："作为可解释性符号（signs，我将忽略地方用法，将之称为"symbols"）的交融体系，文化并非是一种社会事件、行动、制序或其过程因之产生的力量，而是一种它们可以在其中得以明晰即深描的脉络（context）。"

古迪纳夫、列维－斯特劳斯、格尔兹以及施奈德（David Schneider，1968，1972）把文化理解为某一人群所共享的、社会地承传下来的知识和意义的公共符号体系的理论洞识，可以从一定文化体系中人们之间的"集体意会"[2] 这一方维中非常清楚地体会出

---

[1]　按照福柯的知识考古学，人类知识的构成是由对概念的型构（formation）起始的，并且知识的型构大略经历这样一个过程：字源→意识源→知识源→思想源→理性根源。福柯又认为，人类社会的一切知识都是通过"话语"（discourse）所获得，任何脱离"话语"的东西都不存在，以至于我们与世界的关系只是一种"话语"关系。由此来说，任何社会的历史文化也无疑是由各种各样的"话语"所组成。而所谓"话语"，则是指在人类社会中所有知识信息之有形无形的传递现象。由于"话语"由一定团体根据社会成规以将其意义传播而在社会中得以确立，并为其他团体所认可、使用，因此，在福柯的体系中，话语实际上是一切统治的根本，是统治的"系统"。这就衍生出他的"语言和话语本身即权力"的命题。

[2]　这里必须指出，我们这里所说的"集体意会"，与涂尔干（Durkheim，1902，参中译本，第240~261页）所使用的"集体意识"（collective conscience）以及瑞士著名语言学家索绪尔（Ferdunand de Saussure，1949，参中译本，第28~42页）在《普通语言学教程》中所说的"语言"［Langue——与"言语"（Parole）相对］，均是有区别的。尽管涂尔干所说的"集体意识"也是公共的，但它实际上涵指作为一种"sui generis"（自成一类的存在。见 Durkheim，1919，参中译本，第12页）的文化（尽管他并没有使用这一名词），而我们这里所说的"集体意会"是指人们之间的"（能）相互理解和沟通"。尽管索绪尔所说的"语言"也是一种公共的观念存在，但它实际涵指社会约定俗成的"沟通形式"或"沟通的承载"。当然，"集体意会"与"集体意识"尤其是"语言"有着密不可分的关系，但这三个概念的各自规定性还是有着明显的区别的。对于这些区别和联系，笔者在《语言与制序》（language and institutions）研究中有进一步的梳理。

来。而"集体意会"又与列维-斯特劳斯所理解的"解码"和格尔兹所谓的"文化文本"（cultural text）或"行动的记存"（acted document）密切相关。因为，处在同一文化体系中的社会成员，可以通过这种"解码"或"行动记存"的文化文本知识，来译解其他成员的行动或发出的某一种符号［signs。包括声音、手势、眨眼皮，或通过外在物化记号（token），像符（icon）、寓象（allegory）和象征（symbol）如书写语言，等等］的意义。而在人们交流中用来表达这种"集体意会"内容的信号、符号和物体（如纹身、绘画、雕塑和其他艺术品，等等），按格尔兹（Geertz，1973）的理解，就是一种"符号"。由种种"符号"所包涵和承载的意思，处在同一文化背景中的人是很容易解读出来，但要向不属于这个文化群体中的人去解释，却是非常困难的。这些在社会场景（social context）中承载着"集体意会"的标识符号丛或文本的汇聚，本身就构成了文化。也正是因为这一点，格尔兹（Geertz，1973，p. 12）才非常明确地指出："文化之所以是公共的，是因为意义是公共的。"

正因为文化本质上是一种人群内部人际间能集体意会的"文本的汇聚"和"行动的记存"的"有序排列的意义的符号丛"和"交流体系"，它对该人群中个人人格的塑造和民族"ethos"形成的作用，应是不言而喻的。既然自从有"人"和人类社会以来，每个人都"落在"或者说生活在一定的颇似一种"无缝之网"（a seamless web。见 Geertz，1973，p. 407）的文化模式中，并且借助这种无缝之网中的共知和共享的标识符号系统进行交往、交流和社会博弈，因之每个人的行为自然常在无意识或下意识中受这个无缝之网中

"有序排列的意义符号丛"中，符号所承载着的意义乃至集体意会所指导、所规制。这亦即是说，在每个人的现实行为背后，都有一种潜在的、难能"言说的"但为大家所共享的和公共的观念性的知识或意义在起作用。正是因为这一点，格尔兹（Geertz, 1973, 参中译本，第 53 页）说："没有文化模式——意义符号的组织的系统——的指导，人类的行为实际上是不能控制的，只是一些无序的无谓行动和情感爆发，他的经验实际上杂乱无章。作为这些模式的积累总和，文化不仅仅是人类经验的一种点缀，而且是——作为其特殊性的主要基础——它不可或缺的条件。"从这里我们也可以体悟出，没有存在于文化之外的人，没有独立于文化之外的人性（human nature）。文化是人之成为人以区别于其他动物的主要标志和方维，也是一个民族区别于其他民族的"逻辑坐标"（这里借用维特根斯坦在《逻辑哲学论》中的一个概念。见 Wittgenstein, 1921, §3.41）。

如果这样理解文化与人类行为模式的关系，从而把文化视作人类行为的最宽广和深厚的场景，我们就会即刻意识到，文化（人类学的）探究对于经济学尤其是其中的制序分析的重要性，决不亚于它与社会学、历史学和语言学相关性。可以想象，未来的经济学，尤其是其中的作为经济运行、社会脉络之"深描"的经济学的制序分析，将会趋向于在文化氛围和场景中进行"描述"和"解码"。至少它的理论建模，将不再会只有新古典主流经济学派和博弈论经济学家所长期恪守的"经济人"的"理性最大化"这一个维度，而是将其理论分析和模型建构置放在人类诸社会实存的文化场景中人们的真实（包括经济与文化）行为的理解基础之上。简单来说，未来的经济学的制序分析，将会变为在文化场景中的理论深描。事实上，人类学家马林诺夫斯基早在 1944 年就前瞻性地指出这一点："探讨财富和福利、交换和生产方式的经济学，将来也会认识到，不再将'经济人'与人的其他追求和思虑完全分开考虑，而是将其原理和论据建立在按人的真实存在来研究人的基础之上。……确实，经济学中的绝大多数现代流派——无论打出的旗号是'制度的'、'心理学的'，还是'历史的'——都因将'经济人'置于其多重动机、利益和习惯的场景之中，也就是认为人是由其复杂的、部分理性的、部分情感的文化环境塑造的，从而充实了旧有的、纯经济的理论。"（Malinowski，1960，参中译本，第 30 页）[1]

从文化人类学的视角反思当代经济学的理论建构尤其是其中的社会制序经济分析的理论进路，自然会涉及人类学研究中的一个基本争论：在诸民族纷纭陆离的文化"面相"背后，是否存在一种普遍的、永恒的和一般的"真正人性"？按照启蒙运动时代的主流观点，既然人是自然世界的一部分，而自然像牛顿物理学所发现的那样有着普遍的结构一致性，那么，也应该有一普遍的、永恒的和一般的人性。并且，人性应像牛顿的物理宇宙一样，规则有序且惊人地简单。照这些启蒙思想家的见解，也许不同的文化面相会在某些程度上掩盖这一普遍、永恒和一般的人性，但它毕竟是不变的

---

[1] 反过来我们也可以同样预想到，未来人类学的研究，也会从当代经济理论分析巨大进展的成果中汲取理论营养。同样，如马林诺夫斯基所言，"文化过程，从其任何具体表现上看，都涉及相互处于确定关系中的人类。就是说，他们是组织化的，并使用人工制品，并通过语言或其他符号类型进行交流。人工制品、组织化群体和象征符号是文化过程的三个相互密切联系的维度"（Malinowski，1960，参中译本，第 132 页）。从马林诺夫斯基的这段话中，我们也可体悟到，文化过程与经济过程往往是同构的。因此，如果文化人类学的分析能汲取当代经济学的理论成果和分析工具，自会大有助益。

法则。这正如休谟（David Hume，1875，p. 68）所言："人类在所有时空中都大致一样。"启蒙运动的这一主流思想见解，在当代人类学、社会学、经济学、政治学、法学甚至伦理学以及其他社会科学中，以各种伪装的形式沿存下来。譬如，在当代经济学、政治学和伦理学理论建构中，个人行为的唯一维度就是对自我利益的追求。这正如霍布斯（Thomas Hobbes，1642，p. 120）所言："每个人的自发行为，其目的都是为了某种对自己的好处。"[1] 自霍布斯之后，各种各样的经济学、政治学和功利主义伦理学基本上都追随这一"霍布斯假说"，从而把个人对自己利益的追求视作人类社会运行和进步的唯一动因，从而导致几乎当代社会科学——尤其是经济学、政治学和法律的经济分析（如 Richard Posner，1992）——的理论进路，几乎全部建筑在"审慎推理"（prudential reasoning）之上，而根本容不下"道德推理"（moral reasoning），更容不下"文化推理"（cultural reasoning）[2]。

---

　　[1]　正是基于或者说出于霍布斯、休谟以来的这种传统理念，产生了各种各样的经济学派。而这一人性基本假设，实际上也是西方当代（新古典）主流经济学、博弈论经济学家、制度经济学派甚至目前的演化博弈论（evolutionary game theory）学者理论分析和数学建模的基石。当代经济学中诸多学派均一般假定，人是理性的追求着个人利益或效用最大化的动物。正因为如此，人类的经济生活就应当像牛顿的物理世界一样规则有序。并且，人类对个人利益的追求应当导致同一个"面相"的市场经济体式（这实际上意味着有效率的社会经济安排的只能是唯一的）。有了霍布斯的这一假说，才有经济学的帕累托最优（Pareto optimum）、纳什均衡（Nash equilibrium）和科斯定理（Coasian Theorem），才有交易费用的高低决定市场与科层唯一维度，也才有罗尔斯（John Rawls，1999）的"万民法"（the law of peoples）。
　　[2]　按照美国匹兹堡大学的哲学教授高德（David Gauthier，1988，p. 385）的解释，"审慎推理"是要解决"What is it in my interest to do?"而"道德推理"所关注的是"What ought I to do?"这里我们可以想象，"文化推理"要回答的是："What am I really doing and why am I doing this in this way?"

很显然，按照启蒙运动以来西方学界主流思想中的这一传统信念，人类在信仰与价值、习俗与制度上，随历史和地域的不同所造成的巨大差异，对定义人的本性基本上不具备任何重要性。它们只不过是对永恒、一般和普遍的人性的增补、掩饰甚至扭曲和混淆（Lovejoy，1960，p. 173；Geertz，1973，参中译本，第40～43页）。用格尔兹的话说，无论启蒙运动、古典人类学和当代经济学及政治学中，林林总总的学说间多少有些差异，但当代社会科学各界的主流思想家们对人性的假设均有一个共同点：它们基本上都是类型学的。格尔兹指出："他们努力将人的形象构筑成一个模式、一个原型（archetype），一个柏拉图的观念或亚里士多德的形式，对这些而言，实际上所有的人——你、我、邱吉尔、希特勒和婆罗洲的猎头者——都不过是它们的镜像、畸像和类像。在启蒙运动思想家看来，这种基础类型的要素，只不过是通过剥去实际人的文化装饰再看剩下的是什么来揭示的自然人。"（Geertz，1973，p. 51）

与启蒙运动以来这一国际社会科学界的主流信念有所不同，当代人类学家一般不再相信有超文化的永恒、一般和普遍的人性，而认为人类的行为是由文化所形塑的，以至于可以认为人本身就是文化的产物。按照美国人类学家斯皮罗（Melford E. Spiro，1987，参中译本，第7页）的见解，"由于人类行为是由文化决定的，由于文化的变化很大，所以可以对人性下的唯一正确的判断是它的可塑性极大"。沿着这一研究进路，又衍生出了当代社会科学中的文化决定论，文化相对论，新弗洛伊德个性理论，以及社会学习理论，等等。在这个问题上，格尔兹关于人类行为模式的决定机制的理论洞识亦值得深思。按照格尔兹的理解，人的行为受两个方面的控制：一是本能的控制，二是文化模式的控制。格尔兹（1973，参中译本，第57~58页）还进一步认为，"人类行为的本能控制和文化控制之间的界限，是一条不明确和游弋不定的界限。……几乎所有人类复杂行为，都是这两者互动和非积累的结果"。格尔兹还具体举例说，人说话的能力是天生的，但说某种语言如英语的能力肯定是文化的。从这一点出发，格尔兹进一步认为，人类的观念、价值、行动乃至个人的感情，如同人的神经系统本身一样，都是文化的产物。因此，格尔兹坚持认为，如果说没有人类就没有文化，同样更重要的是，没有文化就没有人类。人无例外地全是文化的造物。

格尔兹对人类行为模式决定机制的理解，与当代新古典经济学主流学派和经典博弈论理论建模的人类行为假定，实在是相距万里[1]，但与美国老制度经济学派的思想家们如凡勃伦（Thorstein Veblen，1919）、米契尔（Wesley C. Mitchell，1910）和经济学边际效用理论的创始人之一克拉克（John Clark，1918）理论见解，却颇相契合，也与哈耶克（F. A. von Hayek，1988）的对人类行为决定机制的理论洞识，颇为相近。按照这些美国老制度经济学家的观点，人类的经济行为，包括生产、交换、消费和分配行为，一方面

---

[1] 在当代西方主流经济学的理论构建，只有人的个人利益或效用的最大化这一个维度。因而，在新古典经济学的理论世界，不但"制序空缺"（institution-free），而且"文化空缺"（culture-free）。在新古典经济学家看来，人在所有时空中都像休谟认为的那样大致是一样的，都是理性的追求着个人利益最大化的动物。所有当代主流经济学的理论模型，全都是建立在这一假定基础之上。因此，如果把制序和文化变量引入当代经济学的理论分析，其大部分理论模型的预测，将变得没有多大意义。

要受本能即习惯的支配，另一方面又取决于人们的理性计算、模仿他人的行为模式和职业性质，等等。哈耶克（Hayek，1988，p. 17）则更明确地指出："个人几乎像遗传的本能那样无意识地习惯于遵从习得的规则（对习得的规则的遵从日益取代了天生的本能）。由于在这两种行为的决定因素之间有着复杂的相互作用，以至于我们无法对这二者做出严格的区分。"很显然，如果把哈耶克这里所说的"习得的规则"理解为格尔兹所说的"文化模式"，我们就会发现两人的见解几乎是完全一致的，并且两人实际上讲的也是一回事。

然而，进一步的问题是，在格尔兹和哈耶克所断定的这种人类行为模式的决定机制中，人的理性的位置，又在哪里？如上所述，在当代主流经济学的新古典理论和经典博弈论的理论框架中，只有"理性选择"这一个维度。在凡勃伦、米契尔，格尔兹和哈耶克的理论分析中，又增添了人们的社会博弈选择在很大程度上受人的本能（这里请注意，他们所理解的本能与启蒙思想家们所相信存在的永恒、一般和普遍的人性应该是有区别的）所支配这样一个维度。但是，现在如果再像哈耶克和格尔兹那样，把文化模式及其演进机制考虑进来，决定人们社会选择行为的理性计算分别与本能和文化这两个方维的关系又是怎样的？换句话说，人的理性是源自人的本能，还是如哈耶克（Hayek，1960，1988）所相信的那样，是文明或文化演进的产物？这显然是极其复杂但无疑值得进一步深究的问题。

# 第三章　文化与制序

在人类事务的研究中，信息交流的诸种困难首先起源于对我们试图分析的对象的定义与命名。

——哈耶克（Hayek， 1988， p. 112）

在对文化概念及其在社会过程中的作用有了上述初步理解之后，让我们来梳理文化与制序的相互关系。首先，我们将辨析和厘定文化概念与制序概念各自的规定性及其切合处，然后再考察二者的相互作用。在下面具体探究文化与制序的相互关系时，我们将完全在狭义即观念型的文化定义上来理解文化概念。基于这种狭义的文化概念理解，我们把文化视作一种由人际间公共的符号、知识和意义所构成的观念体系。

如果按古迪纳夫，列维-斯特劳斯，格尔兹以及施奈德等人类学者的理解思路，把文化看作某一人群所共享的、社会地承传下来的知识和意义的公共符号交流体系，我们就能较轻省地将由个人的习惯、群体的习俗、工商和社会惯例，以及法律和其他种种制度（rules and regulations）所构成的综合体的制序，视作文化在社会实存的体系结构上的体现（embodiment）、固化（crystallization）、显化（incarnation）和外化（externalization），而反过来把一个社会的文化体系视作在历史传统背景下的种种制序在人们交流中所形成的一种观念性的"镜像"。西方一位学者辛格（M．Singer，1968，p.532）曾认为，文化模式在社会结构中固化为"制序化的和标准的行为和思想模式，从而这些规范的形式在社会成员趋于遵同的隐性或显性规则上被社会所认可"。我们对文化与制序两个概念各自规定性的把握，比较接近于这一理解。

如果这样理解文化与制序的关系，可以认为，我们所理解的包括习惯、习俗、惯例、法律和其他种种制度性规则的广义社会制序与文化，在社会过程中基本上是同构的。要区别文化与制序，关键在于应从哲学本体论的视角，把文化视作一种观念性的（ideational）存在，而把种种社会制序视作某种社会实存，即人类生活世界的种种形式。人类生活世界的种种社会制序，不管是作为一种事态、一种秩序、一种情形、一种人们行为模式中所呈现出来的常规性（regularity），还是作为一种非正式约束的惯例及作为正式约束规则体系的种种制度，作为社会实存，它们从某种程度上来说均是可以被观察得到的（observable）；而作为"文本的汇聚"，"有序排列的意义符号丛"，一种人们的"行动的记存"的文化，则是"不可观察的"（non-observable），而只能是"可意会的"。这亦即是说，文化只能从对象化的人工器物、艺术品、建筑物、社会组织机构以及种种社会制序的存在实体上，以及从种种可观察到的社会活动和社会现象（如音乐、舞蹈、戏剧、祭祀，以及种种其他人类社会活动，等等）中被体悟出来，或者从文字、书写语言和书籍的文本中解读出来。因此，我们可以形象一点地说，文化是种种社会制序的魂（spirit），而社会制序则是一个社会中，文化体系的**主要**载体（或者说，现实对象化，但不是它的**全部**载体）。如果用现代博弈论的语言来说，种种社会制序是由人们社会博弈的秩序，以及约束人们如何博弈的规则所构成，而文化则是告知（inform）、训规（channel）和指导（guide）人们如何进行社会博弈的知识、信息、符号、表征和原理的体系。[1]

当然，我们说文化与社会制序在整体上来看**基本上**是同构的，前者是后者的"精神性"（spirituality），而后者则是前者在社会存在中的"体现"和"显化"，绝非意味着二者的变迁和演进在社会现实中是同一个过程。尽管文化与制序在人类生活世界中基本上是同构的，但二者毕竟是两种各自独立存在的体系。[2] 它们之间有着既复杂又直接，既难分难解又难析难辨的相互关联和相互影响，且各自有着自己的变迁过程和演进机理。认识不到这一点，我们就有可能不适当地或者用文化研究吞并了制序分析（一如某些人类学学者所做的那样[3]），或是用制序分析包容了

---

[1]　用古迪纳夫的话来说，"一个社会的文化是由一个人为了按照该社会成员所认可的规矩行事而必须知道和信仰的东西所构成"（转引自 Geertz，1973，p. 11）。

[2]　在试图区分文化概念和社会系统概念各自的规定性时，格尔兹（Geertz，1957，p. 993）说："作为区分文化和社会系统的更有效但绝不是唯一的方法，是把前者视作社会互动围绕其发生的有序的意义系统和符号系统，而把后者视作社会互动的模式本身（这里，可以把它理解为广义的社会制序——引者注）。一方面，有信仰和表达符号的框架，有个人用来定义世界、表达感情、做价值判断的框架；另一方面，有当下的互动行为过程，我们把这种互动行为过程的持续存在形式，称作社会结构。文化是人类用来解释他们的经验和指导他们行动的意义之维度（the fabric of meaning）；社会结构则是行动所采取的形式，是实际存在的社会关系的网络。所以，文化与社会结构是对同一现象的不同抽象。"从格尔兹的这一大段论述中，我们也可以非常清楚地体察出文化与制序概念的各自的规定性和相互关系了。

[3]　从殷海光先生在《中国文化展望》第二章所列举的西方论者的 47 种文化定义中，我们会发现，如果按文化的观念性定义来理解文化与制序，至少一半以上的论者要么把社会制序看成是文化的组成部分，要么根本区分不开"文化"与"制序"这两个概念（参殷海光，2001，卷三，第 1～20 页）。另从青木昌彦（Aoki，2001，中译本，第 2 页）教授在他的《比较制度分析》一书中，把"institutions"界定为"关于博弈是怎样进行的共有信念（shared beliefs）"来看，他也在某种程度上把"文化"与"制序"这两个概念的规定性给弄混了。

文化研究[1]。格尔兹于 1957 年在《美国人类学杂志》上发表的一篇文章中，就指出了以文化研究吞并制序分析，以及反过来以制序分析吞并文化研究的危险。他说："或则把文化视作社会组织形式的纯粹衍生物，这是英国结构主义者和美国许多社会学者的观点；或则把社会组织形式视作文化模式的行为体现，这是马林诺夫斯基和美国许多人类学者的观点。不管是哪一种情形，次要的那个术语作为动因消逝了，留给我们的或则是一个综合的文化概念（的综合体），或则是一个无所不包的社会结构概念……在这两种情形中，从文化模式与社会组织形式的不完全相契所导致的社会变迁中的动态因素，将在很大程度上不能反映出来。"（Geertz，1957，p. 992）在 1965 年发表的《文化概念对人的概念的影响》一文中，格尔兹（参见 Geertz，1973，p. 44）也指出，"最好不要把文化视作具体行为模式的复合体（complexes）——诸如习俗、惯行（usage）、传统和一组习惯……而是应该把它视作一套支配人的行为的控制机制，如计划、方法（recipes）、规则和指令（即电脑工程师所说的'程序'）"。从格尔兹的这些论述中可以清楚地看出，尽管文化模式（cultural pattern）与社会组织形式（或我们所理解的社会制序）有着非常密切的相互关联和相互作用，但二者毕竟不是一回事，毕竟是两套独立的存在系统，有着各自独立的演化和变迁机

---

[1] 就笔者个人所知，美国的新制度经济学的代表人物之一奥利弗·威廉姆森（Oliver Williamson）和英国的著名制度经济学家杰弗里·霍奇（Geoffrey Hodgson）在最近的研究中均有这一倾向。从笔者手上所掌握的奥利弗·威廉姆森和杰弗里·霍奇目前尚未发表和出版的文著来看，他们二人均致力于把文化变量引入自己的制序分析框架。但是，他们均把文化视作制序本身的"最外层"的构成部分。

理，并在相互关联和相互作用，构成了社会过程变迁的整体内容。[1]

与格尔兹对文化与制序的关系的这种见解相类似，另一位美国人类学家施奈德也沿着列维-斯特劳斯和帕森斯理论进路，把文化视作一种符号（symbols）和意义的系统。在他的著名的《美国血缘关系：一种文化探究》一书中，施奈德（Schneider, 1968, pp. 6~7）认为，尽管文化由有关人们行为的关系和模式的"单元"和"规则"的知识所构成，但从认识论上来说，文化"单元"的存在并不在于它们的可观察性（observability）。他主张，对作为一种符号系统的文化的分析，只有从那种对可观察得到的事件和行为的"实际事态"（actual states of affairs）的理论描述中分离出来，才会有长足的进步。但施奈德承认，文化符号层面（plane）和人类生活世界中的种种可观察得到的事件层面的关联机制方面，仍有许多问题须待进一步探讨。尽管如此，施奈德坚持认为，只有厘清这二者的相互关系，方能弄清"文化构造（the cultural constructs）是如何生发出来的，决定文化构造变迁的法则是什么，以及文化与人类生活的实际事态的系统的关联和精确的途径如何"。

基于对文化构造和社会事态（即哈耶克所理解的"社会秩序"）之间区别的这种理解，施奈德（Schneider, 1972, p. 38, p. 72）在

---

[1] 这里值得一提的是，思想深邃但"woolly-minded"（凯恩斯谑称）的哈耶克就区分不开文化与制序的规定性。譬如，在《法、立法与自由》第一卷中，哈耶克（Hayek, 1973, pp. 17~18）说："人生于其间的文化遗产，乃是由一系列惯例（practices）和行为规则的复合体所构成……"人类社会中，人们的行动的惯例和行为规则确实与文化有很大关系，甚至可以认为是文化的一部分，如一个部落的人们的行事惯例和行为规则构成了他们的文化。

后来发表的一篇文章中，还尽力区分了文化与（社会）规范（norms）[1] 这两个概念。他认为，文化作为“一种符号和意义的系统内嵌（embedded in）于规范系统内”，但二者在抽象的层面上还是能区别开来的。施奈德（Schneider，1972，p. 38）认为，二者的主要区别在于，“规范系统是……以自我为中心的（ego centered）”，而“文化则是以系统为中心的（system centered）”；“文化与（人们活动的）舞台、布景和角色的道具有关，而规范系统则由指导演员和在已设定好的舞台上这些演员应当如何表演的指令所构成”。[2] 除了主张要尽力区分文化与社会规范外，施奈德也主张要区分文化与社会制序。在这一点上，施奈德甚至对格尔兹文化分析进路提出了自己的商榷意见。施奈德认为，格尔兹的文化分析像帕森斯一样受韦伯（Max Weber）的影响太深，因而太注重社会系统领域的分析。他认为，格尔兹的文化论实际上主张，一旦社会系统领域（如血缘、宗教、经济、政治）中的事务被厘清了，文化体系也就被分析透了。施奈德主张，应该进行“不受社会系统”研究“污染”的“纯文化的分析”。这种纯文化的分析，照施奈德看来，应该探索符号、承诺以及它们所导致的秩序原理的内在关联机制。因此，对文化体系的纯研究，应与对文化与社会制序的关联解释（施奈德这里的言外之

---

[1] 英国逻辑哲学家赖特（George H. von Wright，1963）曾在他的《规范与行动：一个逻辑的探讨》一书中，对“规范”的概念和含蕴进行了非常清晰、全面和逻辑语言式的探讨。这是笔者到目前为止所能读到的对“规范”的最好和最精确的界定及相关概念辨析。

[2] 与施奈德的见解颇为精神上相契，斯皮罗（Spiro，1987，中译本，第34～37页）指出，文化非同于人们的思想、感情，但决定和影响人们的思想、感情。

意是，格尔兹的文化解释实际上是做了这一工作）有很大不同。

在较精确和切近地理解和把握文化概念的规定性上，除了要像格尔兹和施奈德所主张的那样，辨析文化与社会制序以及与社会规范概念外，还要区分文化与社会行为。在后一个区分上，美国人类学家斯皮罗（Melford E. Spiro, 1987，中译本，第34～35页）曾做了非常清晰的界定。基于文化是一种认知体系，即一系列被纳入相互连结的、有高度秩序网络和结构中的，关于自然、人和社会的"命题"（斯皮罗认为这些命题既是描述性的，又是规范性的）这一理解，斯皮罗认为，"文化显然是行为的一种重要的（尽管只是一种）决定因素，但文化本身并不包含行为。而且，尽管文化……包含涉及社会结构、社会组织和社会行为的命题，但文化本身并不包含社会结构、社会组织和社会行为"。由于人类的行为常常由境遇的、生态的、经济的、政治的、生物的和情感的多种因素所决定，因而文化的只是其中的一个维度，斯皮罗主张，文化命题本身不能为社会结构、社会组织和社会行为模式的内容和形式提供可靠的根据。反过来，文化模式也不能可靠地单从对社会行为的观察中推断出来。

至此我们应该指出，即使我们按照当代人类学家们的研究进路，把文化理解为与社会结构、社会组织、社会行为和社会制序均有区别的独立的存在（按施奈德的见解，文化"exists in its own right independently of its imperfect manifestation in the thoughts and actions of its bearers"）[1] 的公共的符号意义体系，一种涂尔干所

---

[1]　引自 J. A. Barnes（1971, p. 86）。这句话可以大致译为文化是"从其承担者的思想和行动中的不完美的彰显中不依赖它者的独立存在"。

说的"*sui generis*"（自成一类的存在），绝非意味着它是一种玄而又玄的东西。按照基辛（Roger. M. Keesing, 1974, p. 84）的见解，"文化必定是可思的（thinkable）、可学的（learnable）和可处的（livable）"。照基辛看来，每个社会人的直接生活空间，并不主要就是由社会或文化角色（roles）、制序和抽象规则所构成的世界，而是生物机体的个人和物质实在所构成的空间世界。这亦即是说，在人类的生活世界中，每个人都在与他人进行社会博弈，而不是与种种社会或文化角色、制序和抽象的规则进行博弈。我们生活在一个熟悉的现象空间。在这一现象空间中，文化模式指示（inform）和指导着我们与处于社会系统中的其他人打交道，但我们却不是与抽象的文化角色和种种社会制序和抽象的规则打交道。并且，现在我们毋宁认为，正是在这种实在的社会生活或者说社会博弈中，人们型构、改变和演进种种社会制序，也在同一过程中，人们承传、增加和积累着关于如何进行社会交流和社会博弈的知识。在社会博弈中生成和积累的这种"使人成之为人"（makes humans human，见 Keesing, 1974, p. 92）的知识、经验、理解、意义、语言、信息所构成的观念体系，就是文化或文化模式。

如果我们像基辛这样，在人类生活世界的现实中来把握文化与制序概念各自的规定性，就能比较容易地理解和厘清文化与制序的相互关系了。因为，在现实的生活世界中，在人们不同族群（ethnic group）内部进行着各种各样的社会活动和交往，用现代博弈论的理论语言来说，就是进行着各种各样的"社会博弈"。在人们种种社会博弈活动中，表现出来的秩序以及从种种博弈秩序中固化下来或博弈者在博弈前和重复博弈中所理性制订和建构出来的种种博弈规则[1]，就构成了我们所理解的种种社会制序；而在种种社会活动或社会博弈中积淀下来的知识，人们在种种社会博弈中产生和伴存的意义，以及人们在社会博弈中产生的信息交流的载体和符号的体系，就构成了文化。人类的生活世界存在于一个过程之中。社会过程存在于一定的社会制序之中，或者反过来说，社会过程的连续和延长又必定昭显出一定的形式即种种社会制序。社会制序又在社会过程的知识、符号和意义体系即文化中存在。因此，文化与制序同在社会过程存在并相互作用。不管文化与制序在社会过程中的关联机制和相互作用的渠道是多么复杂和难分难解，但一个极其简单的事实却是，社会过程、制序变迁和文化演进（cultural evolution）的承担者主体却是社会的人（即一个个既独立存在但又同时进行着社会交往和社会博弈的个人）和人化自然。这一个个作为生物机体的个人，既是社会化了的人，也是制序化（institutionalized）的人[2]，同样也必定是一个"文化了"（culturalized）的人。在《〈黑格尔法哲学批判〉导言》中，青年马克思（Marx，1844，中译本，第1页）曾说："人不是抽象地栖息在世界以外的东西。人就是人的世界，就是国家，社会。"基于格尔兹和当代人类学家们的

---

[1]　与哈耶克在《法、立法与自由》中所主张的社会秩序建立在规则系统之上，二者是两套分离的系统，但我们又不知道规则从何而来的两分理论进路不同（参见 Hayek，1973，1976，1979），我们主张社会规则与社会秩序源自同一个社会博弈过程，且规则大多数是由（博弈）秩序固化而来。详见拙著《社会制序的经济分析导论》第三篇（韦森，2001），尤其是拙著第 245 页的一个长注。

[2]　我们这里是说，没有一个人独立于社会制序之外，每个人都处于一定的制序网状基体（institutional matrix）中的一定位置之上。人均被制序化了，被制序再造了。只有从"社会的人"这一点上，我们才能真正理解英文"institutionalization"（"制序化"）的真正涵义。

理论洞识，我们至此甚至可以在马克思的话后再加上一句话："人就是制序，就是文化。"[1]

正因为人作为社会的人，既是文化了的，也是制序化了的，文化与制序的相互关联和相互作用正是在人自身这一社会制序基体和文化模式的纽结上发生的，而恰恰又是在处于社会基体和文化模式一定位置上的人的"非人化"即人作为一种"角色"（role）这一点上体现出来。正如斯皮罗（Spiro，1987，中译本，第 121 页）所说："只有在组成这些制序的角色得到执行时，这些制序的功能才能得以实现。"由于角色说到底是一种文化现象，因此，文化对制序的作用或反过来制序与文化的关联又自然或必然通过单个人的角色和身份（status）这一中介。这亦即是说，社会系统中作为角色的个人，是文化与制序的契合点。可能正是因为这一点，美国著名人类学家本尼迪克特（Roth Benedict，1934）方从一组人格的心理特征来概括她的"文化模式论"，提出了她的文化人类学的著名的命题："文化是外显扩大化的人格"（Culture is personality writ large）。

自有人类以来，任何一个群体（group）、一个社群（community）、一个族群（ethnic group）、一个社会，无疑都是由一个个单人所组成。但是，每个群体、社群、族群和社会并不就是单个人的简单相

---

[1]　值得注意是，哈耶克在 20 世纪 70 年代就辨析出了这一点。在《法、立法与自由》第一卷，哈耶克（Hayek，1973，p. 19）说："在一特定文化中成长起来的每一个人，都会在自己的身上发现规则，或则会发现他（自己）依规则行事——而且，他也能会以同样的方式辨识出他人的行动是否符合各种各样的规则。当然，这并不就证明它们（哈耶克这里指规则和人们的依规则行事——引者注）是'人性'中的一个永恒的和不可改变的部分，也同样不能证明它们是天生秉有的（innate），而只能证明它们是文化遗产的一部分……"

加或集合。在每一个群体如家庭、家族、社群、族群，以及任一社会内部，每个人所处的位置和所具有的职能均有所区别。美国人类学家林顿（Ralph Linton，1936）在《人的研究》一书中，曾用"身份"（status）一词，来涵指个人在群体中所占据的地位或职位；用"角色"（role）一词，来涵指对占据这一位置的人所期望的行为。林顿还认为，所有"身份"和"角色"都来自社会模式，并成为社会模式的整合部分。依照林顿的这一见解，我们会发现，在每个群体中都存在各种各样的位置，如大人、小孩，父亲、儿子，丈夫、妻子，族长、族人，国王、臣民，总统、选民，顾主、雇员，业主（principal）、代理（agent），校长、教师、学生，等等。某个个人在群体中占据了（或者说落入了）一个位置，他就有了一个身份，群体内的其他人对居于这一社会位置并因而有了这种身份的人的行为和职能就有一种期望。因此，对居于这种身份网状结构中的每个人来说，有了自己的身份和位置，也就知道自己应该干什么，也应（会）知道他人期望他干什么，同时他也知道其他人的身份和角色是什么，也自然会期望他人做什么。[1] 这种"身份—角色"网状结构中的人有关各自和他人的"身份—角色"的知识，就构成了文化的一个主体部分。而这种"身份—角色"网状结构本身，从某一侧面来看，也就是经济学家所理解的"制序安排"和社会学家所理解的"社会结构"。正因为社会结构、制序安排和文化模式，均由群体中的个人"身份—角色"这一中介环节连接在一起，文化对

---

[1]　斯皮罗（Spiro，1987，中译本，第158页）说："不同的文化以不同的方式构造现实。对任何行为者来说，现实是通过世界观和他的文化所建构的行为环境传递的。"

制序的作用，也往往通过这种"身份—角色"这一中介环节来进行。譬如，在中国传统文化的社会氛围中，儒家所提出的"君君、臣臣、父父、子子"，也同时就是在华夏族国（nation）或社会中，按圣人的箴规所生成的按每个人的"身份—角色"的要求和期望进行交流的社会制序安排。这也是传统中国社会结构的关系类型。按这种关系类型所型构出来的社会制序的整体，也就是典型的中国"礼俗社会"[1]。从这种意义上来看，作为圣人箴规和信仰体系的这种"君君、臣臣、父父、子子"的儒家文化，就成了传统中国礼俗社会的文化基因模板。

至此，我们就可以归纳梳理出文化对制序的作用的主要方向和渠道了。作为知识和意义的象征符号单元之整合的文化模式，通过人的中介对社会制序的作用，首先体现于文化对作为一定"身份—角色"的人来说是一种**外在的**"信息源"（这里借用格尔兹提出的一词，参见 Geertz，1973，pp. 43～51）。这里之所以强调"外在

---

[1] 这里所说用的"社会"，是在一种有限的意义上使用的，并不是指西方的"市民社会"（civil society）。因为，我们这里所说"礼俗社会"中的"社会"，实际上是指滕尼斯（Ferdnand Tönnies，1991）所说的"Gemeinschaft"（这个词被冯克利等译为"礼俗社会"，参见 Berger，1991，中译本，第 66 页；殷海光先生则主张把它译为"通体社会"，参见殷海光，2001，卷三，第 26 页），而把宪制化经济理解为他所说的"社会"（Gesellschaft）（这个词被冯克利等译为"法理社会"，而殷海光先生则主张把它译为"联组社会"，出处同前）。另外特别值得注意是，据杜维明（1997，第 58 页）教授考证，"在中国传统里没有社会，只有'群'"。现代中文中的"社会"这一概念，也是一个"舶来品"。它源自英文的"society"，经日本人的"shakai"转译而为中文的"社会"。杜维明教授的这一发现，尤为重要。因为，正如在第六章中我们将要指出的那样，在传统中国，只有家国一体化的"共同体"（Gemeinschaft），而没有西方文化中的社会（Gesellschaft）。杜维明教授还指出，现代汉语中的"科学"和"哲学"概念，也是这样。因此，他甚至惊呼道："事实上，西方价值现代文明的价值已经根深蒂固地成为我们的价值，成为我们（今天的——引者加）的传统。"（同上，第 57 页）

的"，是因为从微观上来看，文化模式存在于任何单个人"之外"，而不像基因那样，存在于作为生物机体的人体内部，也不存在于个人的心智之中（尽管个人的心智能解读和理解作为象征符号体系的文化，并且文化实际上形塑了人们的心智即思维方式和价值观）。从这个意义上来说，所有人类个体一出生，就落在和生活在由一个社群或社会成员所共享的意义和知识所构成的象征符号体系"世界"之中，并且即使一个人离开了这个世界，这个符号和象征体系的"世界"仍然存在。而这里所说的"信息源"，是文化模式对社会制序及其生成、型构、建构和延续，通过人的（身份—角色）中介，提供的一种蓝本或模板。根据这种蓝本和模板，文化在社会过程中外化为一种作为社会存在的确定形式。这恰如一个 DNA 链上的碱基排序形成一个编码程序，形成一套指令或处方（recipes），用来合成具有复杂结构的蛋白质，从而这个过程决定了器官的功能。从这里我们也可以进一步体悟出，尽管文化本身为社会制序的型构提供了"基因模板"，但文化并不是制序化的原因，也不是制序化的动力机制。但是文化作为人们的信仰理念和人们之间的共同知识的"文本汇聚"，无疑对任何制序的原初型构以及其生发和演进，都有着至关重要的作用。对此，马克斯·韦伯曾有论述，他说："事件不单只是存在、发生，它们还具有意义并因这意义而发生。"（转引自 Geertz，1973，中译本，第 154 页）作为社会化了的人、文化了的人、制序化了的人，以及作为社会制序网络结构中的"身份—角色"，人是承载着一定意义和价值，并运用符号、象征、概念去寻求意义的动物。这即是说，每个人均有意识或无意识地从个人的社会生活经验中寻求意义，并在自己的活动以及与他人的社会博弈中，产生一定事态或秩序。社会博弈自发地产生博弈的秩序、博弈的知识，并产生着意义。博弈中产生的知识和意义，又规训和指导着人们进行博弈，维系着博弈秩序，并且又不断再生并承载着意义的符号和表征。作为社会博弈中的"行动的记存"，会"显影"为文化模式；而种种文化模式，又会"外化"为"规矩"和"约束"，即种种正式的"制度"。

这里需要指出的是，在文化与制序之间，绝非仅仅存在文化像生物基因的遗传那样，向制序提供蓝本或模板这样一种简单的单向作用，而是存在着复杂的双向作用。如上述说，文化作为存在于人们之间的符号和意义系统，在社会过程"显影"，或者说在社会存在中"固化"，就成了种种社会制序，包括习惯、风俗、习俗[1]、惯例，以及各种规则、规章、规程及种种法律、法规，等等，而社会制序反映在人们心智的理解中，以及通过人们的语言（包括口头和书写语言）表述出来，就构成了一个社群或族群文化中的重要组成部分。这样，一方面，种种社会制序本身承载和保持着文化；另一方面，文化作为种种社会制序的"精神性"（spirituality），又成为社会制序沿存、演化和变迁中的连续性的"基因"。并且，在千变万化、丰富多彩的人类生活世界的博弈中所不断型构出来的秩序，以及从秩序中自发型构和人们理性制定出来的博弈规则，又必定在人们的心智和观念以及人的行为模式中反映出来，在人类的知识存量中增加着新的知识。从这一视角来看，人类生活世界中现实

---

[1] 在《共同体与社会》中，滕尼斯（Tönnies，1991，中译本，第301页）把习惯类似定为"风俗"（Brauch），把性情类似定为"习俗"（Sitte）。

的制序变迁，又往往是文化变迁的"起因"和"催化剂"。也可能正是因为意识到文化与制序间的这种复杂的双向作用，格尔兹（Geertz，1973，p. 93）说："与基因和其他非象征符号信息源不同（它们只是"目的"的模型，而非"归属"模型），文化模式具有本有的双重性：既按照现实来塑造自身，也按照自身来塑造现实，它们以此把意义即客观的概念形式，赋予社会和心理的现实。"

# 第四章　文化拟子

一个新词犹如在讨论的园地里播下的一粒新的种子。

——维特根斯坦（Wittgenstein， 1977， p. 2e）

在上一章的分析中，我们对文化和制序概念各自的规定性及其二者的相互关系进行了初步的辨析与梳理。我们的基本观点是，文化作为一种观念存在（ideational entity），主要是种种现实的和历史上存在过的社会制序的映像（reflection）、面相（make-up）和精神性（spirituality），而作为一种社会实存（societal entity）的种种制序，在很大程度上是文化在社会过程中的显化（incarnation）和体现（embodiment）。如果我们把文化与制序之间这种千丝万缕、"斩不断、理还乱"的关系，放在对胡塞尔所提出的"生活世界"和维特根斯坦所使用的"生活形式"这两个概念的理解中，也许更能清楚地把握二者的各自规定性。文化作为有关生活世界的"观念的积淀"（ideational accumulation）、"文本的模写"（contextual reflection）和"行动的记存"（acted document），它是有关人类生活形式的"知识的集合"。文化映照着生活世界，也作为代表人类生活意义的有序排列的符号丛（clusters），而在最深的层面上反映、模写并且"粘连"和维系着社会制序。由于文化作为"文本的汇聚""有序排列的意义符号丛"和人们"行动的记存"，在人类生活世界的社会存在上显现、外化和"凝固"下来，就是我们所理解的包括习惯、习俗等种种社会秩序，以及包括惯例规则、规章、规程和法律制度等在内的广义的社会制序，文化作为人们观念和知识的历史积淀，常常"簇拥"

"携带"或逆向地"拖拽"着社会制序的演进或变迁。而在人类生活世界里丰富的社会博弈中所生发和型构出来并不断演进着的社会制序，又反过来丰富和改造着文化。并且，制序作为人类社会博弈中所呈现出来的秩序（事态）和在长期驻存的事态中沉淀、硬化及制定出来的隐性（implicit）和非正式（informal）、显性（explicit）和正式（formal）的规则体系的整合，又保存和承传着文化。

文化与制序的关联是多维的，文化与制序之间的作用是双向的。然而，社会制序的经济和理论分析，主要所须关注的是文化对制序的影响这一个作用向度。[1] 通过考察文化和文化演进对制序、制序化以及制序变迁的影响和作用，我们将会发现，如果我们把文化与制序的复合体视作一个封闭的系统，那么文化对制序的影响主要是通过文化"濡化"（enculturation）的形式发生；如果把文化与制序的复合体视作一个开放的系统，并进而研究不同文化之间的信息交流和互相影响，那么文化对制序的影响则主要通过文化"播化"（diffusion）的形式来进行。[2]

---

[1] 反过来看，对制序变迁对文化变迁的影响的考察，就构成了人类学、文艺理论或文学批评等学科的主要理论任务。

[2] 值得注意的是，在西方社会学和人类学的文化理论文献中，除了"文化濡化"（enculturation）和"文化播化"（diffusion of culture）外，还有另外一个词"acculturation"。对"acculturation"一词，国内人类学界有人主张把它翻译为"文化涵化"。而"文化涵化"，是指一个群体如社会、国家、族群，尤其是一个部落接受另外一个群体的文化特征和社会模式的过程。从英语词义上来看，因为前缀"en"有"使成为""使处于……状态""置于……其中"等义，"enculturation"是指一种"主动态"（用文化"化"他人）；而前缀"ac"常常内含有"接受"的意思，"acculturation"则是指一种"被动态"（接受文化）。由于我们这里只从个人微观主体的角度思考文化对位于一个社会、族群中个人的作用和影响，在这本小册子中，我们只考察"文化濡化"和"文化播化"的关系，而不展开讨论"文化涵化"这个概念。但事实上，在下面我们讨论"文化濡化"的内容中，已包涵对"文化涵化"的考虑。

由于"文化濡化"和"文化播化"这两个社会机制过程就其实质来说，均为文化基本单位的传播和接受，那么，文化濡化和文化播化是如何发生的？作为文化濡化和文化播化的主角的人，在任何时期和任何地方，只能一点一点、一部分一部分地传播和接受某种文化。由此来看，文化必定是可分的。那么，进一步的问题必然是，文化有没有一些恒常的基本单位？美国人类学家克罗伯（Alfred L. Kroeber）和克拉克洪（Clyde Kluckhohn）早在 1952 年就曾思考到这个问题。他们认为，在一般文化里很难说有像生物世界里的如生物基因（gene）那样的基本而又齐一的"文化基因"之类的东西（参见 Kroeber & Kluckhohn, 1952, pp. 162～165）。尽管如此，许多人类学家还是认为，任何文化都是由一些基本的和齐一的微观单元构成，因而有的学者主张用文化"特征"（trait）做文化的有意义的最小限度单位，并发明了诸如"特征丛"（trait-complex）此类的相关联概念（参见殷海光，2001，卷三，第 37～38页）。美国另一位人类学家哈里斯（Marvin Harris, 1964, ch. 3）则主张用**"行子"**（actone）作为文化的最小衡量单位，即他所说的"the smallest cultural things"。哈里斯的主张似乎也没有为人类学者所广泛接受。既然文化可以分解为一些基本的微观单元，那么，它们应该被称作什么？笔者认为，英国牛津大学当代著名生物学家道金斯（Richard Dawkins）教授在他的名著《自私的基因》（1978年出版，1989 年新版）中所提出的"拟子"（meme），似乎是一个更为恰当和"优秀的"概念。我们之所以这样认为，主要是考虑到，以"拟子"这一新概念作为分析工具，并依照文化拟子自我复制的传播形式、时序和渠道这一分析理路，我们能够较清楚地辨析文化濡化与文化播化这两个概念以及二者的相对区别和相互关联之处。

这里，首先还是让我们回顾和梳理一下道金斯是如何提出并界定"拟子"这个概念的。在1976年出版的《自私的基因》和1982年出版的《扩展的现象型》这两部著作中，道金斯主要从基因复制这一生物现象的分析进路，探讨了生物进化的实质以及生物和人类世界的构造。作为从生物进化论进路探究世界构造的一个理论延伸，道金斯把他对生物世界的生命中"基因复制"这一本质现象的分析进路，推广到了对人类文化演进机制的分析。道金斯发现，文化演进与生物进化有着许多相似之处。因此，他主张，应该为"文化传播的基本单元"或人类行为"模仿"的"基本单位"起一个名字，以方便理论分析和理论建构。道金斯把这个"文化传播单元"和"行为模仿单位"称作"meme"（这本书的中译本译者非常恰当且颇有创见地把它翻译为"拟子"）。道金斯（Dawkins, 1989, ch. 11)[1] 自己解释说，他所创造的"meme"这个概念，是源自一个希腊词"mimeme"（一译"谜拟子"）。道金斯把这个希腊词根去掉了"mi"而构成了"meme"。道金斯还指出，"meme"这个词与英文的"记忆"（memory）很相近，与法语的"同样"或"自己"（meme）拼写又完全相同。因此，照道金斯看来，无论从拼写上，还是英语或法语中的相近构成词的含义上来说，它均是一个十分恰当且"优秀"的概念。

---

[1] 道金斯的《自私的基因》第11章本来的题目为"拟子：新的复制者"。但在中译本中，译者却随意甚至任意地把它翻译成了"自私的拟子"。

"拟子"这个概念被道金斯创造出来之后，很快就为西方科学界和社会科学界的许多学者所接受。例如，英国另一位科学家和道金斯的同事汉弗莱（N. K. Humphrey，1986）在接受了这一概念之后，又进一步提出，应该在技术上把拟子看成有生命的结构，而不仅仅把它看成一个比喻性的概念。其他西方学者如丹尼特（D. Dennett，1995），布莱克莫尔（S. Blachmore，1999）和昂格（Aunger，2002）也很快接受了这一概念，并以"拟子"为书名撰写了许多专著。当代著名博弈论经济学家 Kenneth Binmore（1992，1994，1998）在许多著作中也吸纳了这一概念，并把它运用到自己的经济学分析和博弈论建模中去。由于"meme"这个"优秀"的概念在 20 世纪 70 年代中期以来已经较广泛地为西方学界所接受，从 1988 年开始，《牛津英语词典》编写组决定把它收入未来版新增词汇之中。随着越来越多的学者接受了这一概念，1999 年 6 月，剑桥大学召开了关于"拟子"的专门国际学术讨论会。

那么，道金斯提出的"拟子"这一新概念所涵指的现实对象性是什么呢？道金斯自己认为，他所创造的这个概念所涵指和可涵指的东西实在太广。音乐中的旋律、某种观念、能被人们接受的新名词、流行服装的式样、瓦罐和瓷器的形状、房子的建筑风格、女鞋的流行款式、科学家或思想家的某一见解或理论，以及宗教信仰中神的概念和圣人的箴规，等等，均可以被视作文化"拟子"。照道金斯看来，在文化体系内部，任何一个能向他人传播（从一个人的头脑传到另一个人的头脑）并能自我复制的微观文化单元，都是"拟子"。道金斯（Dawkins，1989，p. 194）说："从广义上说，拟子是通过模仿（imitation）来进行复制的。"道金斯还进一步指出，正如并不是所有的基因都能很成功地复制自己一样，有些拟子也会比拟子库中的其他拟子更成功地复制自己；也正如基因一样，文化拟子的丰盛繁衍（fecundity）的复制保真度（copying-fidelity）要比某一复制的持存期（longevity）重要得多。如何估算一个文化拟子的持存期和传播能力呢？道金斯认为，如果拟子是一个科学观念，它的传播能力则取决于科学界接受它的程度，它的存活价值则可以从今后几年中，在科学期刊上被引用的次数中粗略地估算出来。如果某一拟子是一个流行小调，它在拟子库中的传播程度，可以从人们在街头巷尾哼唱它的次数中估算出来。如果拟子是一种女鞋的流行款式，"拟子（统计）学家"（memeticists）可用所有鞋店的销售统计数据来估算其传播程度，等等。

在提出文化"拟子"这一概念后，道金斯还用了很大篇幅讨论了这一概念应用范围、理论意义，以及运用这一概念时可能遇到的一些问题。但是，值得注意的是，在最近几年，西方有许多学者对道金斯的拟子概念表示怀疑，并提出了各种各样的商榷意见。譬如，阿特兰（S. Atran，2001，2002）提出，没有证据表明，支撑文化特征的人们的心理表象（mental representations）是离散的，是像生物基因一样的东西。人们的心理表象，是某种连续分层的存在（continuously graded entities），因此他认为，使用像生物基因一样的一个离散的文化"拟子"概念是不合适的。另一方面，斯珀伯（D. Sperber，1996），博耶（P. Boyer，1999）和阿特兰（S. Atran，2001）等学者则指出，与基因在生物机体间直接传播不同，人们的观念并不是在人们的头脑间直接相互传播的。他们提出，实际情况是，一个人头脑中的心理表象导致人们可观测到的某种行为，即斯珀伯所说的"公共表现"（public representation）。另一个人观测到这种"公共表现"后，从某种程度上推断第一个人产生这种公共表现的心理表象。基于这一认识，他们认为，道金斯及其追随者这些"拟子学家"（memeticists）的问题在于，人们无法证实在第二个人脑子里的心理表象与第一个人头脑中的心理表象是相同的。因此，他们认为，应用拟子这个概念来阐释文化传播和文化演化机制本身就有许多问题。

尽管西方有许多学者对道金斯的"拟子"概念提出了这样和那样的疑问，但总的看来，大多数学者还是接受了这一概念。譬如，目前在西方甚有影响的人类学家和文化学者包伊德（Robert Boyd）及其合作研究者们（Boyd，1999；Boyd & Richerson，1999；Herinch，Boyd & Richerson，2002）就认为，尽管"拟子"不是一个完美的概念，但它毕竟有论述和使用上的益处。正如包伊德和里彻森（Richerson）在1999年在剑桥召开的关于"拟子"的国际学术讨论会上提交的论文中所言："与其把拟子看成一种万能药（a universal acid），不如把它视作一个更好的'捕鼠器'（a better mouse trap）。"

根据国际学术界对道金斯文化拟子的有关讨论的观点，笔者自己忖度，文化拟子应该是一个可以应用的较好的概念。但是，在对其的应用中，有以下几点应特别值得我们进一步思考和探索。

第一，如道金斯所言，与生物的基因的复制与传播有很大不同，许多拟子在传播中并不像生物基因那样，是一种有较高复制保真度的"忠实"复制者。以一个科学观念为例，当一个科学家每接受一个思想拟子而再传给另一个人时，他或多或少会有些传走样，甚至经常把自己的理解和思想加了进去。因此，拟子的传播看起来并不像基因那样，在传播中忠实复制自己并且具有微粒性质，似乎拟子在传播过程中有连续的变化，也会产生许多混合。毫无疑问，道金斯的这一考虑是对的。但是在现实中，这一担心在许多情况下也许是不必要的。因为许多文化拟子并不仅是思想拟子（idea-memes），因而在传播中也不怎么走样。譬如，在中国文化中人们翘起一个大拇指表示"顶好的"，就是这样的例子。这一象符不管在华人世界的任何地方，甚至当外国人学会它然后也同样学着表演时，都会大致表示同一个意思。在英美国家中，人们用拇指和食指围成一个圆圈，其他三个指头伸开，表示"OK"，食指和中指叉开朝上表示"胜利"，诸如此类的象征手势，也是这样。只要这些文化拟子传播出去而被其他人模仿，其含义就基本上是相同的。同样，牛仔裤、超短裙、踢踏舞、太阳镜、运动鞋，以及巴赫、贝多芬和柴可夫斯基某一乐曲的某一旋律，等等，作为文化拟子，它们传播到任何国家、任何地区和任何文化中，也均会是比较忠实的自我复制者，并且大致不会走样。

第二，文化传播单元的拟子的边界如何确定？也就是说，到底什么构成一个文化拟子？在《自私的基因》一书中，道金斯（Dawkins，1989，p. 196）曾提出了"思想拟子"（idea-meme）这个概念，并把它定义为"能从一个人的头脑中传播到另一个人头脑中的存在（entity）"。但细想一下，就会发现，这种思想拟子单元的边界是什么？它是一个概念、一个词、一个命题，还是一条原理、一种理论？譬如，达尔文的进化论是由许多概念、词、语句、观点、发现和原理所构成的一整套理论。那么，达尔文的整个进化论是一个拟子吗？还是其中的某个概念、某个语句或某个命题就构成了一个拟子？同样的问题存在于当代经济学中的"帕累托最优"（Pareto optimum）、"一般均衡"（general equilibrium）、"科斯定理"（Coasian theorem）和"纳什均衡"（Nash equilibrium）等等之中。拿目前人们所熟悉的新制度经济学中的"科斯定理"来说，它为经济学界一般所接受的表述是："如果交易费用为零，不管权利如何分配，任何资源配置都将会是最优的。"很显然，在这一定理中，"交易费用"（transaction costs）显然就是一个可独立传播的文化拟子。同样，"权利"（这里意味着"产权"）、"资源配置"和"最优"作为经济学的术语，各自也可以是一个独立存在和单独传播的思想拟子。那么，科斯定理的整体是一个思想拟子？还是科斯定理由许多"思想拟子"所构成？对此，道金斯本人曾有所考虑。他举例说："达尔文的理论可以分解为许多组成部分，以致有些人相信 A 部分而不相信 B 部分，或另一些人相信 B 部分而不相信 A 部分。这样，A、B 可以被视作不同的拟子。"（Dawkins，1989，p. 196）然而，道金斯却认为，如果几乎所有人都相信 A 和 B——用生物学的术语来说，假如 A、B 拟子紧密"相连"——那么，以方便起见，还是把它们视作一个拟子为好。

第三，拟子与语言的关系是什么？很显然，一个名词往往就可构成一个拟子。一个语句、一个命题也可以构成一个拟子。但是，文化拟子显然绝不限于词和语句。譬如，一款时装的式样，一款女鞋的式样，一幢建筑的风格，一种音调，可能不能用语言完全描述出来，只有亲眼看到、亲耳听到，你才能知道，才能模仿。只要**这种**款式、**这种**式样、**这种**风格、**这种**音调本身离开语言载体，仍能传播和复制，它们本身就是一种文化拟子。由此看来，文化拟子可以以词、语句、命题等语言的形式存在，或者反过来说，作为语言单位的词、语句、命题可以是文化拟子，但文化拟子却不限于语言和词。另外，从这里我们也可以进一步申引出，文化拟子与生物基因有共同的地方，那就是它们均是某种存在。即不管你发现没发现它们，认识不认识它们（尤其是在用现代科学手段发现各种基因存在之前），它们仍然自我独立地存在着。譬如，在现实中确实存在"那种"款式、"那种"式样、"那种"风格、"那种"音调，不管你看没看见，听没听过，也不管你能否把它描述出来、拍摄下来，或用音符把"那种"音调书写记录或保留下来，它们都存在着[1]。文化拟子与生物基因也有很大不同，那就是，文化拟子在很大程度上与人在观察、思考、界定和认识上的"主观能动"的规定有关。譬如，对于中国哲学中的"太极"和"仁"、中医学中的"气"和"经络"，西方人就不知道它们是什么（它们存在不存在？[2]）。

---

　　[1]　这里必须进一步强调，"那种"式样并不是指那件衣服，"那种"款式并不是指那双或那几双鞋子，"那种"的风格也不是指那幢建筑，"那种"音调也不是指那种乐器和那个人在演奏。文化拟子必须由物质载体来承载，或者"附在"物质载体之上，但它们就不是物质载体本身。譬如，在有了广播、电视、互联网和CD、DVD机等现代科技手段后，人们可以不必"亲眼"看到和"亲临其境"，就能知道那种"样式"、那种"款式"、那种"风格"和"那种"音调，也就可以复制和模仿那种文化拟子。衣料可以不同，但"样式"可以相同。交响乐队可以用管弦乐器演奏贝多芬的某一乐曲的某一旋律，CD音响可以放出同一旋律，我也可以哼出同一旋律。文化拟子是指"这"旋律，而不是指表示"这"旋律的贝多芬的音符、交响乐团的演奏，也不是指CD和我的"鼻子"，更不是指我思想中的"记忆"——尽管它是在印刷中来的某一音乐曲谱中，在交响乐团的演奏中，在CD中以及我脑子里的记忆中存在。

　　[2]　同样，我们这里也可以问道金斯同样一个问题：作为"文化拟子"概念的"拟子"存在不存在？这正如人常问宗教信仰中"神"的概念拟子存在不存在，是一样的。

同样，尽管在英美社会中有"sheep"（绵羊）和"goat"（山羊），但在英语世界里却没有"羊"这个概念。所以"羊"这个"概念拟子"在中国文化中是一个独有的拟子、一个中国人的抽象和意识界定。同样，中国人生了病去看医生，常常会告诉医生这里"痛"、那里"胀"，这里"酸"、那里"麻"。这些"痛""胀""酸""麻"，在英文中就只有"hurt""pain""ache"这一类**可能**（敬请读者注意这里所强调的"可能"）是指中国人所说的"痛"的感觉的描述词。中国人所说的"痛""胀""酸""麻"，与英国人所说的"hurt""pain""ache"，似乎是一回事，又不是一回事。所以，作为"痛""胀""酸""麻"的文化拟子，似乎又仅仅是中国人对自身的某种感觉的"人为规定"，这正如英国人将身体的某种可能与中国人相似的感觉（这里只能是"相似"——因为个人的感觉可能没有完全相同的，只有自己知道）规定为"hurt""pain""ache"一样。

在谈到文化拟子和人类语言的和言语行动的关系时，比较一下道金斯的"拟子"概念与牛津日常语言哲学派的领袖人物奥斯汀（John L. Austin）在《如何以语言行事》一书中所提出的"rheme"一词，对我们把握拟子概念的规定性，将会很有助益。在这部语言哲学的经典名著中，奥斯汀（Austin，1975，pp. 92～108）提出了"phone""pheme"和"rheme"三个概念，并相应地提出人们的"phonetic act""phatic act"和"rhemic act"三种言语行为。根据奥斯汀本人的界说，"phonetic act"是指发出某种声响的行为，因而我们可以把它译为"发声行为"，从而把"phone"翻译为**声子**（在语言学中人们有时也把它翻译为"声素"）。由于奥斯汀把

"phatic act"[1] 界定为说出某种声词（vocables）和词汇（words）的行为，我们则可以把"phatic act"翻译为"言辞行为"，从而把"pheme"翻译为"**言子**"。奥斯汀（Austin，1975，pp. 92~93）还特别指出，他所使用的"pheme"一词，是非同于语言学中的"phomeme"（音位）[2] 的。最后，奥斯汀把"rhemic act"界定为用这些声词来表意和有所指的言语行为，因之，我觉得应该把"rhemic act"翻译为"表意行为"，[3] 并从而把"rheme"翻译为

---

[1]　据杨玉成（2002，第 81 页，注 1）博士考证，"phatic"一词最早是波兰裔英国人类学家马林诺夫斯基（Bronislaw Malinowski）首先使用的。马林诺夫斯基用它指用于建立气氛和维持社会接触而不是用于交流信息或思想的谈话，如对天气的评论和询问健康的用语，即寒暄之语。奥斯汀借用这一术语是为了表示只是说出一个语句（即发话）而不具任何意义的谈话。

[2]　这里原文是"phememe"。就笔者管窥，目前在西方语言学的文献和词典中还找不到"phememe"这个拼法的词，而只有"phomeme"一词。而"phomeme"一般被翻译为"音位"，即最基本的发声单元。在语言学中，还有一个概念"morpheme"。在中文中，这个概念一般被翻译为"词素"，即最小的语法单元。

[3]　作为"rhemtic act"的"表意行为"，就基本上等于奥斯汀语言哲学中人的言语行为（utterance）三分法——"locutionary act"（以言表意行为）、"illocutionary act"（以言施事行为）和"perlocutionary act"（以言取效行为）——中的"以言表意行为"了。在奥斯汀晦涩的语言哲学中，厘清这些概念之间的关系非常困难，但却十分有益。尤其是对探讨语言在社会制序的生发、型构、传播和变迁中的作用来说，奥斯汀的哲学分析将会是一个非常强有力的分析工具。因为，通观这本迄今为止在中国大陆还没有整本汉语翻译（许国璋先生曾翻译了部分章节）的世界名著（这本书在 2013 年终于有了全本汉译本，并被收入商务印书馆的汉语世界名著，译者为杨玉成教授，见 Austin，1975——韦森 2018 年 12 月 23 日增补），从笔者分析问题的视角来看，奥斯汀从头至尾基本上都是探讨人们的言语行为在社会制序的生发和型构中的作用。他在书中大量引用法律和司法实践中的言语行为和语句，就表明了这一点。另外，奥斯汀的及门弟子、另一位当代著名语言哲学家塞尔（John R. Searle）也在许多著作探讨了语言和人们的言语行为在制序的生成和变迁中的作用。在笔者的《语言与制序》一书中，详细讨论了奥斯汀和塞尔的语言哲学对社会制序经济分析的理论启示和含蕴（见韦森，2014）。奥斯汀哲学研究专家杨玉成博士在最近给我信中也表示，他赞同我把奥斯汀的"phone""pheme""rheme"翻译为"**声子**""**言子**""**意子**"的翻译法。

"**意子**"（在语言学中，人们一般把它译为"表位"或"述位"，即为主体提供新信息的句子成分）。比较奥斯汀的"phone"（声子）、"pheme"（言子）和"rheme"（意子）与道金斯的"meme"（拟子），我们可以认为，尽管"声子"和"言子"均在人际间传播，但它们均不构成"拟子"；而只有"意子"才构成人们言语交流中的文化"拟子"。换句话说，人们使用语言或言语交流中的意子，就是文化中的拟子。但如上所述，由于文化拟子不限于人们语言交流中的词和语句，所以拟子包括言语中的意子，但却不限于人们言语中的意子。从这里我们也可以进一步认识到，人们在使用语言（法语为"langue"，英语为"language"）和言语（法语为"parole"，英语为"utterance"）中所传播的文化拟子，就其本质来说不是词，不是语句，而是在词和言语行为中所潜含的意子，即奥斯汀的"rhemes"。

这里进一步的问题是，为什么一些话语发声、词汇和一些话语行为单位中会包含着意子（亦即文化拟子），或者说这些基本单位本身就构成了意子？这是一个极其复杂的语言哲学问题。事实上，这与从弗雷格（Gottlob Frege）、罗素（B. Russell）、维特根斯坦到当代许多语言哲学家和分析哲学家如卡尔纳普（Rudolf Carnap）、戴维森（Donald Davison）和塞尔（John R. Searle）等一直争论不休的一个焦点哲学问题——指称词的意义是什么以及意义与指称对象之间的关系问题——密切相连。按照奥斯汀的及门弟子塞尔（Searle，1969，1979，1995，1998）和另一位语言哲学家格赖斯（H. Paul Grice，1957，1975）的见解，人们语言交流中所使用的词语中所含的意义在于发话者的意向性（intentionality）。[1] 这是因为，发话人发出某种声音或画出一个语言符号时具有一定的意向，并通过这种声音或这个符号把某些信息传递给受话者。因之，发话人言语中的意向性，就直接决定了言语行为中的意义。但是，是否言语行为中意义的单元就是奥斯汀所说的"意子"？进一步的问题是，意义是否可以像物质粒子一样，分解为某种基本单位或者说基本单元即"意子"？这显然是值得深入思考的问题。但一个人运用某种语言发话，要让人听懂，要让人理解，即让人接受以言表意行为中的"意义"，必须先有某种"意向性"，这一判断应该没有什么大问题。另外，我们还必须注意到，人们运用一种语言中的词，只有在此语言的语法结构中才有意义，并以一定的统一发音、写法或拼写法才能让言语的接受者所理解。因此，以言表意行为也有一个语言本身的约定俗成问题。[2] 由此看来，奥斯汀的言语行为中的"意子"，必须在一定的文化场景中才能存在，或者说成其为自身。换句话说，**言语行为中的"意子"——如果我们承认它存在的话——必须也必定是一种文化"拟子"**。

第四，尽管文化拟子在自我复制过程中与生物基因的复制过程有相似之处，但二者也有根本的区别。一个主要区别在于，生物基因的

----

[1] 1957 年发表在英文《哲学评论》杂志上的《意义》一文中，格赖斯（Grice，1957）指出，发话人 A 用某种话语 X 表达某种意义，这意味着发话人 A 知道通过发话这种有意向性的手段，有意用话语 X 对受话人产生某种影响。这样，格赖斯就把意义与意向性（发话人的意图）联系起来了。

[2] 早在 20 世纪 60 年代，塞尔就非常清楚地认识到这个问题。在 1965 年发表的一篇《什么是言语行动？》的著名论文中，塞尔（Searle，1965，p. 259）明确指出，意义问题既是一个意向性问题，也是一个约定俗成问题。他认为，言语的意义"既有意向性的一面，也有约定俗成的一面"。因此，照塞尔看来，只有把意向性和人们使用语言的约定俗成的惯例结合起来，才能对语言行为所欲传达的意义作出说明。

复制必须通过生物体的遗传关系来进行（从父母传与子女）。但文化拟子可以在不同地区、不同民族、不同社会中的毫无干系的任何人之间进行，甚至可以在人和其他动物之间进行。只要我们想一下中国武术中的"蛇拳""虎拳""猴拳""螳螂拳"等的招式，就会理解到"动物世界"的行为〔不管是"现象型行为"（phenotype），还是"基因型行为"（genotype）〕也会构成"拟子"，并在人类文化体系中得到"复制"。中国文化中的"龙"的形象，英国国徽中的"狮王"的像符，以及澳大利亚国徽中的"袋鼠"和"鸸鹋"的像符，以及一些职业足球队和橄榄球队的名字和队徽，往往不仅代表着来自某种实际存在和想象中的动物的形象或行为的"拟子"，也表露出一个民族、一个国家或一个球队的"精神品格"以及"族魂""国魂"和"队魂"。同样，人也会反过来把自己的一些文化拟子传教给一些动物（这里可以使我们联想到英文"culture"的拉丁词源的固有含义）。在这方面例子更是俯拾即是。譬如，人们教猴子和熊猫耍杂技，教鹦鹉和黑猩猩说话，教海狮顶球，让大象搬东西，等等。人类的种种"文化"活动，显然代表了人试图把自己的文化拟子涵化到动物世界的努力。

第五，由于文化拟子与人们认知世界、把握世界、观察世界的态度、视角、进路、分类和解码方式有关，那么，到底什么构成一个文化拟子（尤其是其中的思想拟子）——也就是一个拟子的边界——往往与一个群体中人们交流中的约定俗成有很大关系。譬如，中国人翘大拇指表示"顶好的"，在美、英国家里的人用拇指和食指围成一个圆圈表示"OK"，食指和中指叉开朝上表示"胜利"；又如，清朝时期男人留辫子，中国旧时女人裹脚，苏格兰男人节日穿"kilt"（一种"短褶裙"——但请记住千万不要对苏格兰男人说"You wear skirt"，不然，他们会认为你侮辱了他们），以及西方人的"女士优先"，等等文化拟子，乍看来均是通过约定俗成的社会机制而形成的。然而，**从拟子形成的原初微观发生机制上来看，我们与其把"文化拟子"看成是由"约定俗成"的社会机制过程产生的，毋宁把"文化拟子"的传播看成是约定俗成的社会机制过程本身**。因为，对于在中国人翘大拇指表示"顶好的"，在美、英国家里的人用拇指和食指围成一个圆圈表示"OK"，食指和中指叉开朝上表示"胜利"等文化拟子原初是怎么形成的，我们也许并不知道，我们唯一知道的是，它们从一个人传给另一个人，从一个地方传播到另一个地方。因此，文化拟子的传播过程，在很多情形中就是"约定俗成"的社会机制过程本身。用我们的社会制序理论分析的话语来说，文化拟子的传播本身就构成了作为社会制序基础构成部分的"习俗"的型构、驻存和扩展机制。

在对"文化拟子"的基本规定性及其传播过程有了上述理解之后，我们就可以比较清楚地把握和辨析人类学家所常说的"文化濡化"（enculturation）和"文化播化"（cultural diffusion）[1] 的涵义

---

[1] 在外国人类学文献的中文翻译中，"diffusion"这个词通常被翻译为"播迁"。在英文中，这个抽象名词的原动词为"diffuse"。而"diffuse"一般有两重涵义。第一重涵义是"spread something all around, send out in all direction"。从这重涵义来看，它有中文的发散、传播的涵义，因而把它翻译为"播迁"未尝不可（尽管"迁"字这里用起来仍有点勉强，因为英文中根本就没有"迁"即"有意识的移位"的含义）。除了第一重"传播、发散"的涵义外，"diffuse"还有第二重涵义"mix slowly"，即"慢慢地融合"。如果综合考虑这两重涵义，并把它运用到文化研究领域之中，我们就会发现，一种文化观念或文化拟子常常是通过语言和传媒发散和传播到另一个社会中去的。而一旦这一文化观念或文化拟子（转下页）

①了。文化会以拟子或拟子簇（我们可以在英语中把"拟子簇"对译为"clusters of memes"）的形式从一代人传给下一代，这一过程从**历时**的角度来看就是文化濡化。因此，文化濡化从实质上来说就是使人接受某种文化拟子从而形塑他的文化"品格"并从而使其"文化""化"的社会机制过程。文化作为一种知识、意义和符号的体系，除了在一个社会群体内部代代相传外，还会在不同群体之间、地域之间发散和传播。这种发散和传播必定是通过拟子或"拟子簇"形式进行的，而不可能是文化"整体"的发散和传播。一种文化体系的"拟子库"中所包含的拟子或拟子簇，通过各种媒体在其他地域的人群中**共时**地发散和传播，也就是人类学家所理解的"文化播化"。

由于文化濡化和文化播化实质上均是文化"拟子"在人际间的传播，并必须通过人的中介来进行，那么在文化拟子或拟子簇从一个人传与另一个人的"即时""即地"点上，二者是难以区别的。因为，尽管从"宏观上""大体上"或者说"乍看来"文化濡化是在一个群体内部代代相传，因而**乍看来**好像是"历时的"，而文化播化是在不同群体和不同地区之间的发散和传播因而**乍看来**是"共时的"，但是就其实质上都是文化拟子的复制和传播这一点来看，二者实际上是一回事。并且，在文化拟子传播的"即时""即地"，文化濡化和文化播化均既是"历时的"，也是"共时的"。譬如，当父母教育小孩"见到生人要问好"，与人分别时要说"再见"，或者

---

（接上页）传进一个社会，它往往与当地的文化观念相互作用且有可能发生反应，并最终融合（化）到当地的文化体系之中。从这两个方面来看，把它译为"播化"比较合适。

教导子女做人要诚实，或要遵守某一道德箴规时，乍看来他们是做"文化濡化"工作，即将现有文化体系"拟子库"中的某些拟子传授给下一代，因而，父母这时的"角色"是文化濡化社会机制中的文化承传者，或者说父母在用文化"濡化"（把自己思想和知识的文化拟子库中的拟子"注入"给）自己的孩子。但细想一下，当父母教小孩时，单从文化拟子传播的角度来看，他们难道不是在进行"文化播化"？因为，尽管小孩是父母自己的子女，但小孩也是"他人"（他们所生的"他"生物机体），尽管这时的"他人"是自己的子女，由此看来，即使在父母教导子女时，甚至在孩子们自己模仿和学习父母的某种动作和行为时，父母角色也是文化的传播者。这亦即是说，他们在进行着"文化播化"。同样，当一个外国的外语教师来中国教某种外语，他是在传播其他文化的拟子，因而他的主要角色是"文化播化者"。但是，在这位外籍教师教课的即时即地，他难道不又是用他所属的文化的"拟子库"中的拟子来"濡化"他所教的学生？由此看来，文化濡化与文化播化的区别只是相对的。尤其是从文化拟子传播和复制的即时、即地点上来看，更是如此。

由于在文化拟子复制传播的即时即地点上，文化濡化与文化播化难分难解，要建构性地区别开文化濡化与文化播化这两个人类学的概念，关键在于把握以下几点：

第一，文化濡化主要是指在一个文化体系内部的文化拟子在同族人中的复制和承传，而文化播化则主要是指不同文化体系之间的文化拟子的传播和复制。

第二，尽管从个体上（即文化拟子复制的即时点上）来看很难区别文化濡化与文化播化，但从整体上来看，文化濡化相对来说是一个历史过程，文化播化相对来说是指在同一个历史时期中文化拟子的传播过程。

第三，文化濡化主要是指从位高者（superiors）向位低者（inferiors）传授文化拟子。上一代对下一代、父母对子女、老人对青年人、大人对小孩、上级对下级、教师对学生、方丈对和尚、主教对教民、牧师对信徒施以影响，即通过教导而"注入"文化拟子，可以被视作文化濡化。[1] 相对来说，文化播化则主要在同位（peers）的人们——如朋友、同行、同事、同代人、同龄人甚至完全的陌生人——之间进行。

第四，文化濡化似主要是指对某种文化拟子的"模仿"和"学"的过程，因而它主要是对文化濡化的对象来说的，是指他接受某一或某些文化拟子从而被一种文化"化"的过程；而文化播化指某种文化拟子的"传播"和"教"（示范）的过程，因而主要是对文化播化的主体来说的，是指他将文化拟子传与他人，从而用一种文化"化"他人的过程。举例来说，当一个外国人来到中国，学会了使用筷子，或学得中国人翘起大拇指意为"顶好的"，从而接受了中国这两个文化拟子，单就此来说，他某些方面被中国文化"濡化"了。同样，一个外国时髦女郎来到上海，她穿着某种样式的时装或某种特别式样的鞋，或留的某种发型，引起了本地女孩们的注意，后来本地女孩们也学着做、学着穿、学着留，那么这个外

---

[1] 但显然这一区分标准不适合于我们上面所举的外籍教师教外语的例子中的情形。

国女郎来中国就起了文化播化的作用。同样，一个人学一种语言、读一本书，甚至看一场电影而"学会"或接受了其中的某些文化拟子或拟子簇，他就是被"濡化"了。同理，教一门语言，翻译出版一本书，上映一部外国电影，甚至自己写一本书并将其出版，这均是在传播某种文化拟子，因而实际上是进行了文化播化。

第五，尽管无论文化濡化还是文化播化在实质上均是文化拟子的复制和传播，均是让人接受某些文化拟子或拟子簇，但文化濡化主要是通过文化拟子的复制与传播而使某种文化模式得以保存、维系和承传；而文化播化则主要是通过文化拟子的复制与传播而使一种文化模式得以繁衍和扩散。

# 第五章　文化濡化、文化播化与
## 制序化和制序变迁

这个世界已有足够多的深奥。

——格尔兹（Geertz， 1973，中译本，第 24 页）

弟弟因而能就近入学,但当时却完全不知晓学校是祖父创办的,直到两年前,母校找到我,请我给学校写一段寄语,我才得知它的来历。

我上学之初,小学设在青草坝半山腰,下面不远处就是位于山脚的民生机器厂。我们家则住在山顶的平房里,每天上学放学都要下坡上坡,好在路不算远。上学不久,学校要拆迁,新校舍还没建好,学校就在工厂与长江之间的河滩上,盖起了临时校舍。临时校舍用木头和竹篾席搭建。木头做梁柱,竹篾席做隔墙,学校直接坐落在沙滩上。竹篾席是不隔音的,上课时免不了互相干扰,但奇怪的是,留在我记忆里的没有噪音,而是一片朗朗的读书声。课间休息,我们就在教室外的沙滩上尽情玩沙,教室里的课桌上却一沙不染。临时校舍与长江相距不过百米左右,我们在那里上课数月,却没有发生过一次学生溺水的事故。可见学校的管理是如何地到位。

新校舍建在山顶,和我家当时的居所相隔不远,课间休息还来得及回家喝开水。新校舍是两层楼的灰色砖瓦房,楼上楼下都是教室,每间一样大小,都宽敞、明亮、气派。校长、教师的办公室则在旁边一排刷了白石灰外墙的平房里,显得有些矮小和拥挤。校园里还有大大小小四个活动场地,滑梯、秋千、跷跷板、篮球架、单双杠等设施一应俱全。最大的一个场地可容纳全校几百学生做体操。有一段时间提倡美化环境,我们就给学校捐盆花,将大操场围了几圈。校内校外的鲜花与我们的笑脸交相辉映。

因为在九龙塘小学打了点基础,再从头上小学就一点不费劲。那时我们用的语文课本也很人性化,60多年过去了,我现在还背得出语文课本的开头几课:"一,开学 开学了。二,上学 我们上学。三,同学 学校里同学很多。四,老师 老师教我们,我们要听老师的话。五,放学 放学了,老师说,同学们再见。我们说,老师再见。……"从民国走来的老师们大多有很好的学养,对我们的教育充满着人性的关爱,对我的祖父和民生机器厂也知根知底,尽其所能地保护我闯过了一个又一个阶级斗争的暗礁、风浪。我在这个一年四季都绿茵葱茏、鲜花盛开的大花园和民生厂子弟校里,度过了快乐纯真的童年和部分少年时代,在班上也一直担任班长、中队长、大队委。

我们学校的合唱团也不可小觑。大约五年级时,我们参加了歌咏比赛。从学区比赛到江北区比赛,我们过五关斩六将都夺得第一,最后参加了在重庆市人民会堂举行的市级比赛,并取得优异成绩。记得我们唱了两首歌,一首是《蓝蓝的天上白云飘》,另一首是《我有一双万能的手》,我都是领唱。

1956年,到了三年级下学期,不满十岁的我,初次尝到阶级路线的滋味。船厂通知学校,过几天有个苏联专家代表团要来厂里参观,要学校挑选几个女少先队员去给客人献花。大队辅导员把我和其他几位入选的同学叫去,给我们交代了任务,并要我们自己准备服装。放学回家后,我兴高采烈地告诉了母亲。母亲一向很支持我参加集体活动,专门去城里为我买了一件毛衣。毛衣是用驼毛色的细绒线编织成的,上面还有许多明暗相间的花纹,我穿上非常合身。那天晚上美得我睡不着觉。

苏联专家到来的前一天,我们都把准备好的服装带去学校彩排。我穿上新毛衣,戴上红领巾后,同学们一阵喝采,夸我的衣服颜色和红领巾很陪衬,而个别没有找到服装的同学则不好意思地躲到一旁。正在我陶醉其中之时,大队辅导员走进教室通知我,我不参加给苏联专家献花了,而且就我一人被取缔。

我不明白这是为什么。辅导员看了看我,背过脸去,没有再说一句话。同学们都傻了似地望着我,谁也不曾料到,临阵前我会被"踢"出局。家里家外都受宠、从未受过打击的我,不记得那天是怎样迈开双腿,走出大家火辣辣的视线离开教室的,只记得当时身上还穿着母因为自有人类社会以来，对任何单个人来说，他一生下来就必定落在一定文化之中。因此，一个人的成长过程，也就是他被生活在其中的文化"濡化"的过程。从生物学的角度来看，尽管有些动物群体的某一"现象型行为"或"基因型行为"也像人类的文化拟子一样，可以在群体内部和群体之间进行传播和复制，但地球上的任何动物群体还不能像人类一样，创造符号并通过符号来交流信息、承传知识和积累经验。人类型构出了种种语言和符号，包括声音、手势，尤其是书写语言和绘画，以此作为文化和制序的知识的载体。这种文化和制序知识的载体，从道金斯的思路来看就是"拟子库"。有了拟子库，文化作为有关社会制序和自然界的知识体系，就可以以其内部种种拟子或拟子簇的形式从一代人传到下一代。就单个人来说，一旦降生，他必定落在一定的文化氛围和制序环境之中。在其的成长过程之中，当他从生活周围的所有文化拟子库的"信息源"中接受文化拟子从而被文化"濡化"的同时，他也被制序化（institutionalized）了。换句话说，人在社会过程的"被"制序化，是通过接受文化拟子并在自己的思想中记存这些拟子并在自己的行为中复制这些拟子来进行的。从这个角度来看，文化濡化是制序化得以实现，既存制序得以维系和延续的社会机制过程。

由于单个人接受文化拟子从而被文化濡化的同时也即是被制序化了，因此可以认为人的被制序化主要（或者说基本上）是通过文化濡化（文化拟子的复制）来进行的。这样，从整体上来看，一个社会的制序化也主要是通过该社会内部的文化濡化的机制过程来完成的。从中，我们还可以进一步体悟出，一个社会的制序化程度（包括内在于其中的市场运行的产权规则与法律规则的体系化程度），与该社会的文化氛围和文化遗产有着根本性或者说内生性（endogenous）的关系。由于对生活在社会中的一个正常成年人来说，经由多年的文化濡化而被"文化了"（在现实中，一个人识不识字、读没读过书因而有没有"文化"与此过程无关[1]）的同时，他也被制序化了，他的行为模式必定反映着文化，也必定是社会化了的和制序化了的。由此看来，在个人行为模式上反映出来的文化与制序的同构和基本重合，也只有从文化濡化的社会机制过程中拟子复制这一视角才能得以理解。这里且不管一个社会的制序化程度如何，反映着一定文化模式的人们个人的行为模式，在根本上总是经由文化拟子库中的某些相关拟子的复制而型构成的。这些与形塑人们行为模式有关的文化拟子，以照格尔兹的见解就是一种大家共享和共知的一种代码（code），一种赖尔所理解的"默会知识"（tacit knowledge）。从经济学的分析视角来看，每个人所享有的这种大家能共同理解的代码和默会知识，会在个人与他人打交道或社会博弈中的理性计算一起，来决定人的行动和博弈的策略选择（按照哈耶克的思路，人的理性就是这种由文化传统而来的代码和默会知识体系的一部分），同时，每个人也通过这种大家共享和共知的代码和默会知识，来预期和理解他人的行动与博弈策略选择。这样，有了这种大家共享和共知的代码和默会知识，人类群体和社会就有了哈耶克所理解的那种"行动的秩序"（acting orders）。当然，我们说通过文化濡化社会机制过程中的拟子复制而形成的社会制序

---

[1] 这亦即是说，不管一个人有没有"文化"，他必定是一个文"化"了的人。这里，我们是把"文化"作为一个动词来使用的。

对人们的行为有一种标识性的规约，这并不意味着每个人在所有活动中的策略选择就一定全部符合文化规范。在现实生活中，每个人的活动除了受理性计算指导和文化规范的约束外，有时还受情感、喜好和种种非理性以及一些偶然性因素所支配。因此，我们这里所说的受一定文化模式中的理性计算所决定的行为模式，只是一种普遍或者说常规性的行为模式。这种普遍或者说常规性的行为模式，也就是作为一种"深描"的人类学的文化解释所指的文化模式和"思想性的"社会制序的理论分析所要探究的"社会秩序"。

由于在个人行为模式的形塑上，文化濡化和一个人被制序化是同构的，或者说在个人接受文化拟子时，人的制序化是通过文化濡化的社会机制过程来实现的，那么，从社会整体来看，文化濡化对制序化即社会制序的生成、形塑、成型、硬化乃至各个构成部分的过渡与转化，会有着潜移默化但却至关重要的作用。不言而喻，文化濡化不仅对个人习惯（我们这里可以进一步把个人的习惯即"usage"看成是受某种文化拟子所支配的个人行为的重复）的形成和形塑，对群体习俗（即 custom——我们把习俗看成是集体的行为重复）的生发与维系，以及对人们对非正式的惯例约束（conventional constraints）的自觉恪守，均有着内在的作用，对社会的法律、法规和其他种种制度性规则、规章和规程的制订和制定，也无疑有着潜移默化但却至深至厚的影响。譬如，英国的普通法传统中的政治与法律制度，从一定视角来看，就是英国传统文化的现实体现。而法国自拿破仑时代所制定的"法国六法"（即《法国宪法》《法国民法典》《民事诉讼法典》《商业法典》《刑事诉讼法典》《法国刑法典》），尤其是其中的《法国宪法》（到 1958 年的戴高乐第五帝国，法国已 17 次修宪），就是从高卢时期（公元 5 世纪以前）到法兰克王国长期社会习俗、惯例，以及经济、政治和法律制度，加上自文艺复兴和启蒙运动以来所逐渐形成的充满建构理性主义（constructivist rationalism）的法国文化在经济、政治和法律领域里的体现和现实结果。同样，正如瞿同祖（1981）、布迪和莫里斯（Bodde and Morris，1973），以及梁治平（1997）等学者所见，传统中国中伦理化的法律体系，显然又是以儒家学说为"主脉"的中国传统文化在社会制序层面上的凝化与对象化。因此，正如不了解民族性和民族的"ethos"（精神气质），就难能解释一个族国的经济制度和工商体制形式一样，没有文化之维的"支援意识"，就难能解释清楚一个社会的经济、政治与法律制度。

在对文化濡化与制序化的内在关联进行了上述思辩的梳理之后，现在让我们再来反思一下在一个假想的封闭社会（即不与其他社会进行文化和信息的交流——或者用道金斯的术语来说——不与外界进行文化拟子的互换）中，文化濡化与"制序变迁"（institutional change)[1] 之间的相互作用。

---

[1] 这里再解释一次，笔者把社会制序内部从个人的习惯到群体的习俗，从作为一种自发社会秩序的习俗到非正式约束的惯例，从惯例到正式的制度性规则的内在"逻辑"过渡，视作"制序化"，而把习惯、习俗、惯例、法律和其他制度性规则随时间的延伸的改变，即从一种习惯改变为另一种习惯，从一种习俗演变成另一种不同的习俗，从一种非正式约束嬗变为另一种非正式约束，以及法律、法规、司法程序和其他种种规章、规程的修订、修改或废止，等等，统统视作"制序变迁"。而照笔者的理解，只有在制序变迁过程中的法律、法规、司法程序，以及其他种种规章、规程等正式制度性规则的修订、修改或废止，经济组织形式的变化，才是目前经济学界所说的"制度变迁"。经济学界的读者到此处也会明白，笔者所说的"制序变迁"，与"制度经济学"文献中所说的"制度变迁"，是有区别的，尽管在英文中采用同一个词组"institutional changes"表示它们。

由于文化作为社会制序的"镜像"（image）和源于以及关于社会制序的知识体系大致是人类生活世界的"行动的记存"，而作为人类生活世界之生活形式的社会制序，存在于人们的行动之中并随着社会活动（从博弈论的视角来看就是种种社会博弈）而不断地改变着，一个**封闭**社会中的文化演进（cultural evolution）往往滞后于制序变迁。之所以这样说，是因为，在人类生活世界的各种各样的社会活动中，总是不断有新的社会秩序通过社会博弈而自发地型构出来，而自发的社会博弈秩序的驻存又会逐渐凝化和沉淀出新的博弈规则。加之，社会内部的技术创新（technical innovation）和组织创新（organizational innovation），又常常要求并往往实际上修正和改变着既存的制序安排。这一切往往会导致社会制序的变迁是一个变动不居的动态过程（当然，这里并不排除一定的制序安排会在一个相当长的历史时期中自我复制即"内卷"）。新的社会制序的型构、出现，以及既存的社会制序的改变，必然会在作为人们的观念领域里固化、沉淀和积累下来的"知识的汇聚"和"行动的记存"的文化体系上反映出来。从这个视角来看，现实社会的制序变迁过程，会拉动或牵引着文化演进。

　　由于在一个封闭的社会中，文化演进一般会滞后于制序变迁，制序变迁（尤其是其中的由技术创新和组织创新以及随着新的经济活动的出现所导致的新社会博弈规则的型构与制订）往往受到既存文化观念的抵制、拖拽和制约。可能正是因为这一点，一些历史学家和人类学家把文化视作几个世纪以前发出的用来决定以后几代人命运的"咒语"（Peter Berger，1986，中译本，第 128 页）。这一见解虽然有失偏颇，但至少不无道理。这种观点无非是说任何既存的社会制序的驻存以及变迁，必定发生在一定的文化场景与氛围之中。而笔者在《社会制序的经济分析导论》中第二章所提出的社会制序变迁的三种"路径力量"，即革命（revolution）、演进（evolution）和内卷（involution），其中的"内卷"（我们把它理解为社会的整体制序在一个相当长的时期中自我维系和自我复制，因而大致不发生多少变化），现在看来其原因就在于牵制社会制序变迁的文化"张力"（strains）太强，或者换句话说，社会制序变迁的张力的主要来源是经由文化濡化的长期过程所积淀下来的历史传统。[1]

现实的社会制序变迁往往受经由过去的历史长河中沿存、承传和积淀下来的文化观念的制约，但它反过来会对文化演进起一定的催化作用。这是因为，在一定的文化模式中，某种行为是否是合宜的之标准，是随着人们社会博弈中越来越多的人采取某种策略选择的境势而不断改变着的。具体说来，在现实社会博弈中，博弈安排发生了变化后，人们的策略选择也会相应地改变。随着更多的人选择另一种策略，博弈的秩序即事态就会发生变化，且进而可能导致博弈规则的变化。这些博弈秩序或博弈规则的变化，自然会通过有关博弈知识的汇聚而反映在人们的观念上，成为一种"行动的记存"，修改着人们对新的行为和策略选择的看法，改变着人们对正确与错误、合宜与不合宜、应该与不应该，以及好与劣的价值判断，从而最终改变人们的文化观念。由此看来，没有社会制序化以

---

[1] 按照格尔兹的见解，"张力理论"可能比"利益理论"更清楚地解释人类社会的实际变迁过程（Geertz, 1973，第八章，"作为文化体系的意识形态"）。

及制序变迁对文化观念演变的这种促动作用，就不可能有真正的历史进步。这也意味着，一个社会永远不能解除前人对后代所发出的"咒语"，同时也意味着社会制序会在同一个层面上无休止地内卷。[1] 然而，在许多社会的历史中，制序化和制序变迁总是或多或少、或快或慢地促使人们文化观念的改变，从而在一个动态的社会互动过程中引致社会历史的进步。正是因为这一点，我们认为，任何社会现实中，制序的"演进"和"内卷"，总是相对的。在社会制序的"演进"中，有"内卷"；在社会制序的"内卷"中，也常常或多或少地有"演进"；从而使整个社会制序变迁呈现出一种螺旋形的变迁过程。而决定社会制序主要是"演进"还是主要是"内卷"的主要因素，即是文化传统内部的社会制序变迁的"张力"。

在人类历史上，这种现实社会生活中人们博弈策略选择的变化导致博弈秩序的变化，进而导致博弈规则的变化，并最终导致人们文化观念的变化的事例，可谓俯拾即是。譬如，在西方文化的两个源头之一的希伯来文化中[2]，放高利贷是与《圣经》的教导相违

---

[1] 黑格尔所说的"中国没有历史"（引自郑家栋，2001，"列文森与《儒教中国及其现代命运》——代译序"，载 Joseph R. Levenson，1968，中译本，第 9 页），实际上也就是说，中国的社会制序在一个相当长的历史时期中在同一个层面上自我复制即内卷。

[2] 对西方文化的两个源头"两希"文化（即"古希腊罗马文化"和"古希伯来文化"），徐松石牧师（1984）曾在《基督教与中国文化》一书中做了非常精彩的追溯与梳理。两希文化的根本区别在于，古希腊罗马文化在精神底蕴上是一种人本主义（humanism，国内多译为"人文主义"或"人道主义"）文化，而以《旧约》和《新约》圣经为范本（archetype）的希伯来—基督教文化，在精神实质上是神本主义（theism）的。基于徐松石牧师的理论洞见，笔者也于 1994 年在美国纽约《知识份子》秋季号上撰文，对西方文化和华夏文化进行了比较（李维森，1994a，1994b）。

的。因此，在欧洲中世纪历史上，放债收息曾为天主教会所严格禁止。后来，随着欧洲现代市场经济的兴起，越来越多的人进行贷款收息的活动，并在此活动的基础上生发出现代银行信用制度。结果，贷款收息就逐渐成了现代人的文化观念中无可非议、天经地义的事了。即使在现代社会中，这种社会博弈策略选择的普遍改变引致文化观念变化的例子，也随处可见。譬如，当代西方社会中离婚率的大幅度增加，就改变了人们的婚姻家庭观念（当然，这二者是一个互动的过程）。西方社会及其政府和军队对同性恋和同性爱侣的宽容，也显然是更多的人选择同性恋和同性家庭的结果。[1] 从当代中国社会变迁的一个例子中，也许更能看出这一点。经历过"文革"的人会知道，在"文革"期间，从一个地方买了便宜的货品到另一个地方出售，是有违当时的主流意识形态的。这种活动在当时曾被称作"投机倒把"。1978 年中国改革开放以后，从事这种活动的人越来越多，人们的文化观念也随之发生了变化。这种活动在改革开放之后就被视作"发展商品经济"，从事这种活动的小商小贩就成了"搞活商品经济的能人"，而从事这种活动的"大商大贩"就成了被社会尊重的"老总"和"企业家"。随之，"投机倒把"这个带有贬义的名词，目前也成了当代中国文化"拟子库"中的一个"历史标本"了。以上这些例子均说明，现实世界中，随着人们社会博弈选择的改变，会产生新的博弈秩序，引致社会制序的变迁，

---

[1]　当然，这与西方社会的民主政治制度和人们素来较尊重他人的自由选择这一文化传统有关。尽管西方政府的这一做法受到基督教教会团体的强烈批评和反对，但在一些西方国家中还是通过了这样的法律和政令，并在实际社会运作中被政府和军队的官长所认可。尽管同性恋在中国社会中也存在，但在中国文化传统中，这将是不可能的，至少在目前看来是如此。

并最后会引致人们文化观念的改变，从而也就牵引了文化模式的演进。

如果说在一个封闭的社会体系中，文化对制序的作用主要是通过文化濡化的社会机制来进行的，因而文化演进**往往**滞后于制序变迁的话，[1] 那么，在一个开放的社会体系中，文化对制序的作用主要通过文化（拟子的）播化[2] 的社会机制过程来进行，并且文化演进可能超前于制序变迁。一个社会越开放，越可能是如此。

在上面的分析中，我们已经指出，在人类学文献中，文化在某一群体内部代代相传，从而使该群体的每一个人都被该文化"化"的机制过程，被理解为"文化濡化"。文化除了在一个人群中代代相传外，也在一定条件下以拟子或拟子簇的形式向外、向其他人群传播，并接受来自其他人群发散来的拟子。一种文化以及文化内部的某些构成部分在不同的族群、社会或地域之间的（拟子）传播、沟通和交流，以及传播进来的文化拟子与既存文化的融合和整合的过程，就可以被理解为文化播化。

文化播化可以是通过不同族群、社会和地区之间人们的交流和接触而自然、和平地进行，有时也可会通过战争、入侵和征服强行

---

[1] 请读者注意我们这里所强调的"往往"二字。我们之所以强调"往往"，是考虑到在任何社会的现实中，都可以出现某一种文化拟子的迅速繁衍、广泛复制和传播而在社会过程中迅速"凝固"下来，从而生发衍化出某种社会制序安排的现象。从这一视角来看，很难说文化演化和制序变迁孰先孰后。在下一章的分析中，我们会展开讨论这一点。

[2] 文化播化，严格来说是文化拟子或文化拟子簇的传播，而不是整个文化体系或文化模式的传播。任何文化体系的向他文化体的传播，都是有条件的，都只能是一个个拟子或一群群拟子簇的发散和向外传播，而不可能是一个文化的整体（整体文化拟子库）全部向外发散和传播。因此，文化播化严格来说是文化拟子的播化。

注入。在现当代社会中，文化播化则主要是通过工商贸易、国际投资、书籍翻译，尤其是通过报刊、杂志、电台、电视广播和互联网传媒渠道来进行的。不同文化间的文化播化，往往不是单向的，而是双向的。尤其是在当代世界经济全球化（globalization）加速进行的信息网络化经济时代，不同文化间的文化拟子播化的速率在加速，范围在扩大，以至于在当今世界经济体系中，已很难有完全封闭且自我演化的文化。这正是当今许多学者（Featherstone，1990；Robertson，1992）惊呼的，一种"全球文化"（global culture）或"人类文化"正在形成。尤其是随着当今人类诸社会的贸易规则的趋同、法律制度的趋同，生活习惯的趋同，管理方式和货币制度的趋同，尤其是在现代科学技术手段应用上的趋同，社会科学理论和人们的价值观及社会心理状态也逐渐趋同，以至于一种世界的"普世文化"目前已在全球范围内开始萌生。

由于文化本身从某个侧面上来看，就是关于人类社会的"生活形式"即种种社会制序的知识体系或者说"面相"（make-up），文化播化在很大程度上也就意味着有关社会秩序、体制、制度模型或模板的拟子的传播并在其他群体、社会、族国和文化体系中的模仿和复制的社会机制过程。因此，正是通过文化播化，一个社会或族群中的习俗和惯例以拟子或拟子簇的形式被传播到另一个社会或族群中，甚至一个社会的工商体制形式、经济制度、政治制度以及法律制度及司法程序，也可以借由文化的这种知识、语言、观念和符号系统的载体，而整体上被传播到另一个社会和族群中去。从个人的习惯生成机制来说，不同文明和族国间的相互文化播化（传播和融合），无疑也会影响个人习惯的生成。只要反思一下目前的一些英语新生词汇如"可口可乐化"（cocalonization）、"麦当劳化"（Mcdonaldization）——甚至我们可以想象影视界的"好莱坞化"（Hollywoodization）——等等，我们就会马上意识到，受这种"可口可乐化"、"麦当劳化"和"好莱坞化"所影响的个人的新消费习惯和娱乐习惯（如看电影、电视、吃快餐，等等）是怎样在美国文化的广泛播化中生成的了。由此看来，在一个开放社会中，从习惯到习俗、到惯例、到法律和各种制度这样一个社会制序逻辑链条的各个环节上，文化播化（这里主要是指接受他文化的拟子）均会起一定的作用。另外，文化播化和一个社会对他文化体系中文化拟子的吸收，也往往会加速该社会内部的制度化进程。改革开放以来中国的法治建设加快，中国政府的法律、法规和条例在目前的社会境势中制订之多、之广、之快，追根溯源，在很大程度上应该被认为是西方发达市场经济国家的"文化播化"的结果。

从上面的分析中，我们已经知道，从文化濡化的角度来看文化与制序的关系，往往是文化演进滞后于制序变迁，因而现实的制度化过程和制序变迁过程会促动着文化演进和变迁。现在，从文化播化的角度来看文化与制序的关系，我们则会发现，文化变迁往往先于制序变迁。这是因为，不同社会体系间的文化播化、交流、吸收和融合，会直接影响到一个社会或族群内部的风俗、习惯、习俗、惯例和法律制度以及政治制度的改变。譬如，中国改革开放以后，西方社会中人们的家庭婚姻观以及男女相处之道，经由各种书刊、报纸、电影、电视以及互联网等等渠道传入当代中国社会，引致了传统的中国婚姻家庭观的改变，从而导致了离婚率的上升。这种社会现象表现在社会制序领域中，可以说新的家庭婚姻秩序在型构，或者说旧的家庭婚姻秩序在改变。这种新的婚姻家庭秩序的出现，也最终在中国的婚姻法以及其他相关法律、法规和条例的修订以及离婚手续办理程序的一再调整上反映出来。这应是文化播化引致当代中国社会制序变迁的一个很明显的例子。另一个显见的例子是，伴随改革开放大潮，外资的大量涌入和一些国际大公司纷纷来中国投资设厂和建立子公司，现代公司制度、管理形式、营销方式、企业文化、贸易规则，以及金融制度和财会审计制度，等等，也以各种"拟子"或"拟子簇"的形式，在开放的当代中国社会经济和文化体系内部得以模仿和复制，并与中国传统文化进行融合，改变了并正在改造着经由过去数十年的行政控制经济实践所凝固下来的"计划经济文化"。只要比较一下沿海开放城市与内地城市尤其是西部乡村中的人们在思想观念、处世之道、生活方式、消费观念以及其他文化价值观上的巨大差异，我们就会悟到改革开放以来当代外国诸文化（包括英美文化、欧洲诸国文化、日本文化、韩国文化，等等）对当代中国社会制序变迁过程的巨大影响了。一些常见的例子是，肯德基、麦当劳和必胜客等西方快餐连锁店在中国各主要城市开设分店，不仅直接影响了中国人尤其是年轻人的消费习惯和消费方式（新的社会秩序），而且这些快餐店的经营模式作为一种文化"拟子"，也影响了中国人饮食行业的经营方式和组织形式。近几年在上海街头出现的"吴胖子生煎""大娘水饺""永和豆浆"，等等，就是这种以麦当劳、肯德基和必胜客为代表的西方快餐文化拟子在当代中国社会体系中的复制与变异。这种连锁店形式的快餐饮食业，显然就是一种经济组织形式。如果把它们放在新制度经济学的市场与科层（market and hierarchy）两分选择的理论框架中，显然也是一种科斯所理解的生产的"建制结构"（institutional structure of production）。从这里我们也可以看出，不仅人们对交易费用的理性计算决定一定的组织形式和经济结构的制序安排——一如新制度经济学中的科斯定理所展示的那样，而且文化观念和文化信仰在决定人们的组织选择和社会结构的制序安排的式样中，也起着非常重要的作用。美国斯坦福大学的经济学教授格雷夫（Avner Greif，1994，1999）对 11、12 世纪地中海周边的热那亚（Genoa）和马格里布（Maghribi）两大商业社会中的社会制序演变的历史比较博弈分析，就非常清楚地揭示出了这一点。

第六章　从文化与制序的相互
关系看东西方社会制序的
历史型构与演进路径

一串串的连续性甚至可能会让我们理解相隔久远的祖先，但是，在这些连续性旁边，当我们企图以其道德和精神的维度理解人类主体时，却存在令人困惑的差别。

——泰勒（Charles Taylor， 1989， p. 113)

在对文化与制序、文化濡化和文化播化与制序化以及制序变迁之间的关系进行了上述探究和梳理之后，让我们再在人类历史演变的大背景中来反思传统中国社会内部文化与制序的相互作用及其相互关系。在具体展开探悉在数千年历史长河中传统中国社会内部的文化与制序的相互作用、相互维系和相互关联的内在机制之前，让我们还是从东西方社会近现代历史变迁轨迹的比较中来开始我们的讨论。

　　近代以来，西方世界在市场经济秩序的迅速扩展和工业及科技革命的强大推动下率先进入了现代社会，并相继建立起了现代民主法治的政治制度和现代国家。与西方世界相比，有着数千年传统文明的中（华族）国（the Chinese Nation[1]）近代和现代在科技革

─────────────

　　[1]　按照英国社会学家史密斯（Anthony Smith，1991）的见解，一个"nation"是有着一种历史形成的领土，有着共同历史文化（价值观和传统）、成员意识的和"单一政治意志"的"法律和制序的共同体"。对英文"nation"的中译法，国内学界意见不一。有人主张把它译为"民族"，有人主张把它译为"国民"，也有人主张把它译为"国族"。由于这个词在英文中"首先是一个明确的社会空间，其成员生活和工作在这个空间中，而且在历史的时间和空间上这个共同体有一个明确的领土范围"（Smith，1991，p. 16），以上三种译法看来均不尽意。因为，这三种译法均不能反映其中的"空间"和"历史形成的疆域"的含义，而只注重"人的构成"和"成员"的含义。由此看来，英文"nation"的较切近含义是中文的"族国"（但这里不是指英文的"nation-state"）。相应地，英文的"state"的中文含义应为"政国"，即在一块既定的领土上由一定人口组成、由一（转下页）

命、经济发展、市场扩展以及人民生活水平的提高方面大大滞后了。在现代化的四个基本组成部分——政治民主化、经济市场化、价值多元化和社会人道化——的型构和演进路径上，中国在近代、现代和当代与西方国家也迥异。这些事实促使中国思想界、文化界以及国外汉学家们不断反思中国传统文化精神，并从"五四"以来曾对中西文化的品格及其差异进行了广泛而深入的讨论与比较，以致在这方面的出版物和研究文献汗牛充栋、浩如烟海。邵汉明（2000，第2～7页）等学者曾对"五四"以来中西文化精神和品格进行比较的各家观点进行了梳理，从中归纳出以下几个方面：中国文化是人的文化，西方文化是物的文化；中国文化是内省的文化，西方文化是外求的文化；中国文化上是重情的文化，西方文化是重智的文化；中国文化是伦常本位文化，西方文化是个人本位文化；中国文化重人文精神，西方文化

---

（接上页）定政府和科层式政治机构来管辖的政治共同体，而另一个英文词"country"似乎应该翻译成"域国"。由此来看，英文"nation"和"state"均有中文的含有"疆域"（territorial）维度的"国"的意思。区别仅在于，前者侧重于涵指"国"的"族群的"（ethnic）、"文化的"（cultural）和"血缘谱系的"（genealogical）维度，而后者侧重指其"政治的"（political）、"经济的"（economic）和"意识形态的"（ideological）的维度。当然，由于"nation"侧重于指"族国"，而"state"侧重于指"政国"，一个"族国"中可以有几个"政国"，如中国历史上战国时期有"七国"，三国时期有"三国"。同样，目前的美国作为一个"nation"，内部则由50个"states"所构成。当然，一个"nation"并不一定只是由一个"民族"（ethic group）所构成（如中国就由56个民族所构成，当代美国作为一个移民国家也由来自世界上难以计数的诸多民族构成）。但是，这并不能改变一个"nation"往往是由一个"民族"为主来构成一个有着一定疆域的共同体这一事实。如果我们现在从语言学的角度来看待问题，就会发现，也许英语世界的人造出这两个词就不应该，还不如我们汉语一个"国"字来得轻省。从语言哲学的角度来看待许多社会科学的概念问题，我们也会悟出，人们常常造出一些概念，然后再以这些概念组建出了许许多多"思想的迷宫"，然后再在思想迷宫中考究每个概念是什么以及概念之间的关系是什么诸如此类的问题。人类这样做，实为"作茧自缚"。事实上，许多哲学社会科学（包括经济学）的争论，正是发生在这种"作茧自缚"之类的无意义的争论与自我困惑之中。

重科学精神；中国文化重伦理精神，西方文化重宗教精神；中国文化重统一性，西方文化重差别性；中国文化重直觉体悟，西方文化重逻辑分析；等等。综合以上诸说，邵汉明等学者也归纳出中国文化基本精神的以下几个品格：人本精神、和谐意识、道德意识、理想主义、实践品格、宽容品格和整体思维，等等。另外，值得注意的是，梁漱溟（1921，第33、63页）先生所提出的曾在20世纪20年代轰动一时但后来却遭甚多非议的如下观点：西方文化是以意欲向前要求为其根本精神的，中国文化是以意欲自为调和、持中为其根本精神的，印度文化是意欲反身向后要求为其根本精神的。梁漱溟（1921，第162页）先生还提出，西洋生活是直觉运用理性的，中国生活是理智运用直觉的，印度生活是理智运用"现量"（感觉）的。与梁漱溟先生这一判断相左，我国著名哲学家金岳霖先生则认为，由于中国讲君臣伦常，印度讲来世超越，希腊讲设问求知；因而中国文化具有"此世性"（this-worldness），印度文化则具有"他世性"（other-worldness），希腊文化则具有"超世性"（super-worldness）（参见许国璋，2001，第215～216页）。

以上各种说法，似乎均有一定的道理。但如果单独地看，每一见解似乎都不免有以偏概全、流于表面之嫌。但如果把以上各说综合起来，我们可以大致"抱握"（英文为"prehension"。这里借用怀特海《过程与实在》中的这个术语，见 Whitehead，1929，意为在其自身整体多样性的各种内在联系中领悟、抓住和掌握）东西方文化的不同特点和品格。然而，现在如果从文化传统与社会制序的相互作用和相互关系中来考察和比较东西方文化的最根本的精神，我们就会发现，以上诸说也许均没有"抱握"西方文化和中国文化以及东亚诸社会的文化（即国内外有的学者所说的"亚洲价值"——这里我们不包括梁漱溟先生所分析的印度文化）的本质精神或者说基本品格。从文化与制序的相互关联和作用的视角来考察东西方文化的基本精神和品格，我们会发现，西方文化——无论是英美文化，还是直接承传了古希腊古罗马文化精神的欧洲大陆诸国的文化——可以被归结为一种个人主义（individualist）文化[1]，而中国文化以及受儒家文化精神濡染的东亚诸社会的文化，基本上是一种社群主义（communitarianist）文化。[2]

---

[1] 对西方社会和西方文化中的个人主义精神，任何一个在非西方社会长大的人到英美、欧洲和澳洲国家里生活不久就会马上体感出来。他们也可以从观看这些国家的电影、电视或阅读来自这些国家的文学作品时深深体悟出来。因此，西方文化中的这种个人主义品格对我们东方人来说似乎是不言而喻的。西方文化尤其是当代西方社会中的这种个人主义精神，主要从它的三个具体"面相"即"个性解放""个人自由""个人自主""自我独立"（self-reliance）上表露出来。因为，一个非西方社会的人到西方社会中后，他会马上发现每一个西方成年人（甚至已懂事的年轻人和孩童）总是把自己视作一个"独立自主"的人，而不像中国和东方人那样注重家庭、种姓、等级及同语言群体。当然，这种西方社会中普遍盛行的个人主义，常被非西方社会的人以及西方社会内部的社群主义者批评为"不顾集体""自私自利""缺乏家庭观念"，以及"缺乏中国人的伦常精神"。但这至少折射出西方文化的一个重要品格。这里我们必须注意到，按照托克维尔（Alexis de Tocqueville，1945）的见解，尽管个人主义在许多方面与利己主义基本一致，但个人主义并不就等于利己主义。事实上，费孝通先生也早就识出这一点。在 1947 年出版的《生育制度》中，费孝通（1947，第 29 页）先生在谈到中国传统文化中的以"己"为中心的文化观时指出，儒家传统中的"己"，并不就是个人主义，而是自我主义。他说："在个人主义下，一方面是平等观念，指在同一团体中的各分子的地位相等，个人不能侵犯大家的权利；一方面是宪法观念，指团体不能抹杀个人，只能从个人们所愿意交出的一份权利上控制个人。这些观念必须假定了团体的存在。在中国传统思想里是没有这一套的，因为我们有的是自我主义，一切价值是以'己'作为中心的主义。"费孝通先生的这一识议，是非常到位的。

[2] 我们这里所说的社群主义，与西方当代政治哲学界和伦理学界的学者如桑德尔（Michael J. Sandel，1982）、泰勒（Charles Taylor，1979，1989）、麦金太尔（Alasdair MacIntyre，1984）和瓦尔泽（Michael Walzer，1983）等学者所说的"社群主义"有联系，也有区别。在与罗尔斯（John Rawls）、诺齐克 （转下页）

这里，首先让我们来考察一下西方文化与欧美社会的制序化进程与制序变迁之间的相互作用关系。在上面的分析中，我们已经知

---

（接上页）（Robert Nozick）和高德（David Gauthier）为代表的当代政治哲学和伦理学的个人主义和自由主义论战中，桑德尔、泰勒尔、麦金太尔和瓦尔泽等社群主义者提出了两种社群主义：一是方法论的社群主义，二是规范性的社群主义。方法论的社群主义认为，个人主义的主要观点（如理性经济人的自由选择）是错误的。他们主张，要理解个人的行为，必须把个人置放在社会、文化和历史的背景中来考察。这也就是说，要理解个人及其行为，必须把个人放在社群和与他人的关系中来研究。而规范性社群主义者则认为，个人主义的主张导致伦理上不能令人满意的结果。其中主要是个人主义不能导致一个真正的社群。他们还批评个人主义的主张导致忽视国家所维系的良善生活，如公正的收入分配，等等。这种规范性的社群主义者也主张，社群本身就是具有诸多存在理由且不可或缺的公共物品。另外值得注意是，一些管理学家如美国哈佛大学的 George Lodge、Erra Vogal（1987）和剑桥大学 Judge 管理学院的查尔斯·汉普登-特纳等（Charles Hampden-Turner，1993）学者也使用"社群主义"这个概念。他们还认为，以儒家伦理为核心的东亚诸社会是典型的社群主义社会。这些管理学家指出，社群主义文化价值观是非同于集体主义文化价值观的。他们认为，两者主要区别在于，集体主义文化价值观不太注重商业的发展。希腊、智利、西班牙、印度以及以色列就是集体主义文化精神国家的主要例子。汉普登-特纳等学者还指出，东亚的社群主义文化观也区别国家主义（statism），因为国家主义认为政府能够并且必须命令和控制社会的经济活动，而东亚的社群主义文化观的实质在于主张企业、经济和社会作为一个整体能够去协调一致地运作。这里，我们应该注意到，洛奇（George Lodge）、沃格尔（Erra Vogal）和汉普登-特纳等这些管理学家们所理解的社群主义，与桑德尔、泰勒、麦金泰尔和瓦尔泽等政治哲学家和伦理学家所理解的在西方社会内部与自由主义相对立的社群主义是有些区别的（尽管有相似之处）。另外，德国著名当代汉学家卜松山（Karl-Heinz Pohl，2000，第 47～74 页）也认为，儒家思想与西方的社群主义有一些相似之处，但也有着重大差异。因为，中国传统文化与其说是一种注重公共利益——像西方社群主义所主张的那样——的社群主义，倒不如说是一种建立在家族联系之上并只关注家庭利益的利己主义。这种家庭中心主义导致了中国人往往对公共事务缺乏关注（"各人自扫门前雪，莫管他人瓦上霜"），即"缺乏公共精神"。尽管如此，考虑到传统文化濡染中的中国人不强调"individuality"而强调"we-ness"，我们是可以把中国传统文化的基本精神视作某种"社群主义"的，尽管以儒家思想为主干的中国传统文化中，家庭中心论的"社群主义"非同于桑德尔、泰勒、麦金泰尔和瓦尔泽等西方学者所理解的社群主义。在下面的分析中，我们还将详细讨论这一点。

道，文化与广义的社会制序在社会发展过程中基本上是同构的：文化是社会制序的镜像，而种种社会制序则是文化在现实社会中在其形式上的固化、凝化、外化和体现。从欧美的社会历史演进行程来看，两希文化（古希腊罗马文化和以旧约与新约《圣经》为"范型"（archetype）的希伯来—基督教文化）的冲突与交融，在欧洲社会历史上，与政治、法律、经济和其他社会体制同构在一起，一同承传和涵衍到近代。13世纪至15世纪左右，表面上看来已交汇在一起但实质上却泾渭分明的"两希文化"（希伯来—基督教文化在精神上为神本主义，而古希腊罗马文化在精神上为人本主义）分别在欧洲近代的两大社会运动中得到了重塑和再生。这就是，直接承传了古希腊罗马文化精神的欧洲人本主义经历了文艺复兴和启蒙运动的重塑，而直接承传了以色列教尤其是基督教宗教精神而内涵在欧洲社会中的神本主义则几乎同时经历了宗教改革的洗礼。尽管启蒙运动和宗教改革是在西方文化中两个精神底蕴维度上或者说两大潜流中分别发生的，并分别重塑了人本主义和神本主义西方传统文化的这两个精神基体（matrix），但西方文化的这两大精神传统在启蒙运动和宗教改革中再造和重塑的方向上却有一点是相同的，那就是，它们均指向从欧洲中世纪罗马天主教廷的政教合一的"神圣天蓬"（sacred canopy）下获得个人自由和个性解放，从而使得两希文化原型中，本就分别潜含着的个人主义文化拟子真正昭显和光大出来。[1]

---

[1]　据英国学者卢克斯（Steven Lukes，1973，参中译本，第2～3页）考证，"个人主义"这个词最早是由法语"individaulisme"的形式出现的。法国天主教思想家梅斯特（Joseph de Maistre）于1820年最早使用了这个概念。（转下页）

15世纪左右在欧洲发生的这种文化精神上的两大历史运动，对西方近代社会的制序化和制序变迁意味着什么？换句话说，启蒙运动和宗教改革对欧洲近现代市场经济秩序的型构和扩展过程产生了什么样的作用和影响？众所周知，马克思以及诺思（Douglass North，1981）在西欧现代化的发生原因上有着不同的见解。按照马克思的分析理路，西欧近代的工业技术的创新引致了社会生产方式的变化，而生产方式的变化又自然导致生产的组织形式和社会制序安排的改变。按照马克思的见解，生产技术、生产方式和社会制序安排（生产关系）的整体改变又可以视作经济基础的改变。而经济基础的改变又必然导致文化和意识形态这些"上层建筑"的改变。在欧洲近现代社会经济体系内部变迁的动力和路径问题上，诺思形成了一个与马克思几乎完全相反的观点。照诺思看来，近代欧洲历史上以明晰和充分地界定产权为主要特征的社会制序安排的型构，为西欧社会的科技革命和经济发展提供了激励。因此，照诺思看来，"制序创新"才是西方近现代科技革命和生产技术突飞猛进乃至西方世界兴起的根本原因（North，1981；North & Thomas，

---

（接上页）尽管"个人主义"是在19世纪法国大革命时期出现的一个术语，但其精神在西方文化和社会历史中却源远流长。正如一个法国学者哈莱维（Élie Halévy，1934，p. 504）所言："在西方社会中，个人主义是一种真正的哲学。个人主义是罗马法和基督教伦理的共同品格。正是个人主义，使得其他方面迥异斐然的卢梭、康德和边沁哲学之间具有了相似性。"另外，美国当代著名社会学家贝拉（Robert Bellah，*et al.*，1985，参中译本，第214页）等人也曾指出，"个人主义是美国文化的核心"。当然，我们这里必须注意到，哈耶克自20世纪40年代以来曾经多次明确指出，以苏格兰—英国道德哲学家休谟（Dadid Hume）、弗格森（Adam Ferguson）、斯密（Adam Smith），以及阿克顿（John Acton）勋爵所代表的英国个人主义是"真个人主义"，而笛卡儿、伏尔泰、卢梭等法国思想家所代表的法国个人主义则是一种"伪个人主义"（参见 Hayek，1949，pp. 1～32）。

1973)。尽管在西方近现代社会历史中，生产技术与制序安排的相互关系在其现代化进程的决定作用上，马克思与诺思持相反的见解（马克思认为生产力决定了生产关系，诺思认为制序安排的创新激励了工业技术的创新），但他们在文化与社会制序的相互关系上却有一个共识。按诺思的话来说，以界定产权为特征的经济与政治制序的变迁"创造了非人格化的要素市场和产品市场，并打破了旧的意识形态"（North，1981，中译本，第 190～191 页）。用马克思的术语来说，"经济基础"的变迁引致了"上层建筑"的改变和重塑。由此看来，马克思和诺思均认为，在欧洲近现代历史上，社会制序的变迁促使或牵动了人们的文化观念的变化。

在上面的分析中，我们已经指出，由于文化濡化的机制过程在起作用，在一个封闭的社会体系内部，文化演进往往滞后于制序变迁，或者说社会制序的变迁往往引致人们文化观念的改变。由此来看，马克思和诺思的上述观点在逻辑上与我们上述理论推理是一致的。然而，一些令人非常困惑的问题是，为什么具有明晰产权结构的市场经济秩序是在 15 世纪左右先从荷兰并紧接着由英国型构出来的？为什么这种现代市场经济的"人之合作的扩展秩序"（extended order of human cooperation——哈耶克语）没有从世界的其他地方自发型构出来并扩展开来？这种现代市场经济秩序在欧洲最早型构的内在社会动力机制是怎样的？这种内在于市场形成与扩展之中的刚性私有财产结构的型构，以及维系市场秩序的法律制度框架的成型有没有文化上的原因？

在回答这些问题时，美国经济学家米尔格罗姆、诺思和温格斯特（Paul Milgrom，Douglass North and Barry Weingast，1990）曾

以中世纪荷兰早期"基尔特商人"（guild merchants）的"行会秩序"（fraternal orders）的自发型构为例，从新古典主义经济学的理路给出了一些博弈论的解释。毫无疑问，米尔格罗姆、诺思和温格斯特严密的博弈分析可以从某种程度上解释荷兰和英国早期商法体系和司法机构的历史型构过程的内在动力机制。即使他们的基于现代经济学理性经济人个人利益最大化假定的经济学逻辑推理没问题，但仍有一个问题他们将无法回答，那就是，如果社会制序型构的原因如他们所认为的那样，只有个人利益最大化这一个维度，他们的分析结果应该是适应于具有任何文化背景的任何社会中。因此，尽管他们以荷兰"基尔特"商人行会早期商业法规和司法程序的型构为其理论分析的历史解释对象，他们实际上并没回答出为什么现代市场经济秩序最早先在 13～15 世纪从荷兰和英格兰生发出来，然后扩展到整个欧洲大陆这样一个问题。除了米尔格罗姆、诺思和温格斯特的理论分析外，同样执教于斯坦福大学的经济学教授格雷夫（Avner Greif）在近些年来所拓辟出的"历史比较制序分析"（historical comparative institutional analysis）探究理路中，也试图从"文化信念"（cultural beliefs）与社会组织和制序安排的关系中给出一个颇有说服力（因而颇为当代西方经济学界所瞩目）的解释。1992 年发表在《美国经济评论》上的《制序与国际贸易：商业革命的教训》一文、1994 年发表在芝加哥大学《政治经济学杂志》上的《文化信念与社会组织：对集体主义和个人主义社会的历史和理论的反思》一文，以及 1999 年由英国剑桥大学出版社出版的《热那亚与马格里布商人：历史比较制序分析》一书和其他文著中，格雷夫（Greif，1992，1993，1994，1999）提出了他的历史比较博弈分析的框架。在这一框架中，格雷夫以 11～12 世纪地中海地区两大"贸易社会"即热那亚和马格里布商人群体为历史范型，并运用博弈论的分析工具，分析了其内部的文化信念之差异对社会经济组织的型构以及伴随着社会组织型构而来的社会结构的固化，商业组织内部的信息传递与协调，集体惩戒机制形成和作用，以及合约实施机制的演进（即我们今天所理解的制序化和制序变迁）过程。而格雷夫从文化信念对社会组织以及制序安排的型构与变迁影响的分析视角，对 11、12 世纪以个人主义文化为基因的热那亚商业群体内部经济组织和社会制序安排型构的博弈分析，恰似映照出了近现代欧洲近现代市场经济秩序型构和西方世界历史文化兴起的原因；而他对同一时期马格里布商人社会内部的商业活动所导致的经济组织和社会制序安排的解释，又恰似折射出以儒家伦理为文化精神主脉的东亚诸社会在近现代无力开拓出现代市场经济制序的原因。由于笔者在最近撰写的一本《经济学与伦理学》（韦森，2002b）的小册子中，已对格雷夫教授的"历史比较制序分析"进行了较详尽的介绍和评述，这里我们就不再展开讨论他的工作和分析理路。

事实上，最早探寻西方市场经济秩序型构和西方世界兴起之文化原因的，并不是经济学家格雷夫。在 20 世纪 70 和 80 年代，英国历史学家麦克法兰（Alan Macfarlane，1978，1987）就试图探究英国近现代市场经济秩序形成和扩展的文化原因了。在 1978 年出版的《英国个人主义的起源》和 1987 年出版的《资本主义文化》两部著作中，麦克法兰提出了与大多数学者尤其是大多数社会学家们不同的观点。之前，研究欧洲现代化进程的学者一般认为，西方近现代文化中的个人主义以及由此产生的个人主义社会制序是欧洲现代化进程的结果。但麦克法兰的研究却发现，早在中世纪，就可以从英格兰的个体性生产方式中发现个人主义（如"个人自治"和"个性解放"）的文化特征。由此，麦克法兰主张，与其说个人主义是欧洲现代化的结果，不如说它是欧洲现代化的先决条件。当代著名社会学家伯杰（Peter L. Berger，1991，参中译本，第 70 页）也赞同这一点，他说："个人自治的根源存在于西方文化之中，它要比现代资本主义早得多。"[1]

笔者认为，尽管"个人主义"这个词在 19 世纪初才出现，但西方文化中的个人主义文化"谜拟子"（mimeme——我们这里可以把它理解为还没有一个固定的名词来称谓的一个文化"拟子"的"自为态"，或者说"拟子"的"原初态"），在欧洲历史上的产生和存在，甚至比麦克法兰、伯杰和其他论者所认为的中世纪还要早。因为，从西方文化的两大源头两希文化的视角来看，且不说以人本主义为主要精神的古希腊罗马文化本身一开始就潜含着个性解放、个人自由、个人自主和"自我独立"这些后来被称为"个人主义"文化拟子簇之类的东西，即使以神本主义为灵魂的希伯来-基督教文

---

[1]　至少从 18 世纪起，西方社会思想界就一直致力于将个人主义的"现代性"与中世纪欧洲假定存在的"公社制"加以对比。事实上，许多社会学家的思想都是在这类对比中形成的。滕尼斯（Ferdnand Tönnies，1991）提出的从"共同体"（Gemeinschaft）向"社会"（Gesellschaf）的过渡，法国社会学家涂尔干（Émile Durkheim）所说的从"机械社会"向"有机社会"转变，波普（Karl Popper，1962）所理解的从"有机社会"向"抽象社会"的过渡，以及博兰尼（Karl Polanyi，1957）所说的从中世纪的公社制向现代资本主义市场经济的社会转变，均是与这种西方近现代社会中随着个人主义之"昭显"而获得的人的个性解放、个人独立、个人自主和个人自由密切相关。

化，一开始也就潜含着类似的个人主义的文化"谜拟子"。按照《圣经·旧约》与《圣经·新约》的记载和"话语"（discourse），以色列人信仰他们的全能上帝的经历，就突出表现出了独立的个人以一定的方式与上帝的沟通与交往。从《旧约》对亚当、亚伯拉罕、雅各（据《圣经》记载曾与上帝摔过跤）、摩西、约书亚、大卫王、所罗门王，到约伯、以赛亚等《旧约》时期的先知们的记载，从《新约》对耶稣的事迹的记载到圣徒彼得、约翰和保罗等经历的记述中，都可以看出，以色列人和基督徒笃信有一个万能的主（Lord），每个人都以自己独特的方式与主及其意志（圣灵）沟通和"对话"。因此，以色列教和基督教（这里指包括天主教和基督新教各派在内的广义的"基督教"）信仰本身就意味着每个人在主面前都是一个"独立的人格"（an independent personage），而不是像儒家的教诲中那样，每个人都是处于一个群体关系中"共同人格"（a corporate personage）。由此，西方文化从其两个源头上来看，一开始就含有个人主义的"谜拟子"。[1] 只是经过欧洲近代历史上文艺复兴、启

---

　　[1]　这里我们必须意识到，尽管从西方文化的"两希"源头中均潜含着个人主义的"谜拟子"，但这决不能成为把西欧的多元文化全部归结为"个人主义"的文化的理由。一个特别具有历史讽刺意味的事实是，在古罗马帝国核心故址上承传下来的意大利文化，却与下面我们将要探讨的中国家庭中心主义文化观有很多相似之处。正如福山（Francis Fukuyama，1995，ch. 10）在《信任：社会美德与经济繁荣的创造》一书中所发现的那样，在意大利南部（包括西西里岛和撒丁岛）以及意大利中部，与其说当地的文化是以个人主义为主要特征的，不如说它们是与以家庭和家族为中心的社群主义，从而与中国传统文化极其相似。可能正是由于意大利文化的这一特征，使意大利人的经济组织与中国香港、台湾地区和海外华人的家族企业有着惊人的相似之处。另外，与中国大陆的国有企业相参照，当代意大利政府直接管理经营的一些大型国有企业以及国有经济在当代意大利国民经济中占很大比重这些现象，似乎均与中国文化和意大利文化中相似的某些东西有联系。另外，了解当代希腊人族群的人也会发现，希腊本土人和在世界（转下页）

蒙运动和宗教改革的洗礼，西方文化中源远流长的个人主义才真正昭显出来，或者说，个人主义的文化"谜拟子"在 19 世纪以后才变成了一种"拟子"[这即是说，从梅斯特（Joseph de Maistre）开始，才有了"个人主义"一词来指称这一"现实对象性"]。

如果把上面我们对西方文化中源远流长的个人主义的认识放在文化演进与制序化和制序变迁相互作用的社会过程中来考察，我们似可以认同麦克法兰和伯杰的观点，即西方文化中的个人主义的拟子是欧美现代化市场经济（即从我们的社会制序的理论分析的视角所理解的"宪制化经济"——英文为"constitutionalized economies"）的一个先决条件（尽管不是充分条件）。因此，依照麦克法兰和伯杰对欧洲历史演变过程的理论解释，这里出现了与马克思、诺思和大多数社会学家的见解相迥异的一幅新理论图景：欧洲诸社会在近代从习俗和惯例经济向现代市场经济秩序[即哈耶克所理解的"人之合作的扩展秩序"（the extended order of human cooperation），腾尼斯（Ferdnand Tönnis, 1991）所理解的"法理社会"（Gesellschaft），以及笔者所说的"宪制化经济"]的过渡，有其文化起因。而麦克法兰和伯杰的这一理论判断，恰似又被格雷夫在 20 世纪 90 年代以后才成型的"比较历史制序分析"所解释、所佐证。

---

（接上页）各地的希腊人社群的家庭和家族观念，也比讲英语族群中的人强得多。从这里我们可以进一步猜测到，西方文化中的个人主义精神，与其说主要发源于古希腊罗马文化，毋宁说更有可能源于《圣经》的宗教精神和宗教改革运动。但细想一下，直接承传了《旧约》文化精神的当代以色列文化却为世人所公认具有"集体主义"文化精神。由此看来，西方诸文化是如此纷纭陆离和复杂多变，其渊源和演化路径又是这样地扑朔迷离。从这里我们也会意识到，文化的演化路径和社会机制，要比社会制序的演变路径复杂得多。

我们之所以认同麦克法兰、伯杰等学者所持的欧洲中世纪基本上已成型并昭显出来的个性自由、个人自主是滕尼斯所理解的"法理社会"、哈耶克所理解的"人之合作的扩展秩序"和我们所理解的"宪制化经济"的先决条件之一这一洞识，是因为，从社会制序的经济分析视角来看，只有每个人在社会结构中获得了自己的独立人格，从而个人有了"自主权利"，才能进行独立的市场交换（包括马克思在《资本论》中所说的自由劳动者的劳动力出卖），也才能生发出现代市场经济秩序。英国著名法学家梅因（Henry S. Maine，1874，p. 165）所说的"到目前为止的所有进步社会的运动，均是一个从身份到契约的运动"，也内涵着这样一种意思。

沿着梅因的这一思路，我们会发现，随着西方传统文化中个人主义"谜拟子"经由启蒙运动和宗教改革的洗礼的"外显"所带来的人本身的个人自主、个人自由和个性解放，为欧洲近现代历史中在社会制序的层面上人际间广泛的契约关系造就了社会条件。由于广泛的契约关系明确界定了人们在交换与社会博弈中的权利与义务，这也就向现代市场经济秩序的制度化迈出了关键性的一步，也进而为现代市场经济秩序的扩展酿就了社会条件。因为，尽管在习俗经济（customary economies）和惯例经济（conventional economies——如欧洲中世纪的庄园经济和中国沿存数千年的"礼俗经济"）中也有市场交换，但这些经济形态中人们的交换多是"亲临的"（用哈耶克的说法是"face to face"的交换，用诺思的说法交换是"personal"），市场交换的"半径"也很小。这即是说，习俗和惯例经济中有限的市场交换基本上是本地的（local），且多半发生在族内人、亲朋、邻里和熟人网络中间。在这种交往半径很短的地方性交换中，个人信誉、熟人关系、亲朋网络、私人友谊以及个人关系的知识和经验往往起着非常重要的作用。与此形成鲜明对照的是，在现代化的市场经济秩序中，人与人的关系抽象化了，交换变得"非亲临"的了，用诺思（North，1987）话说，市场交换变成"impersonal"（非个人化）的了，市场交换的半径也随之扩大了。跨地区、城市、社会和国家的商品和劳务的交换和贸易也变得普遍起来。因此，西方文化中个人主义经启蒙运动和宗教改革洗礼，而在近代欧洲社会中的重塑、昭显和外化，引致了人际间交往和交换中的契约关系的普遍化，也导致在现代市场经济秩序型构与扩展同一过程中，社会成员主要依靠产权和契约关系来调整他们的经济和社会活动。[1] 这无疑促进了正式法律制度的型构与发展，其中包括以财产法、契约法和侵权法（torts）为主体的英国普通法体系的形成，以及欧洲大陆制定法传统中的民法、商法等法律、法规体系的制订和完善。从这个视角来看，西方文化中固有的个人主义的文化拟子，[2] 尤其是经文艺复兴、

---

[1] 在谈到从"共同体"（礼俗社会）向"（法理）社会"的过渡时，滕尼斯（Tönnies，1991）曾指出，礼俗社会的特点是所有成员都毫无例外地属于同一群体；而在法理社会中，每一个成员都扮演自己的角色，因而人与人之间的相互关系主要是契约关系（我对你有义务，你对我有义务，这一切都是由契约来界定的）。

[2] 从其宏大高深的思辨哲学高度，牟宗三先生也意识到西方社会的个人主义文化拟子在西方社会体制型构中的作用，不过他将西方社会中的个人主义的文化拟子称作西方社会的"个体性原则"（principle of individuality）。在《中西哲学之会通十四讲》中，牟先生说："原子性原则（牟先生这里指由罗素提出的逻辑原子论，即"logical atomism"——引者注）不但在说明科学知识上重要，在其他方面，如在政治、社会方面，更显得重要。盖有此原则，才能讲自由、个体乃至人权。英美人在政治、社会方面也很自觉地意识到原子性原则之重要性，在这方面，可以称为个体性原则。英美人不只是重视现实的经济利益，否则他们无法领导当今的世界。个体性原则，一般人生活在自由之中，对之不自觉也不清楚，但他们的一般高级知识分子、哲学家都意识得很清楚。"（牟宗三，1997a，第9页）

启蒙运动和宗教改革洗礼而得以弘扬的个人自主、个人自由和个性解放，是西方近现代社会的制序化，尤其是从习俗和惯例的规则向法律制度的过渡，从而形成一种制度化的市场经济秩序的一种内在力量。也正是在这一市场运行的制度化过程中，市场的范围扩大了，人际关系"抽象化"了，从而市场交换本身也在很大程度上完成了从"亲临的"（personal）的交换向"非亲临的"（impersonal）的交换的过渡。当然，我们这样来看在欧洲近现代历史中文化演变与制序化和制序变迁的关系，绝非是主张一种文化决定论。这至多只是表明，在欧洲近现代的制序化过程中，两希文化的传统精神遗产资源（尤其是其中的个人主义的文化"谜拟子"），是一个不可忽视的方维。这至少也在某种程度上或在某些方面修正了马克思和诺思的"经济（基础）决定论"。

这里必须指出，正如"个人主义"一词的发明者梅斯特（Joseph de Maistre, 1821）从一开始就意识到的那样，启蒙运动以及宗教改革尤其是在法国大革命时期对个人主义的张扬，使得个人"自私自利"的追求大行其道，从而个人主义在"本质上是所有共同体的死敌"。然而，尽管西方近代以来的个人主义的张扬一开始就受到一些社会活动家、道德哲学家和宗教界人士的抨击，但在近现代西欧和北美的历史发展过程中，个人自主、个人自由、个性解放和个人对自己利益最大化的张扬追求，在西方社会中已逐渐变成了被人们所普遍接受的一种"文化信念"，以至于在当代经济学的理论中，它已变成了一种天经地义的信条，并实际上使理性经济人个人利益最大化的追求成了所有当代经济学理论建构的第一块基石。[1] 事实上，也正是在西方现代文化氛围中对人们个人利益追求的这种社会认可和张扬，才使得现实中各个经济人各自利益追求得到相互牵制。并且，只有通过这种人们之间追求个人利益的互动和相互牵制，方能导致在西方文化中与个人主义相关的文化拟子，在社会成员的"共享意义"（shared meanings）上得以广泛复制和传播。[2] 如上所说，没有这种在经济与文化互动中个人主义文化拟子的复制和传播，也就不可能在近现代社会中型构出人际间的普遍正式契约关系，从而也不可能型构出正式的法律制度和司法程序，也就不可能有哈耶克（Hayek，1988）所说的人之合作的扩展秩序的自发型构与扩展。由此看来，只有在西方社会中源远流长的个人

---

　　[1]　由此看来，当代经济学中的理性经济人个人利益最大化的假定，只有在欧美个人主义文化的社会场景中方能适用。在中国传统文化和亚洲其他社群主义文化以及以色列等某些集体主义文化氛围中，经济学中的"理性人个人利益或效用的最大化假定"在很大程度上要打折扣。

　　[2]　美国当代汉学家郝大维（David L. Hall）和安乐哲（Roger T. Ames）曾非常深刻地指出，在当代西方社会中，"如果一个人企图在社会财富中获取多于他自己的份额，这种行动总会使各种方式的互动无效，惟有这种互动才能导致共享意义（shared meanings）的交流。没有这种交流，个人就会被切断与供参与和交流的社群的联系，惟有这种社群才能促进文明。侵犯性的自主导致疏远。只有在一个人把社会看成是已经个体化了的、富有个体性的成员组成时，此人才可能促进我们经常在西方民主社会所看到的那种自主权"（Hall ＆ Ames，1988，p. 26）。其实在 2000 多年前荀子谈到"礼"的起源时，就提出了与郝大维和安乐哲近似的观点："礼起于何也？曰：人生而有欲，欲而不得，则不能无求；求而无度量分界，则不能不争。争则乱，乱则穷。先王恶其乱也，故制礼义以分之，以养人之欲，给人之求；使欲必不穷乎物，物必不屈于欲，两者相持而长，是礼之所起也。"（《荀子·礼论第十九》）由此可以看出，由于不同的文化场景和文化的"精神性"，在传统中国社会中，人们个人利益的追求的冲突导致了"礼制"；而在近现代西方社会中，个人利益的追求冲突却导致了"法治"。导致东西方社会这两种不同体制后果的社会机制过程是怎样的？这无疑是一个值得深思的重要问题。从目前的认识层面来猜测，我觉得这至少与主流文化的精神导向是抑制人们对个人利益的自然追求，还是尊重或张扬个人对自己利益的追求有关。

主义文化氛围中，我们才能确当理解当代欧美社会的经济、政治、法律和社会体制。具体说来，只有那种由波普（Popper，1962，pp. 173～176）所认为的"抽象社会"（abstract society）是由已经个体化且富有各自自主独立性的"人格"（personage）所构成时，才会生发出我们目前所看到的西方社会中的民主体制，以及作为对个人利益最大化追求保障机制的私有产权制度和法律制度，才能有哈耶克（Hayek，1973）和美国法学家伯尔曼（Harold J. Berman，1983，p. 215）所理解的"法治国"（Rechtsstaat），才有美国法理学家富勒（Lon L. Fuller，1954，pp. 477～478）所理解的那种"eunomy"（这个英文词源自希腊文的 eunomia，其含义意为"良好法治下的文明秩序"）。由此可以说，西方现代的法理社会、哈耶克所理解的人之合作的扩展秩序，富勒所理解的"eunomy"及笔者所理解的西方当代的"制度化社会"，从某种程度上来看是均从西方文化传统中的个人主义"模板"（即文化拟子）上生发和涵衍出来的。[1]

在从文化拟子与社会制序的相互作用视角对西方文化传统与欧美近现代社会的制序化与制序变迁过程有了上述认识后，让我们再回过头来反思一下在数千年传统文化的巨大变迁张力中，传统中国社会的内部制序几乎在同一个层面上"自我复制"即"内卷"的社会机理。

与西方文化传统中与个人主义有关的"个人自主""个人独立""个性解放"及"对个人利益的最大化追求"等类似"拟子模板"

---

[1] 美国汉学家郝大维和安乐哲则从另一个角度阐释西方个人主义与西方法律制度的内在联系。在《孔子哲学思微》中，郝大维和安乐哲（Hall & Ames，1987，参中译本，第128页）说："作为外部决定力量的超越性的法，对极端的个人主义社会来说，是必不可少的。……个人需要法律，法律又强化了个人主义。"这一见解对理解西方社会体制在近现代的历史型构机制极其演化路径极为重要。

形成了鲜明的对照，在儒、释、道交融并以儒家学说为主干的中国传统文化中，深含着"自我克制"、"自我抑制"、"自我舍弃"（self-abnegation）、"自我消解"（self-effacement）和"自我牺牲"的"精神性"（spirituality）。从西方个人主义文化视角来看待中国传统文化，西方许多当代汉学家认为，"中国人简直是'无我'（selfless）"（Hall & Ames，1988，p. 23）。他们还认为，与中国精神资源中这种源远流长的"无我"意识相联系的是中国人在社会制序网络结构中的"克己"即"自我舍弃"。汉学家孟旦（Donald J. Munro，1979，p. 40）曾说："无我……是中国最古老的价值之一。它以各种形式存在于道家和佛学尤其是儒学之中。无我的人总是愿意把他们自身的利益或他所属的某个小群体（如一个村庄）的利益服从于更大的社会群体的利益。"孟旦的这一见解，看来是非常到位的。[1] 因为，即使从我们这些"身在庐山（中国文化）中"人来看，中国传统文化中这种"无我""克己""自我舍弃""自我牺牲""自我抑制"等文化拟子，在古代、近代甚至在当代社会中已经普遍化了，[2] 以致构成了我们中华民族和海内外华人社会中普遍存在

---

[1] 其实，早在 20 世纪 40 年代梁漱溟先生就洞察出了这一点。譬如，在《中国文化要义》中，梁漱溟（1987，第 259 页）就曾指出："中国文化最大之偏失，就在个人永不被发现这一点上。一个人简直就没有站在自己立场说话的机会，多少感情要求被压抑，被抹杀。"

[2] "台湾国立大学"医学院的精神病专家曾炆煜曾在一篇题名《从个性发展的观点看中国人的性格》的论文中指出，即使在当代华人社会，中国人一般也顺从权威，通过压抑本能的食色之欲的冲动，通过遵守一种实践伦理，通过恪守"顺从"和"互惠"规范在内的难以把握的礼仪规矩，来与他人相处，从而学会避免"羞辱"的制裁。因此，他认为，典型的中国人常感到在心理上深受挫折，而后又带着这种挫折感重新开始自我控制和压抑的又一轮循环（转引自 Metzger，1977，中译本，第 20～21 页）。

的文化信念中的基本内容,甚至构成了中国和世界各地华人社会历史承传的一个主要民族"品格"。这致使西方一位学者爱德华兹(R. Randle Edwards,1986)把它认作中国人(华人)的"齐一性"(Chinese homogeneity)。爱德华兹(Edwards,1986,p. 44)还把中国人的这一"齐一性"与中国社会制序内部结构的式样的关系联系起来。他说:"大部分中国人都将社会视作一个有机的整体和无残缺之网。网上之线必定都具有一定的长度、直径和连贯性,必定都按照预先约定的形式相互配合……希望在于每一个个人将像一个齿轮那样,在总是有效率的社会机器上恰当地发挥作用。"当然,我们不能根据这些汉学家所发现的中国人的文化精神中的"无我"而进而认为儒家哲学中没有"自我"意识。但是,正如杜维明教授(Tu,1985,参中译本,第10~11页)所发现的那样,尽管在儒家哲学中有"自我",但"儒家的自我必须有他人的参与",因之,"儒家的自我在诸种社会角色所构成的等级结构背景中不可避免地会淹没于集体之中了"。由此,杜维明教授(Tu,1986,参中译本,第22~23页)认为,儒家的自我,"不是孤立的和封闭的个体,而是人类共同体的每个成员都可达到的一种可分享的**共同性**"(着重体为引者所加)。他还接着指出:"正是这种对尘世中的共同性的意识,使得三教(这里指儒、释、道——引者注)一致致力于铲除所谓'个人主义'的悖谬。"另外值得注意的是,我国著名当代伦理学家万俊人(2001,第155页)教授从东西方伦理观的比较中,也得出与西方当代汉学家和杜维明教授相类似的洞识。他说:"我们不能说儒家伦理中缺乏明确'个人'(person)概念,但我们可以从各种相关文献或文本中见出,儒家伦理中缺乏像亚里士多德乃至西方伦理中那种作为独立实体存在的'个体'（individual）概念。"[1]

另外，从文字学、语源学、文化发生学与认知心理学相互关联的角度来看，在远古华夏文字刚产生之际，缺乏独立个体自我的文化观就在原初汉民族部落的初民意识中萌生了，并在古汉语中的"我"字上凝化下来。据南京理工大学人文学院的祁洞之（2001，第36～38页）教授考证，"我"字在古文字中曾呈"䇂"。这是一个坐在台子或椅子上的手持戈器的威武者的形象。胡厚宣先生对此曾形象地解释到，在古汉语中，"我"并不是与别人相区别的作为英

---

[1] 值得注意的是，金耀基教授则在这个问题上似乎持相反见解。根据西方学者修中诚（E. R. Hughes, 1937）和陈荣捷（Chan, 1944）就整个儒家哲学关于"个己的实现与社会秩序的创建"的看法，金耀基（2002，第157～161页）认为，"个人是整个儒家人文主义的中心"。他还认为，尽管中国传统文化思想中有"个人主义"和"集体主义"的二重倾向，但作为中国主流文化思想的儒家则企图超越"个人主义"和"集体主义"而走了"第三条道路"，即"企图调和、结合个人与社会的关系，以建立人间秩序的一个文化设计（cultural project）"。根据冯友兰（1967）先生所提出的中国是一个"以家为本位"的社会这一见解，金耀基先生又进一步认为，"儒家所走的第三条道路，实际上是建立一个家本位的社会"（同上，第163页）。但是，金耀基教授认为儒家的这种"第三条道路"并不通。他认为，究其原因，"主要是在'家'这一站上出了问题，以致'家之内'出现了个人淹没在家的群体之集体主义的倾向性；'家之外'则出现了有个人而无他人的利己主义的倾向性"（同上，第168页）。另外，早在20世纪40年代，梁漱溟先生也提出了，中国社会既非"个人本位"，也非"社会本位"，而是"伦理本位"（即"关系本位"）的著名见解。譬如在《中国文化要义》中，梁漱溟（1987，第93页）说："在社会与个人的关系上，把重点放在个人者，是谓个人本位；同在此关系上，放在社会者，是谓社会本位。诚然，中国之伦理只看见此一人与彼一人之相互关系，而忽视社会与个人相互间的关系。……这就是，不把重点放在任何一方而从乎其关系，彼此相交换，其重点实在放在关系上了。伦理本位者，关系本位也。"正如金耀基教授所言，梁漱溟的中国社会"关系本位说"，实为一卓见。我们把中国社会理解为一种（家族）社群主义社会，与梁漱溟先生的"关系本位说"，应该说是一个意思。

文"individual"意义上的那个"我"（即英文中的"I"），而是一个人群中的最有威望者（相当于英文中的"chairman"）。因此，祁洞之教授认为："实际上这个'我'是一个人群中的图腾和象征，指谓的是部落或其他形式的群体。而个体的主体性，即今天我们习称的'主客两元'中的'自我'，在这个时代仍处于未觉醒状态。"正因为在汉字原生态上就是如此，在汉文化共同体中，"人们注意不到自我，而只注意到其所镶嵌之中的整体"（见祁洞之，2001，第 37 页）。现在看来，尽管层积着数千年中国传统文化的汉语中有诸如"我"和"己"此类的概念，但实际上在汉民族的文化—思维—心理结构中，这个"我"或"己"并不是像西方文化语境中的那种"individual"，而是如杜维明教授所言的那种作为"cooperate personage"的"we-ness"。

按照从尼采、弗雷格以来语言哲学到德里达文字学的基本分析理路，我们可以识出，一个民族的语言文字一旦形成，语言和文字本身就像一个无形和无缝的网一样，规制和束缚着人们的思想和思维，成了人们观察世界和言诠世界的无可摆脱的"枷锁"。这正如尼采在《权利意志》中曾指出的，"概念和词是我们从人类头脑蒙昧、不求甚解时代继承来的财遗产"，是"我们最遥远的、最蒙昧的也最聪明的祖先的遗产"（转引自周国平，2002，第 24 页）。但是，问题在于，人们一旦承传了语言文字这一遗产，它们就像神话小说《西游记》中所描述的套在孙悟空头上的"紧箍咒"一样，规制着人们的思维和对世界和人世的认识和言诠。因为，人一落言诠，便势必受制于语言之网，即成了尼采所言的"词的奴隶"，或者说必须屈从于德里达所言的"文字"的"暴力"。这也正如尼采所言，一旦有了概念、词和文字，"语言到处成为一种自为的暴力，它像伸开的鬼臂搂着人们，把他们推向原本不想去的地方"（转引自周国平，2002，第29页）。用尼采本人的另一术语来形容，人是无法摆脱词和字所潜含着的文化意义"魅惑"的。从这个角度来看待汉语中"我"字的词源史，我们就会发现，从文化发生学的意义来看，这个字一出现，就仿佛被赋予了汉文化中匮乏独立自我人格的文化精神。从道金斯的文化拟子观角度来说，我们似乎又可以辨识出，汉字的"我"字本身就携带了"无我"和作为在社群整体"大我"中消解了"己我"的一种"非我"状态（这亦即成了杜维明教授所言的儒家的"cooperate personage"）这样一种文化拟子。

从上面所提到当代汉学家、当代儒家和当代伦理学家的论述中，我们也可以进一步反思出，中国和世界各地的华人社群以及东亚诸社会中的社群主义社会制序，与中国传统文化（拟子库）中的这种"无我"和"克己"的"精神性"有着源远流长和千丝万缕的联系。换句话说，正是传统华夏文化中的这种"无我"和"克己"的精神性拟子的广泛传播和复制，使得处在中国和东亚诸社会中每一个人从某种程度上丧失了独立的个人"人格"，从而变成了社会制序网络结构上的一个"纽结"。所以，在中国人和有着共同儒家文化精神资源的东亚诸社会中，社会制序已把人的"人格"甚至"人性"内涵于其中，从而变成了这些社会中注重人事关系、人人互相牵制（不是像西方个人主义社会中每个人在对各自利益的"张扬"追求中由于利益的冲突而导致的人与人之间的互相制约）的制序网络基体（institutional matrix）的一个有机组成部分。[1] 在传统中国社会，这种制序基体就是以礼为主要规制机制的君、臣、父、子式的宗法社会构造安排（configuration）。在当代中国社会，中国传统文化的这种基本精神则与法国大革命以来的"伪个人主义"和"俄国十月革命"以来的"国家主义"的文化拟子相互融合、相互强化，从而涵衍出了靠思想教育、政治宣传、意识形态的力量和以德治国为施政导向的行政控制经济的科层式的（hierarchical）社会结构。[2] 另外，由于"儒家传统不仅是中国传统文化不可分割的一部分，而是东亚文明的体现"（日本著名学者岛田虔次语，转引自马涛，2000，第125页），儒家的这一精神也在塑造历史和近现代的日本、朝鲜、新加坡和越南的社会制序方面，有着文化拟子模板式的作用。1991年新加坡国会通过的《共同价值白皮书》中所提到五种核心价值的前两个"国家至上，社会为先，家庭为根，社会为本"（转引自马涛，2000，第122页），就充分体现了这种传统儒家的"克己"和"无我"的社群主义文化精神。在当代西风东盛和

---

[1] 美国著名汉学家墨子刻（Thomas Metzger）对把儒家精神与西方的个人主义进行比较的做法似有些保留。他说："儒家自我确立和相互依赖的模式可以被拿来与西方个人主义进行粗略的比较。但我们不能无条件地用相互依赖、情感压抑、对进取行为的憎恶、缺乏自尊、缺乏合法抗争观念、家族主义、集体主义、权威主义、忠于特定对象论等等术语来描述儒家的人格模式。"（Metzger，1977，参中译本，第15页）

[2] 值得深思的是，源远流长的中国文化精神中的这种"无我"或者说"独立自我"的匮乏，及"个人自主性"的丧失，甚至反映在中文中。许多西方学者如汉森（C. Hansen）和卢克斯（Steven Lukes）等曾发现，汉语结构本身就侧重强调部分—整体模式，以至于名词一般没有可数与不可数之分。这也导致中国人在解释事物时，不必将世界描述为由个体所组成，而家族的行为既可以由家庭来解释，也可以由个人来解释（翟学伟，2001，第28页）。

世界经济全球化的大背景中，韩国仍保持了一个以家长制为主要特征且血缘主义最强的社会，以及日本强烈的团队本位主义企业精神及以"亲子关系"和"上下关系"为纽带的社群式社会制序构造，均可以从儒家传统的这种内在精神性中找到其历史渊源。[1]

由此看来，在儒家传统的内在精神中，就同时具有个人层面上的"无我""克己"和社会层面上的"礼治"和"德治"的两个文化面相。历代中国统治者也由此相信，只要通过各级官员的"正己""修身"，就可达至"礼治"和"德治"从而实现一种和谐的政治、经济和社会制序。[2] 在相对封闭的传统中国社会体系中，儒家的这种道德自律（为仁由己）文化拟子在文化濡化机制中复制、传播，与"依礼而治"及"以德为政"统治者的施政导向不但在精神上是完全一致的，而且在社会现实中基本上是同一个社会机制过程。放在中国漫长的历史过程中来考量，这种文化濡化与社会制序

[1] 美国著名人类学家本尼迪克特（Ruth Benedict）曾在《菊与刀》一书中提出，西方文化是一种"罪感文化"（guilt culture），而日本文化是一种"耻感文化"（shame culture）。她认为，这主要是因为在一般西方人心目中，有一超越的上帝。日本人则没有死后生活的观念。因此，前者靠"笃信上帝""回避罪恶""澄明的良知"的内在强制力来行善，而后者则靠他人的评价、暗示、期待和赞许来行善（Benedict，1946，中译本，第153～157页）。从本尼迪克特的"罪感文化"和"耻感文化"的两分法中，我们也可以体察出，西方文化的最深层的伦理层面就潜含着一种个人主义的文化拟子（个人与上帝或超越道德实体的关系），而日本文化深层的伦理层面则潜含着社群主义的拟子（即在他人"在场"时，在人与人的关系和人与人之间的相互制约中行善）。另外，由于中国人（尤其是中国台湾、香港地区和海外华人）"讲面子"，我们也可以把当代中国的社群主义文化视作某种耻感文化。

[2] 据《论语·颜渊十二》记载，"颜渊问仁，子曰：'克己复礼为仁。一日克己复礼，天下归仁焉。为仁由己，而由人乎哉？'"孔子的"克己复礼"和"为仁由己"的教说，基本上形塑了中国传统文化的精神，从而为这种"无我""克己"和中国人在社群中每个人无独立人格的文化精神性提供了拟子模板。

自我维系的同构也就构成了中国的"政教合一"传统。[1] 反过来说，在传统中国的这种以礼治家、治国、治政、治社会、治天下的"政教合一"的传统中，[2] 文化与社会制序是交融在一起的。

至此我们可以看出，在传统中国社会的"政教合一"的传统中，文化和制序"绞合"在一起[3]，并互相强化。一方面，每个被传统文化濡化了的人通过"克己复礼""内圣外王"而达至一种符合"礼俗"的和谐秩序；另一方面，从整个社会来看，经由"礼化"、"依礼而治"（rule by rites）而试图臻于"礼治"（rule of rites）的社会机制过程，又反过来把人们的行为甚至思想程式化，从而使这种程式化的礼仪秩序（即李泽厚所理解的"礼制"）变成了传统中国社会中的一种"文化记存"。作为一种社会秩序、一种

　　[1]　中国社会制度史中"政教合一"中的"政"，我们现在似乎可以把它理解为李泽厚（1998，见《论语今读》，第 277 页）先生所说的"礼制"为特色的"政治"。因此，传统中国社会中的"政教合一"，从我们现在的社会制序的理论分析视角来看，也就是文化濡化与制序化围绕着"礼"这一"契合点"而发生的同构和"整合"。另外值得注意的是，传统中国社会中的"政教合一"的"教"，照李泽厚（1998，第 7 页）看来，既包括文化、教育（teaching, education），也包括人生信仰（faith, religion）的形塑。按李泽厚的原话，"正因为儒学的宗教性和哲学性是交融在一起的，儒学的宗教性不是以人格神的上帝来管辖人的心灵，而主要是通以伦理（人）—自然（天）秩序为根本支柱构成意识形态和政教体制，来管辖人的身心活动"。
　　[2]　《左传·隐公十一年》把"礼"定义为"经国家，定社稷，序民人，利后嗣"的根本，以及《礼记·乐记》中的"礼、乐、刑、政，其极一也"的思想，均表明了在传统中国社会里"礼"在世俗生活中的这种普遍作用。
　　[3]　当代儒家代表人之一梁漱溟先生也充分意识到，在传统中国社会中文化精神与社会制序的这种"同构"，这即是他所提出的中国"伦理本位社会"的理念。不过，梁先生是在积极的意义上来理解传统中国社会的这种文化与社会制序之"同构"的。这实际上是他在 20 世纪 30 年代所从事的"乡村建设"努力的动因之所在（郑家栋，2001a，第 28 页）。

政治体制、一种"文化记存"，传统中国社会的"礼"[1] 承载和涵衍着前人在文化传统中"注入"和积累的意义，并作为"社会性道德"（即伦理）的载体，经由文化濡化的社会机制过程，将每个成员"制序化"了，使每个成员成为这种"礼"的网络基体（matrix of rites）中的一个"制序化的角色"（institutionalized personage）。正如郝大维和安乐哲（Hall & Ames，1988，pp. 271～272）所指出的那样，"礼既保存了，又传播和传递了文化的意义。由于这个原因，实行和体现礼的传统不仅把一个人社会化（即我们所理解的'制序化'——引者注），使他成为一个社群的成员，还进一步使此人适应文化（也即是我们所理解的被文化所'濡化'——引者注）。礼将一套共同的价值灌输给特殊的个人，给他提供一种机会，以有助于保存和加强社群的方式来整合"。这种以礼来维系和支撑的传统中国社会中的社群，也就是杜维明（Tu，1976，p. 52）教授所非常恰当地形容的儒家的"信用社群"（fiduciary community）。反过来说，"礼"本身就构成了这种"儒家信用社群"的基础和维系其运作的纽带。[2]

---

[1] 郝大维和安乐哲（Hall & Ames，1988，pp. 269～270）认为，在传统中国社会中，"礼的观念是非常宽泛的，包含了从交往的方式、手段到社会政治制度这其间的一切。它是中国文化的决定性的组织结构，并且规定了社会政治秩序。它是这一文化表达自身的语言。礼当然不纯粹是中国人的发明，但作为治理社会的构造所具有的突出地位和普遍有效性，它对正规的法律制度的支配作用，却给中国的以礼特殊定义"。郝大维和安乐哲还认为，"礼是'表演'，是身份和习俗，它们规范的形式影响关系"。

[2] 与郝大维、安乐哲和杜维明所见的这种以"礼"为纽带的儒家社群的观点相反，韦伯（Max Weber，1978，参中译本，第271页）认为，在传统中国，真正的"社群"（Gemeinde）并不存在。进而，韦伯认为，"中国的所有共同体行为（Gemeinschaftshandeln）都受纯粹个人的关系，尤其是亲缘关系的包围和制约"。韦伯还认为，造成这一社会结果的原因在于中国人之间的普遍不信任。（转下页）

从这种意义来理解传统中国社会制序和传统文化中所共有的"礼"，我们一方面可以把"礼"视作一套习俗秩序，一套亚于正式法律制度的非正式约束规则，又可以把它和"仁"一起[1] 视作中国文化传统的一个"轴心"。因为，在传统中国社会中，"礼"作为维系家庭、族群、社群、乡里以及整个社会政治机制运作的一种规范（norm）体系，是文化与制序的"交汇处"和"结合体"，至于我们既把"礼"视作浸透着和汇积了传统文化的社会制序，又可

（接上页）他（Weber，1978，参中译本，第266页）说："官方的独裁，因袭的不诚实，加之儒教只重视维护面子，结果造成了人与人之间的普遍猜疑。"结合卜松山（Karl-Heinz Pohl，2000，第47～74页）所认为的，中国传统文化是一种"缺乏公共精神"的、只关注家庭利益的利己主义见解，可以看出，传统中国社会的社群，与韦伯眼中的西方中古时期的"Gemeinde"和滕尼斯眼中的"Gemeinschaft"，是有重大区别的。

　　[1] 孔子所主张的"克己复礼为仁"（"归仁"），就意味着自我克制以符合"礼制"，只是一个过程，一个路径，最终的目的还是达至"仁"的道德境界。儒家思想内部"礼"和"仁"的密不可分，使李泽厚先生把"礼"理解为"社会性道德"，而把"仁"理解为"宗教性道德"（李泽厚，1998）。这种分殊似不甚准确。"礼"作为文化与制序的"交汇体"［我们既可以把"礼"理解为"制序化了"的"文化"（institutionalized culture），又可以把"礼"理解为"文化化了"的"制序"（culturalized institutions）］，是一种社会实存，即"此在"，而"仁"作为一种伦理实体［这里指牟宗三（1968，第178～191页）先生在《心体与性体》卷二第一章第六节"识仁篇"中谈到儒家"仁"的概念时所说的"仁体、仁理、仁道或仁心"］，则是一种"亦超越亦内在"的东西（用康德和牟宗三的术语来说是"Transcendent""Immanent"）。换句话说，"礼"发于"仁"又可以经由人的"克己"（修身）回归于"仁"，但"仁"却毕竟"超越"或精确地说"内在于""礼"之中的。当然，方家们这里会发现，后一句话里我所使用的"超越"和"内在"，可能有些匆草和勉强。并且这里也许毋庸赘言，康德和牟宗三哲学中的"Transcendent""Transcendental"和"Immanent"也可能是其最基本和最难理解的部分（参牟宗三，1997a）《中西哲学会通十四讲》第四讲和郑家栋（2001b）所缜密撰写的《"超越"与"内在超越"——牟宗三与康德哲学之间》的学术论文。中国传统文化语境中的"礼"与"仁"的关系，用我们今天的话来讲，就是"制序"与"道德"的关系。在《经济学与伦理学：探寻市场经济的伦理维度与道德基础》（韦森，2002）的小册子中，笔者曾对于"制序"与"道德"关系做了分梳、辨析，并给出了自己的解释。

把它视作制序化了的文化，或者说成了文化的制序化（即文化在社会制序上的对象化）。这种传统中国社会中文化濡化和制序化的同构，使得社会内部的制序变迁有着巨大的张力（strains），以至于整个中国社会在漫漫两千余年的历史长河中，基本上在一种"礼俗社会"的层面上内卷（自我保持和自我复制），从而无力开拓出滕尼斯所理解的"法理社会"和哈耶克所理解的作为现代市场经济基本范型的"人之合作的扩展秩序"来。

由于在传统中国社会中，文化与社会制序在"礼"的契合点上互相绞合，并相互维系和相互强化，这就导致一代又一代的中国人和分散在世界各地的华人在传统文化濡化机制中保持了相似的行为模式和品格。在中国这一"中央王国"的地域上，社会制序安排在一两千年的时间长河里，基本上在同一个层面上内卷而没有多少演进，这可能是基本原因。黑格尔所说的"中国人无历史"，也大致就是这个意思。从这种视角来看，中国传统文化经由"无我""克己"这种中国人的"齐一性"而对制序发生的影响和作用，要比西方文化在近现代时期通过社会构造对制序的影响要直接得多，也强大得多。

从传统中国社会中"礼"与"法"的关系来看，在文化濡化和制序化同构的社会机制和社会过程中，以"礼制"为特征的非正式制序对人们行为的约束，要远远大于正式的法律规则的约束。笔者（韦森，2001）曾在《社会制序的经济分析导论》第七章中指出，由于中国传统文化主流意识中"天人合一"的人文哲学思想本身就潜含着"法律本身是对一种和谐的社会秩序的破坏"的意思，在中国传统文化精神中有一种抵制从"礼"这种惯例的规则向正式法律制度过渡与转化的内在力量。这就导致在传统中国的礼俗社会中，只有非常有限的法律，且司法程序也很不完善。即使有法律（民刑不分、诸法合体），中华帝国法律的主要功能，也只是维护道德秩序和自然礼仪秩序的一种补救手段。在传统中国社会，一方面，有非常完善的"礼制"；另一方面，只有有限的法律和非常不完善的法律体系，县衙和刑部在司法过程中，"除了引圣人语录、道德故事外，古人断案更大量地使用义、理、天理、人情一类的字眼"（梁治平，1997，第293页）。这也导致了中国历代法律的泛伦理化和传统中国社会制序的礼教化[1]（参韦森，2001，第275~289页）。这显然又是传统中国的礼俗社会不能自发地型构出保护私有产权的刚性的法律制度的文化原因。

如果我们把中国传统文化中的正心修身、克己复礼、内圣外王即从个人的自我克制、"自我舍弃"（self-abnegation）和"自我消解"（self-effacement）向外扩展而形成一种人际间的"礼俗秩序"的导向与西方个人主义的文化观进行对比，就会发现，二者在形塑和影响社会制序方面，有着巨大的差异。在西方社会，个人主义文化观在相当大的程度上是围绕个人与社会的关系，私人与公共领域的范围，自然法与实在法的地位，权利与义务的性质，国家权利的

---

[1] 按照杜维明（Tu，2001，第141~142页）教授的见解，早在汉武帝时期（公元前140~前87年），随着儒家箴规逐渐在中华帝国的中央官僚体制中取得了牢固地位，礼制在政府行为、社会关系的界定以及民事纠纷的协调方面，也变得日益重要。随之，儒家的理念也在中华帝国的法律体系中获得了牢固的地位。这说明，早在汉代，中华帝国的法律已开始"儒家化"（即伦理化）了。著名美国汉学家狄百瑞（Wm Theodore de Bary，1988，pp. 13~20）也大致认为，传统中国社会结构的"礼化"是从汉代开始的。董仲舒说："何为本？曰：天、地、人，万物之本也。天生之，地养之，人成之。天生以孝悌，地养之以衣食，人成之以礼乐，三者相为手足，合以成体，不可一无也。"（《春秋繁露卷六·立元神第十九》）从董仲舒这句话看，从汉代起，朝廷不仅"废黜百家，独尊儒术"，而且把"礼"作为政治结构和社会秩序"建构"的轴心。

认可，以及正义的含义及其在社会构成中作用，等等这样一些问题而展开的。与此形成鲜明对照，传统中国和东亚诸社会中的社群主义文化观，则主要关注人际和谐、群体关系、情理统一、教育感化以及社会理想，关注家庭和社会生活的和谐与完善，关注以礼和仁（德）形塑和构筑和谐的社会秩序，以及关注通过"正名"对各个社会角色、身份进行规定和调整，等等。[1] 因之，原本出自古代中国社会习俗的礼，经儒家圣贤的肯定、弘扬、理论化和系统化而变成了一种自我繁衍和自我复制能力甚强的"文化拟子"。自汉代"废黜百家、独尊儒术"之后，由儒家圣贤所理论化的"礼"的拟子，经历朝历代的统治者首肯和弘传，普遍渗透到传统中国社会里的"家规""族训""乡约""里范"和"朝纲"之中，[2] 指导和调规着人们的经济、政治、文化活动和社会生活的各个方面，甚至也

---

　　[1] 根据梁漱溟先生的中国社会的"关系本位说"，费孝通先生在著名的"差序格局"一文中，则对中国的这种网络结构进行了非常好的描述。费孝通先生认为，西方社会是一种"团体格局"（这一见解值得怀疑），而中国社会则是由许多网络组成，且"每一个网络都有个'己'作中心"。费孝通（1947，第27页）说："以己为中心，像石子一般投入水中，和别人所联系成社会关系，不像团体中的分子一般大家立在一个平面，而是像水的波纹一般，一圈圈推出去，愈推愈远，也愈推愈薄。在这里我们遇到了中国社会结构的基本特性了。"

　　[2] 儒家的伦理训规和中国传统文化中的礼的精神，也渗透到受中华文明所覆盖的周边国家的社会结构之中。据狄百瑞（de Bary，1988，pp. 27～38）考证，公元5、6世纪，日本推古天皇（Suiko Tennō）时代圣德太子的"十七条宪法"，基本上就是源自儒家经典的伦理规训。虽然它在原文中应用"kempô"（宪法）一词，但它实际上不是现代西方意义上的"constitution"，而只是"示范的法律"或"基本的模式"。正如狄百瑞（de Bary，1988，p. 27）所言："该词很少有近代相关的法律内涵，它不是指法理体系的最终依据，而是一套调节政府行为的基础道德训条以及政治方针。"由此我们也可以看出，日本的早期社会中也经历了一个来自中国传统儒家文化的"礼"的"拟子"的复制和繁衍过程。并且，其社会结构和法律结构也有一个历史上的"伦理化"（即"礼化"）的过程。

融入到历朝历代的法律体系和审判过程之中。因此，以儒家思想为主干的中国传统文化自身濡化和播化了礼的"拟子"，而礼作为规制和调节传统中国社会人际间经济、政治关系和社会交往甚至司法过程的方式和手段，又承载、保存和维系了中国传统文化。从这个意义上来看，中国传统文化形塑、维系了传统中国的社会制序结构，从精神上规定了并支撑着传统中国社会的经济、政治和法律秩序。中国传统文化与传统中国社会的制序在"礼"上的"切合"和"契合"，使郝大维和安乐哲（Hall & Ames，1988，pp. 269～270）把礼理解为传统中国"文化表达自身的语言"，一种"构造社群、维系社会政治秩序的传统的和重要的社会机制"。我觉得，更确切的说法应该是，礼是以儒家学说和圣人箴规为"心魂"（spirit）的中国传统文化的"对象化"（embodiment），因而礼也构成了传统中国的社会制序的基体。用英文来说，"The institutional matrix of the traditional Chinese society consists of rites and ritual practices"。

另外值得注意的是，正是出于和基于中国传统文化中的"天人合一"思想以及儒家的正心修身、克己复礼、内圣外王，即从自我舍弃、克制、消解向外扩展为一种理想的社会秩序的文化导向，数千年来在中国人的心目中，一般都向往一种和谐的社群秩序。[1] 也

---

　　[1] 中国文化的这一"精神性"，最明显不过地从《大学·经文章》中如下一段话中表达出来："古之欲明明德于天下者，先治其国；欲治其国者，先齐其家；欲齐其家者，先修其身；欲修其身者，先正其心；欲正其心者，先诚其意；欲诚其意者，先致其知；致知在格物。格物而后知至，知至而后意诚，意诚而后心正，心正而后身修，身修而后齐家，家齐而后国治，国治而后天下平。自天子以至于庶人，壹是皆以修身为本。"这就非常清楚地反映出了传统中国知识分子的理想，即从自己的格物开始，经致知、诚意、正心、修身、齐家、治国而达致平天下这样一种从个人的自我"功夫"外推而建构一种天地和谐的社会道德秩序。

正是由于这一文化精神，历朝历代中国百姓们甚至知识份子总是期盼着明君贤相的出现，并期望这些明君贤相和社会上层人士在循礼而治的社会活动中来完善自身，并进而教化世人。传统中国社会民众中普遍存在的这种心理和心态，就为历代统治者以德为政、依礼而治[1] 的施政导向和在社会整体上的一种"有机"社会结构的自我排序（self-ordering）造就了社会基础。从"微观"（即个人道德修养的层面）上来看，传统文化中又有自我舍弃和消解并抑制个人利益追求的自我约束（self-constraints）导向。在传统中国社会中，这种"宏观"上的社会的"自我排序"，又与"微观"上个人的内在"自我约束"互相强化，并且在某些程度上二者是同构的。这也就致使中华帝国没有向一种法治化和宪制化的社会（a constitutionalized society）过渡的内在冲动。这两方面加起来，我们也就能理解为什么在近代中国一方面无力自我生发和型构出现代市场经济体系，另一方面则没有转变为一个法治国的原因和机理了。

最后要指出的是，数千年来，在大多数中国人心目中的和谐的理想社会，与青年马克思所设想的共产主义社会以及晚年马克思（如在《资本论》第一卷中，Marx，1890，参中译本，第95页）所想象的"自由人联合体"，是非常接近的。正如西方一位学者戴维（René David）在谈到实在法与传统和当代中国社会时所言："马列主义哲学包含一些与这种传统（中国）哲学相符的东西。实在法对于中国人来说，从来不曾显得是一个良序社会的必要条件，甚至也

---

[1] 这可以从孔子在《论语·为政》中的一句话反映出来："导之以政，齐之以刑，民免而无耻。导之以德，齐之以礼，有耻且格。"在《论语·子路》中，孔子所言的"礼乐不兴，则刑罚不中"，也包含这一意思。

不是正常条件。相反，实在法乃是社会欠完美的表征，而且它与高压统治这些观念之间还存在某种联系。马克思主义思想中预言的共产主义，与中国人心目中的理想社会是很相近的。"（转引自 Tigar & Levy，1977，中译本，第 269 页）[1] 从戴维（René David）的这段话中，我们能进一步醒悟到，1949 年以来中国所进行的数十年"行政控制经济"（an administrative controlled economy）的巨大社会工程实验，是有着中国传统文化原因的。换句话说，当代中国的社会制序，仍然是从中国传统文化精神性的"拟子模板"上生发出来的一种实体。革命、政治运动（包括"文化大革命"）和二十余年的经济改革，也并没有改变这一事实。[2] 可能正是因为这一点，郝大维和安乐哲（Hall & Ames，1999，p. 234）最近指出："当今中国是一个礼仪社会，在社会主义下也仍然是如此。……中国当代社会秩序是由传统所保留的圣贤模样而设定的。活在中国社会，作为人，不是天赐给他们的特权，也不是种族所包含的遗传，而是进行礼仪而后得来的角色。"值得注意的是，郝大维和安乐哲

---

[1] 狄百瑞（de Bary，1988，p. 118）对这一见解持怀疑态度。他说："有些观察家从这些事实中得出结论说，儒家强调社群而非个人，以致它在现代世界中更符合社会主义和共产主义而不是资本主义。在我看来，这一见解最多也只能一半是真理，并且忽略了真正的要点。既然（儒家）社群的模型是家庭，那么，根本的标准就始终为经济活动（包括资本主义活动）是否能为家庭或（加以引申）整个国家的长远利益和价值而服务。"由此看来，也许是出于其对东方价值观的偏爱，狄百瑞教授似乎太偏重于"嫁接"儒家的传统精神性与现代市场经济运作机制了。在东亚社会中儒家精神与现代市场经济契合（参马涛，2000），并不能否定儒家文化濡化中国人心目中的理想社会比较接近青年马克思所预想的共产主义社会和晚年马克思所设想的"自由人联合体"这一点。

[2] 狄百瑞（de Bary，1988，p. 103）甚至认为，"'文化大革命'也可以看作古老的集体自我实现的观念在此时此地的返祖现象"。

的这一判断，与美国另一位著名汉学家列文森（Joseph R. Levenson）对儒家学说当代中国社会中命运的判断，形成了鲜明的对照。在他那本名著《儒教中国及其现代的命运》中，列文森（Levenson，参中译本，第 374 页）说："虽然共产党的中国仍然保留了孔子和传统价值，但他们只是博物馆中的陈列品。"与列文森的这一判断相似，当代儒家杜维明教授也认为，西方现代文明的价值已成为当代中国文化精神的主脉。譬如，早在 1989 年，杜维明（1997，第 57～58 页）教授就惊呼："事实上，西方价值、现代文明的价值已经根深蒂固地成为我们的价值，成为我们（今天的——引者加）的传统。而在我们这个新的文化传统的氛围里面，要想了解我们的传统文化，非常困难，我常常说一种'遥远的回响'，听不到它的声音，看不到它的菁华，因为日常的价值标准全是西方的。……所以西方文明已是我们的文化传统，跟传统文化已有很大断裂。"[1] 很显然，如果杜维明教授这里所说的"我们"，是指中国台湾和香港地区，新加坡尤其是其他海外华人社会而言，也许大概是如此；如果是指中国大陆社会，看来我们还要与郝大维和安乐哲的上述判断结合起来看，才能始梳理出个头绪。

---

[1]　与郝大维、安乐哲的判断和列文森、杜维明的这些见解相比，郑家栋（2001a，第 460 页）的看法较为持中。他说："民国以降，礼作为仪式和典章的效用已不复存在，但作为调整人际关系和生活行为的社会习俗仍然在民间发生影响。而在 1950 年代以后的中国大陆，后一个层面也受到极为严重的破坏，取而代之的是一种无所不在的政治意识形态。"我觉得郑家栋的这一判断较为符合当代中国社会实际。但进一步的问题是，中国传统文化中的儒家精神资源与中国"计划经济时代"中"无所不在"的意识形态的关系若何？二者有没有联系？有没有精神承传和继承性？换句话说，在中国当代"革命—共产（即共有财产）"的意识形态中，有没有儒家的精神成分？

# 第七章　余论：一些需要进一步思考的问题

适用于经济学的道理，一般来讲也适用于文化：它不能静止不变。一旦停滞不前，那么它即刻就会衰落。

　　　　　　　　　　——哈耶克（Hayek， 1979， p. 206）

从以上的分析中，我们可以总结到，文化与制序，密不可分。文化为制序提供"拟子模板"；制序又承载和保存着文化。文化与制序间的互动和相互作用，就构成了社会历史变迁的动态过程。不但在西方个人主义的文化传统中是如此，在中国和东亚诸社会社群主义的文化传统中更是如此。

以上我们对人类历史上文化与制序的互动和相互作用的分析和比较，似乎达至不了"经济决定论"。同样，我们至此的理论分析，既证明不了也证否不了"文化决定论"。人类诸社会发展的历史和路径，多种多样，纷纭陆离，其原因也复杂多变，似乎是"不可言说"（这里借用维特根斯坦之语，参见 Wittgenstein，1921）。然而，不管文化与制序之间的相互关联和作用是怎样的，也不管是它们之间的关系多么复杂，但至少我们目前可以断定，二者之间存在这种相互作用和相互关联。因此，社会制序的理论分析，忽视不得也忽视不了文化与制序的相互作用和相互关联。否则，要么导致理论理性分析的"独断论"（这里借康德一词），要么是一个"思想的懒汉"或"理论探索之艰难"面前的"逃兵"。

在从文化与制序相互关联和相互作用的视角来比较和分析西方和传统中国的制序化和制序变迁路径时，我们当然应该自我有意识地避免"西方中心论"和"西方文化中心论"[1] 的悖谬，换句话说，我们应尽量有意识地避免用"西方的价值观"来评判中国的传统文化资源和传统中国的社会制序。然而，尽管我们不能用"优"与"劣"、"先进"与"落后"这些简单的字眼来评判传统西方文化与中国传统文化以及西方的社会制序与中国和东亚诸国的社会制序，但我们却可以评价不同的文化和制序安排在近代、现代和当代所造成的社会经济后果。近代以来，与西方世界各国相比，中国确曾在经济发展、科学技术进步和国民生活水准提高等方面落后了。当代中国也在与西方世界经济和科技的发展水平的巨大反差中开启了并将继续走着自己的现代化道路。这些应是学术界和社会各界的共识。另外，一个毋可置否的事实是，二十余年的中国经济改革，不仅从许多方面乃至社会结构的根基层面重塑了社会制序，也在很大程度上及在许多方面重塑和改造了中国文化。1978 年以来中国经济改革中的体制转型、制度变迁和文化演进，又在三者的互动中引致和激励了中国经济的快速增长。中国改革开放以来所取得的

---

[1] 也许有的读者（尤其是当代新儒家和"东方学者"）会感到笔者在《社会制序的经济分析导论》第六章所提出的"习俗经济→惯例经济→宪制化经济"这一人类社会制序演化的"三段论式"本身（韦森，2001，第 198～200 页），就是以西方社会的历史发展过程为参照系的，因而可能责怪笔者的理论进路本身就是"西方中心论"式的。然而，人类要从部落社会、宗法社会走向民主和法治社会，这应该是当今世界绝大多数知识份子、政治家和普通人的共识，而绝非纯粹是一个"西方中心论"的问题。即使为儒学第三期发展和为在当代世界全球化进程中儒学的复兴而"不懈陈辞"、奔波弘道的杜维明（Tu, 2001，参中译本，第 82～83 页）教授也承认："中国如果朝自己原来的方向发展，不会走向西方的民主、自由、科学、市场经济等，这也可以肯定。但从十九世纪西方进入后，中国原来的路向确实被打断了，从而不得不进行重大的重组。现在，在一百多年后再来进行反思，西方的因素已经成为中国现代化发展不可消解的因素。"

成就和经济增长的速度，均是惊人的。然而，当代中国社会制序变迁过程演化至此，似乎更加呼唤中国学界思考未来中国制序变迁的路径及其走向。反思我们已经讨论过的西方社会的个人主义文化和中国以及东亚诸社会的社群主义文化及其差异，对把握未来中国社会制序变迁的走向，意味着什么？

美国著名社会学家帕森斯（Parsons，1971）在 20 世纪 70 年代曾提出，个人主义与现代性有着必然的内在联系。沿着帕森斯的这一分析理路，也有西方学者进一步认为，世界现代化的过程内部所潜涵的种种力量，在所有社会的所有情况下，都必定会导致个人主义的兴起，以及以社群为中心的社会秩序的瓦解（Jack Donnelly，1985，pp. 82～83）。如果用这一见解来判断未来中国社会制序变迁的走向，这里自然也会出现一系列同样的问题：是否未来中国经济和社会的制度化进程必然导致个人主义的张扬？随着西方个人主义文化拟子或拟子簇向当代中国社会的注入和播化，是否在中国社会内部必然导致个人主义文化拟子的广泛复制、繁衍从而最后彻底取代中国传统文化中的社群主义文化拟子而居支配地位？是否未来中国的经济和社会发展必然意味着经由中国传统文化演化而来的社群主义社会秩序的嬗变和瓦解？在中国加入 WTO 从而加速融入世界经济全球化进程的大趋势的过程中，随着中国社会内部市场经济体系的发育和法律制度的"建设"，是否在未来中国社会体系内部必定会有一个以"个人自由"和"个人自主"为特征的人的"个体性"（individuality）的形塑？格尔兹（Clifford Geertz）曾认为，"成为人就是成为个人"（Becoming human is becoming individual)，[1] 实际上内涵着这种意思。基于格尔兹的这一洞识，李泽厚（2000，第 2 页）先生最近似乎也对上述诸种问题给出了一个肯定的回答。另从费孝通（1947，第 69～75 页）先生在"血缘与地缘"一文中所提出的市场关系意味着人际关系的"陌生"和"疏离"，因而市场交换可能会撕裂建立在血缘和熟人关系上的"乡土社会"的理论洞识，我们似乎也可以得出相似的判断。但杜维明教授最近却似乎给出了一个相反的答案。鉴于儒家东亚的实际发展经验，他提出，"基于一种不断扩展的关系网络的社群主义，与现代性同样是相容的，假如不是更好地相容的话"（见 Tu，2001，第 212 页）。与杜维明教授的这一判断相接近，著名美国汉学家狄百瑞（Wm Theodore de Bary）似乎也对未来中国社会中的个人主义的兴起和社群主义的瓦解的判断持怀疑态度。他（de Bary，1988，p. 119）说："假如我的猜测是正确的，那么，新的中国'资本主义'也将会符合传统，即它将比典型的西方型的资本主义更少个人主义，或至少个人的作用是放在家庭生活与价值的构架中来看待的。"[2]

　　具体到当代中国社会，未来社会制序变迁走向中社群主义文化

---

　　[1] 相应地说，在中国数千年沿存下来的一种"无我"的文化传统中，"There is human-ness as we-ness, but there is no conception of an individual"。

　　[2] 这里应该补充说明的是，狄百瑞和杜维明教授这些早年的判断显然没有考虑到 20 世纪之交中国市场经济的迅猛发展，电脑和手机互联网的迅速普及，以及 20 世纪 80 年代到最近两年中国政府所强制实行的一胎化的计划经济政策，以及中国开放以来数百万中国留学生出国留学对中国社会和中国文化的长远的影响。而中国执政党当下主流的意识形态和思想教育，中国经济改革踟躇不前和反反复复，则在一定时间里会维系和延续中国传统文化中不注重尊重和保护个人权利的文化意识。故在当今世界和中国的社会发展格局中，真的无法预测未来中国社会的走向和中国文化的发展方向（2018 年元月 2 日增补）。

拟子和个人主义文化拟子的命运如何？目前似难以判断，也难以回答。但这里至少有一点也许比较清楚，那就是，中国未来必定沿着从习俗经济（初民共同体）、惯例经济（礼俗或宗法社会）向宪制化经济（法理社会）这一人类社会制序历史发展的一般行程而步履维艰地慢慢走向"法治国"（即 Lon L. Fuller 所说的"eunomy"——这个英文词源于一个希腊词"eunomia"，其含义为良好法治下的文明秩序）。[1] 在这一过程中，由数千年来传统文化濡化机制和数十年来行政控制经济社会工程实验中的意识形态灌输机制所共同形塑的，体现在当代中国人的行为、习惯、习俗、思想、言语和交往中的文化观念，将会逐渐发生变化，并在社会结构层面上出现某种程度的"失范"（anomie）[2]。随着中国加入 WTO，当代中国社会进一步开放，无疑也将会加快人们文化观念变化的速度。因此，在当代网络经济、信息经济和世界经济全球化加速发展的大趋势中，再谈"纯"中国文化，已似乎变得不太可能。即使可能，也将没有多少意义了。另外，我们也必须意识到的是，当代中国社会内部的经济、

———————————

[1] 相反，梁漱溟先生在 20 世纪所做"乡村建设"的实验，恰似表明了当代儒家逆这一历史潮流而从儒家教说来维系和"重构"传统中国的"伦理本位"社会结构的最后努力。（参见郑家栋，2001a，第 28、31、459 页）。与之相对照，当代儒家的另一位代表思想家牟宗三先生则采取了与梁漱溟完全不同的进路。牟先生更多地关注发掘儒家思想中积极的和创造性的东西（在牟氏哲学中由道德主体转变为知性主体即"内圣"），并从而在当代世界格局中使中国社会接引西方的科学与民主（外王）。譬如，在《政道与治道》一书中，牟宗三（1980，第 24～25 页）先生提出："政治的现代化，即得靠文化的力量，思想的自觉。所以，知识分子思想上的自觉是很重要的，依此而发动的文化的力量，教育的力量……这就是我们现代化的道路。"

[2] 这里我们借用著名法国社会学家涂尔干（E. Durkheim, 1902）提出的一个概念。在社会学中，"失范"意指社会秩序的失衡和道德规范的紊乱。

政治和法律制序已超越政府政治企业家（political entrepreneurs——诺思语）的"意向指导"而在潜移默化地演变着[1]。汇有数千年的传统文化资源，数十年行政控制经济的意识形态，以及二十余年经济改革中蕴生的市场观念的当代中国文化，也在世界经济全球化和世界多元文化的相互播化、冲突和交融的历史大背景中迅速演化着。在当今中国内部文化和制序相互作用的机制安排中，中国传统文化的濡化机制在形塑人们行为模式和生发现实制序变迁之张力方面的作用正在衰弱，而外来文化的播化功能似在增强。随着可口可乐化、麦当劳化以及国际上趋于规范化的工商惯例、市场交往方式、贸易形式、资本流动渠道，以及企业文化和管理理念的传入，中国社会内部制序变迁的速度正在加快，中国人的文化观念似乎正在向一种世界范围型构的"普世文化"和"普世伦理"接近，并且毫无疑问，也会向这一"普世文化"和"普世伦理"的型构贡献自己的精神资源［即从中国文化"拟子库"中向这一过程"注入"和"发散""拟子"，用杜维明（Tu，2001，第 109 页）教授的话来说，向这一过程提供"有普世意义的文化信息"］。由此看来，在 20 世纪 80 年代中期中国经济改革踟蹰不前时中国学界较普遍怀有的对传统文化会拖拽市场经济型构和发育进程的担心，似乎已变成了昨天的事。[2]

然而，从中国政治体制改革的现状和前景来看，中国传统文化

---

[1] 民营经济和民间的自发社会力量在当前中国社会的制序变迁中起了很大的作用，并将在这一过程中起着更大的作用。

[2] 然而，在中国改革开放 40 周年和中华人民共和国建政 70 周年的今天，昨天的事似乎又变成了今天的事，昨天的担心又在变成了今天的担心和未来的担心——2018 年元月 2 日补记。

中所潜涵的制序变迁的巨大张力，仍然将会在很长一段时期内拖拽中国社会的民主化进程。[1] 并且，笔者目前认为，没有一个民主化的社会机制，将不可能有一个良序的市场经济秩序。换句话说，政治机制的民主化，是一个良序市场经济运行的先决条件之一。对一个现代市场经济体系来说，政治的民主机制可能比刚性的专有产权（several property——哈耶克在《致命的自负》中的专用名词）结构还要重要得多。因为，没有刚性产权结构的市场经济，最多只是一个"名市场经济"（pseudo-market economy）；而没有政治民主机制的市场经济，却必定会是一个"腐败的市场经济"（corrupted-market economy）[2]。加之，一个名市场经济可以经由内部参与者

---

[1] 在思考中国未来的民主化进程时，从传统文化遗产的角度比较一下中、日文化的差异，将会甚有意思。学界一般均认同，日本的传统文化是在中国传统文化的播化过程中成长起来的，或者说早期日本文化受中国"天朝"文化的影响甚巨。论界也一般同意，当代日本的民主制度是日本二次大战战败后，在美军占领期间，由美国强行"注入的"或者说从"外部安装的"。然而，殊不知，与中国传统文化中的皇权专制文化观念遗产有很大不同，在古代日本神道文化中早就潜含"民主"的因子。据狄百瑞（de Bary, 1988, pp. 33～34）考证，在解释日本起源的《古事记》（Kojiki）中，就可以发现一种"多元创世观"和"神道民主"。按照日本人最早的神话传说，人们相信各个地区的各种神祇在每年第十个月都会举行一次会议，每个神祇都居住在自己的小神龛之中，仿佛是在围绕着主神龛举行一次会议。因此，许多论者称这是日本早期"神道民主"的一个"范例"。到了明治天皇时期，在早期日本文化中的"神道民主"的文化"谜拟子"上又生发出所谓的"五条誓约"。以现在的观点看，明治的这"五条誓约"是充满着民主精神的。正是原初日本文化中的这种"神道民主"和明治维新时代日本对西方政治体制的引进，使"日本人有能力迎接近代世界的挑战并且维持今天世界上最稳定的民主制度之一"（参 de Bary, 1988, pp. 78～79）。相比之下，在中国传统文化和中国人的主流意识中，似乎从来就没有生成"民主"的"文化拟子"。确切地说，即使一些中国早期思想家（如孟子）曾萌生了民主的思想萌芽，但在传统中国社会其"民主"的观念拟子也没有在人们的普遍意识中得以广泛复制和传播。

[2] 这里，我们自然会联想到英国历史学家和政治思想家阿克顿 （转下页）

的交换与交往自发地"耦生"出某种产权结构来，但一个腐败的市场经济却永远无力自发地萌生出它的运行所必需的政治民主机制来。在我们经由几十年的"革命"和"运动"，我们从某种程度上破坏了中国传统文化。然而，坐在中国传统文化的"篮子中"，我们却无能提着这个"篮子"把"篮子"扔掉。结果，我们是从有着"先天产权意识缺乏症"和"先天民主观念匮乏症"的传统中国礼乐文化精神性上，依靠法国大革命以来的建构理性主义（constructivisism），"引进"并"建设"出来一种有中国特色的行政控制经济（an administratively controlled economy）体制。而目前正在发育成长中的中国市场经济体系，又正在步履维艰地从政府的行政控制机制中挣脱出来。由于在我们数千年的礼俗社会中，我们的文化拟子库中，在我们的传统中，以致在我们的民族意识中，历来就同时缺乏"尊重他人产权（包括人的自身权利）"和"民

---

（接上页）（John Emerich Edward Dalberg-Acton）勋爵的那句名言："权利意味着腐败，绝对的权利，绝对的腐败。"（转引自林毓生，1988，第 290～291 页）当然，这却不能反过来断定一个社会有政治民主机制就不会有腐败的市场经济。印度不是既有着英国殖民统治者所遗留给它的形式上颇现代的政治民主机制，但同时又有一个腐败现象甚严重和普遍化的市场经济？同样，俄罗斯在 20 世纪 90 年代后也建构出了该社会内部的民主机制和私有产权制度，但一个众所周知的事实是，目前俄罗斯内部的"nomenklatura"（即从改革中获取暴利的"大款"和"新贵"们），也把整个俄罗斯经济"腐败"得够可以的了。同样，也不能以印度和俄罗斯的反面例子来否定民主化的政治机制和刚性的产权结构这两个现代市场经济的运行的先决条件。因为，没有这两个先决条件，就不可能有一个完备的市场经济。不单欧美现代化的市场经济运行的实践充分说明了这一点，日本、韩国、新加坡，中国香港和台湾地区的近几十年的经济社会演变史已说明了这一点。当然，经济增长可能与市场中的腐败没有直接的负相关关系。但至少我们不能由此就把腐败（用经济学的术语来说是"寻租"，即"rent-seeking"）视作制序变迁的一种必要的成本（necessary costs of institutional change）。

主"这两种观念拟子,[1] 这也就意味着,处于改革过程的当代中国社会构造安排中,目前仍相对匮乏现代市场运行的两个必要前提条件。[2] 因此,未来中国改革过程的命运必然是:它既是一个经济社会制序变迁过程,一个政治运行机制改革过程,同时也是一个文化演进过程。

未来中国的市场的发育和社会的进一步开放,以及中国经济在世界经济全球化中发展,已经开启并将继续在基本社会构造层面上形塑当代中国社会自己的现代化路径,也将加速中国社会的现代化

---

[1] 美国麻省理工学院的白鲁恂(Lucian Pye, 2001)教授最近指出,尽管儒家本身并没有创造出民主的历史事实,但这并不意味着儒学的价值观与支持民主的制度不相兼容。从日本、韩国的历史发展经验中,白鲁恂(Pye, 2001, p. 182;另参 Pye & Pye, 1985)归纳到,"儒家未能自发创造民主的事实,绝不意味着它不能容纳民主,就像它已经容纳了资本主义那样。因此,尽管我们的分析的焦点是儒家在自然创生民主过程中的阻碍作用,我们最终的结论却是相当乐观的:儒家价值观可以融受民主体制的运作"。然而,对未来中国大陆的社会改革来说,白鲁恂教授的这一断言也许只有有限的参考意义。另外值得注意的是,尽管亨廷顿(Samuel P. Huntington, 1991)曾在《第三波》中说明了儒家思想与民主不相兼容,但他也并未排除儒家社会民主化的可能性。他说:"任何主要文化甚至包括儒教都有一些与民主相容的成分,就像清教和基督教中含有的明显不民主的成分一样。儒家民主(Confucian democracy)也许是个矛盾的词语,但是,一个儒家社会中的民主则未必是。"(Huntington, 1991, p. 310)尽管我们可以接受白鲁恂和亨廷顿所认为的现代民主机制与儒家精神性是可兼容的理论洞识,但进一步的问题是:儒学的精神性与现代社会的民主机制和民主理念的契合和关联之处是怎样的?从一个有着深厚儒家文化历史场景的行政控制经济的集权体制向一个现代市场经济的民主体制过渡的路径又是怎样的?换句话说,从中国的有着深厚儒家文化历史场景的行政控制经济的集权体制,向一个现代民主市场经济的过渡中,儒家精神和中国传统文化遗产会起着一种什么样的作用?这些才是需要我们进一步思考的问题。

[2] 应该看到,在我国改革开放的过程中,尤其是随着民营经济这几年在中国经济体系内部的增长,一个良序市场所必须的这两个必要条件正在当代中国社会内部逐渐开始生成。

进程。目前仍处在传统文化场景（context）中的中国社会现代化进程，将会不断促使学界反思我们的文化场景，也迟早会再把文化与制序的相互关系的研究再次置放到中国思想界的书案前。

2002 年 9 月 21 日完稿于上海杨浦未名斋

2003 年 3 月 18 日修改

# 参考文献

傅铿，1990，《文化：人类的镜子——西方文化理论导引》，上海：上海人民出版社。

费孝通，1947，《乡土中国·生育制度》，北京：北京大学出版社 1998 年重印本。

冯友兰，1967，《新事论》，台湾商务印书馆。

金耀基，2002，《金耀基自选集》，上海：上海教育出版社。

李维森，1994a，《传统文化与现代化》，纽约：《知识份子》，第九卷，第 4 期。

李维森，1994b，《华夏传统文化阴影下的中国现代化道路》，墨尔本：《汉声》月刊，第 72 期。

李泽厚，1998，《论语今读》，合肥：安徽文艺出版社。

李泽厚，2000，《卜松山〈与中国作跨文化对话〉"序"》，载卜松山（Pohl，2000）。

梁漱溟，1921，《东西方文化及其哲学》，北京：商务印书馆 1999 年第 2 版。

梁漱溟，1987，《中国文化要义》，上海：学林出版社。

梁治平，1997，《寻求自然秩序中的和谐：中国传统法律文化研究》，北京：中国政法大学出版社。

林毓生，1988，《中国传统的创造性转化》，北京：生活·读书·新知三联书店。

罗钢、刘象愚（主编），2000，《文化研究读本》，北京：中国社会科学出版社。

马涛，2000，《儒家传统与现代市场经济》，上海：复旦大学出版社。

牟宗三，1969，《心体与性体》，三卷本，台湾中正书局，上海古籍出版社 1999 年重新出版。

牟宗三，1980，《政道与治道》，台北：台湾学生书局。

牟宗三，1997a，《中西哲学之会通十四讲》，上海：上海古籍出版社。

牟宗三，1997b，《中国哲学的特质》，上海：上海古籍出版社。

祁洞之，2001，《殷周之际"天""德""礼"的综合融通》，南京大学：未出版的博士论文。

秦晖，1999，《文化决定论的贫困：超越文化形态史观》，赵汀阳等，《学问中国》，南昌：江西教育出版社，第258～327页。

瞿同祖，1981，《中国法律与中国社会》，北京：中华书局。

邵汉明（主编），2000，《中国文化精神》，北京：商务印书馆。

万俊人，2001，《儒家美德伦理及其与麦金太尔之亚里士多德主义的视差》，《中国学术》，第六辑，第151～181页。

王海龙，2000，《导读一：对解释人类学的解释》，《导读二：细说吉尔兹》，载Geertz（1983），中译本，第3～63页。

王作新，1999，《汉字结构系统与传统思维方式》，武汉：武汉出版社。

韦森，2001，《社会制序的经济分析导论》，上海：上海三联书店。

韦森，2002a，《难得糊涂的经济学家》，天津：天津人民出版社。

韦森，2002b，《经济学与伦理学——探寻市场经济的伦理维度与道德基础》，上海：上海人民出版社。

韦森，2014，《语言与制序》，北京：商务印书馆。

许国璋，2001，《论语言和语言学》，北京：商务印书馆。

徐松石，1984，《基督教与中国文化》，香港：浸信会出版社。

杨国荣，2002，《伦理与存在》，上海：上海人民出版社。

杨玉成，2002，《奥斯汀：语言现象学与哲学》，北京：商务印书馆。

殷海光，2001，《殷海光文集》，四卷本，武汉：湖北人民出版社。

翟学伟，2001，《中国人的行动的逻辑》，北京：社会科学文献出版社。

郑家栋，2001a，《断裂中的传统：信念与理性之间》，北京：中国社会科学出版社。

郑家栋，2001b，《"超越"与"内在超越"——牟宗三与康德哲学之间》，《中国社会科学》第4期。

周国平，2002，《尼采论语言地形而上学》，《云南大学学报》，第2期，第23～30页。

周蔚、徐克谦，1999，《人类文化启示录》，上海：学林出版社。

Aoki, M., 2001, *Towards a Comparative Institutional Analysis*, Cambridge, Mass.: The MIT Press. 中译本：青木昌彦，《比较制度分析》，

周黎安译，上海：上海远东出版社 2001 年版。

Atran, S. , 2001, "The Trouble with Memes: Inference versus Imitation in Cultural Creation", *Human Nature* , vol. 12, No. 4, pp. 351~381.

Atran, S. , 2002, *In Gods We Trust: The Evolutionary Landscape of Religion* , New York: Oxford University Press.

Aunger, 2002, *The Electric Meme: A New Theory of How We Think* , New York: Free Press.

Austin, J. L . , 1975, *How to Do Things with Words* , Oxford: Oxford University Press. 中译本：奥斯汀，《如何以言行事》，杨玉成译，北京：商务印书馆 2013 年版。

Barnes, J. A. , *Three Styles in the Study of Kinship* , London: Tavistock.

Barthes, R. , 1985, *Eléments de Sémiogie* , Paris: Ed. de Seuil. 中译本：巴尔特，《符号学原理》，王东亮等译，北京：生活·读书·新知三联书店 1999 年出版。

Ballah, R . , *et al.* , 1985, *The Habits of Heart: Individualism and Commitment in American Life* , Berkeley Cal. : University of California Press. 中译本，贝拉等，《心灵的习性》，翟宏彪等译，北京：三联书店 1991 年版。

Benedict, R. , 1934, *Patterns of Culture* , Boston: Houghton Mifflin (1989) . 中译本：本尼迪克特，《文化模式》，张燕、傅铿译，杭州：浙江人民出版社 1987 年版。

Benedict, R. , 1946, *The Chrysanthemum and the Sword: Patterns of Japanese Culture* , Boston: The Riverside Press. 中译本：本尼迪克特，《菊与刀》，吕万和等译，商务印书馆 1990 年版。

Berger, P. L. , 1986, *The Capitalist Revolution* , New York: Basic Books, 2$^{nd}$ ed. 1991. 中译本，伯杰，《资本主义革命》，吴支深、柳青译，北京：经济日报出版社 1993 年版。

Berman, H. J. , 1983, *Law and Revolution: The Formation of the Western Legal Tradition* , Cambridge, MA. : Harvard University Press. 中译本：伯尔曼，《法律与革命》，贺卫方等译，北京：中国大百科全书出版社 1993 年版。

Binmore, K. , 1992, "Foundation of Game Theory", in J. -J. Laffont (ed. ), *Advances in Economic Theory* , Cambridge: Cambridge University Press.

Binmore, K., 1994, *Game Theory and Social Contract*, *Vol. I*: *Playing Fair*, Cambridge, Mass: The MIT Press.

Binmore, K., 1998, *Game Theory and Social Contract*, *Vol. II*: *Just Playing*, Cambridge, Mass: The MIT Press.

Blackmore, S, 1999, *The Meme Machine*, Oxford: Oxford University Press.

Bodde, D. & C. Morris, 1973, *Law in Imperial China*, Cambridge, MA.: Harvard University Press. 中译本：布迪、莫里斯，《中华帝国的法律》，朱勇译，南京：江苏人民出版社 1995 年版。

Boyd, R., P. Richerson, 1999, "Memes: Universal Acid or Better Mouse Trap?" paper for Conference on Meme held at Cambridge University, June, 1999.

Boyer, P., 1999, "Cognitive Tracks of Cultural Inheritance: How Evolved Intuitive Ontology Governs Cultural Transmissions", *American Anthropologist*, vol. 100, No. 4, pp. 876~889.

Chan, W-t, 1944, "The Story of Chinese Philosophy", in C. A. Moore (ed.), *Philosophy: East and West*, Princeton, NJ: Princeton University Press.

Clark, J., 1918, "Economics and Modern Psychology", reprinted in (1967) *Preface to Social Economics*, New York: Augustus M. Kelley, pp. 92~169.

Cupitt, D., 1997, *After God: The Future of Religion*, London: Weidenfeld & Nicolson.

Dawkins, R., 1982, *The Extended Phenotype*, Oxford: Oxford University Press.

Dawkins, R., 1989, *The Selfish Gene*, $2^{nd}$ ed. ($1^{st}$ ed. 1976), Oxford: Oxford University Press. 中译本：道金斯，《自私的基因》，卢允中等译，吉林人民出版社 1998 年版。

de Bary, Wm., T., 1988, *East Asian Civilization: A Dialogue in Five Stage*, Cambridge, Mass.: Harvard University Press. 中译本：狄百瑞，《东亚文明——五个阶段的对话》，何兆武、何冰译，南京：江苏人民出版社 1996 年版。

Dennet, D., 1995, *Darwin's Dangerous Idea*, London: Penguin Press.

Donnelly, J., 1985, *The Concept of Human Rights*, London: Croom Helm.

Durkheim, É., 1902, *De la Division du Travail Social*, Paris: Alcan. Eng. trans., *The Division of Labour in Society*, trans. by W. D. Halls, London:

Macmillan（1984）．中译本：涂尔干，《社会分工论》，渠东译，北京：生活·读书·新知三联书店 2000 年版。

Durkheim，É．，1919，*Les Regles De La Méthode Sociologique*，Paris：Alcan．中译本：迪尔凯姆，《社会科学方法的准则》，狄玉明译，北京：商务印书馆 1995 年版。

Edwards，R．R．，1986，"Civil and Social Rights：Theory and Practice in Chinese Law Today"，in R．R．Edwards，*et al*．（eds．），*Human Rights in Contemporary China*，New York：Columbia University Press．

Featherstone，M．，1990，"Global Culture：An Introduction"，*Theory，Culture & Society*，vol. 7．No. 2～3．

Foucault，M．，1974，*The Archaeology of Knowledge*，trans．by A．M．S．Smith，London：Tavistock．中译本：福柯，《知识考古学》，谢强、马月译，北京：生活·读书·新知三联书店 1998 年版。

Fukuyama，F．，1995，*Trust，The Social Virtues and the Creation of Prosperity*，London：Hamish Hamilton．

Fuller，L．L．，1954，"American Legal Philosophy at Mid-Century"，*Journal of Legal Education*，No. 6．

Gauthier，D．，1988，"Moral Artifice"，*Canadian Journal of Philosophy*，vol. 18，pp. 385～418．

Geertz，C．，1957，"Ritual and Social Change：A Javanese Example"，*American Anthropology*，vol. 59，pp. 991～1012．

Geertz，C．，1965，"The Impact of the Concept of Culture on the Concept of Man"，in J．R．Paltt（ed．），*New Views on the Nature of Man*，Chicago：University of Chicago Press，pp. 93～118．

Geertz，C．，1973，*The Interpretation of Cultures*，New York：Basic Books．中译本：格尔兹，《文化的解释》，纳日碧力戈等译，上海：上海人民出版社 1999 年版。

Geertz，C．，1983，*Local Knowledge*，New York：Basic Books．中译本：吉尔兹，《地方性知识》，王海龙等译，北京：中央编译出版社 2000 年版。

Goodenough，W．H．，1957，"Cultural Anthropology and Linguistics"，in *Report of the Seventh Annual Round Table Meeting on Linguistics and Language Studties*，ed．by P．Garvin，Washington D. C．：Georgetown University．

Greif，A．，1992，"Institutions and International Trade：Lessons from Commercial

Revolution", *American Economic Review*（*Papers and Proceedings*）, vol. 82, pp. 128~133.

Greif, A. , 1993, "Contract Enforceability and Economic Institutions in Early Trade: The Maghribi Coalition", *American Economic Review*, vol. 83, No. 3, pp. 525~548.

Greif, A. , 1994, "Cultural Beliefs and Organizations of Society: A Historical and Theoretical Reflection on Collectivist and Individual Societies", *Journal of Political Economy*, vol. 102, No. 5, pp. 912~950.

Greif, A. , 1999, *Genoa and the Maghribi Traders : Historical and Comparative Institutional Analysis*, Cambridge: Cambridge University Press.

Grice, H. P. , 1957, "Meaning", *Philosophical Review*, vol. LXVII.

Grice, G. P. , 1975, *Studies in the Way of Words*, Cambridge, MASS: Harvard University Press.

Halévy, É. , 1934, *The Growth of Philosophical Radicalism*, tr. by M. Morris, new ed. , London.

Hall, D. L . , R . T. Ames, 1987, *Thinking through Confucius*, State University of New York Press. 中译本：郝大维、安乐哲，《孔子哲学思微》，蒋弋为、李志林译，南京：江苏人民出版社 1996 年版。

Hall, D. L. , R. T. Ames, 1988, *Thinking from the Han: Self, Truth and Transcendence in Chinese and Western Culture*, Albany, NY: State University of New York Press. 中译本：郝大维、安乐哲，《汉思维的文化探源》，施忠连译，南京：江苏人民出版社 1999 年版。

Hall, D. L . , R . T. Ames, 1999, *Democracy of the Dead: Dewey, Confucius, and the Hope for Democracy in China*, Chicago: Open Court.

Hampden-Turner, C. , A . Troumpenaars, 1993, *The Seven Cultures of Capitalism: Value Systems for Creating Wealth in the United States, Japan, Germany, France, Britain, Sweden and the Netherlands*, New York: Currency Doubleday.

Harris, M. , 1964, *The Nature of Cultural Things*, New York: Random House.

Harris, M. , 1968, *The Rise of Cultural Theory*, New York: Crowell.

Hayek, F. A . , 1949, *Individualism and Economic Order*, London: Routledge & Kegan Paul. 中译本：哈耶克，《个人主义与经济秩序》，贾湛

等译，北京：北京经济学院出版社 1989 年版。

Hayek, F. A. , 1960, *The Constitution of Liberty*, Chicago：The University of Chicago Press. 中译本：哈耶克，《自由秩序原理》，邓正来译，北京：生活・读书・新知三联书店 1997 年版。

Hayek, F. A. , 1973, *Law, Legislation and Liberty：Rules and Order（I）*, Chicago：The University of Chicago Press.

Hayek, F. A. , 1976, *Law, Legislation and Liberty：the Mirage of Social Justice（II）*, Chicago：The University of Chicago Press.

Hayek, F. A. , 1979, *Law, Legislation and Liberty：the Political Order of a Free People（III）*, Chicago：The University of Chicago Press.

Hayek, F. A. , 1988, *The Fatal Conceit：the Errors of Socialism*, Chicago：The University of Chicago Press. 中译本：哈耶克，《致命的自负》，冯克利等译，北京：中国社会科学出版社 2000 年版。

Henrich, J. , R. Boyd & P. J. Richerson, 2002, "Five Misunderstanding about Cultural Evolution", unpublished paper.

Hobbes, T. , 1642, "De Give", in *The English Works of Thomas Hobbes*, vol. III, ed. by Sir W. Molesworth, London（1839～1844）.

Hughes, E. R. , 1937, *Chinese Philosophy in Classical Times*, New York：E. P. Dutton.

Hume, D. , 1875, *Essays on Moral and Political*, vol. II, ed. by T. H. Green & T. H. Grose, London.

Humphrey, N. K. , 1986, *The Inner Eye*, London：Faber & Faber.

Humboldt, W. von, 2001, *Wilhelm von Humbodt's Papers on Language Philosophy*, 中译本：洪堡特，《洪堡特语言哲学文集》，姚小平编译，长沙：湖南教育出版社 2001 年版。

Huntington, S. P. , 1991, *The Third Wave：Democratization in the Late Twentieth Century*, Norman：University of Oklahoma Press.

Keesing, R. M. , 1974, "Theories of Culture", reprinted in S. G. Redding（ed. ）, 1995, *International Cultural Differences*, Aldershot, USA：Dartmounth, pp. 1～27.

Kroeber, A . L . , C. Kluckhohn, 1952, *Culture：A Critical Review of Concepts and Definitions*, Cambridge, Mass. ：The Museum.

Levenson, J. R . , 1968, *Confucian China and Its Modern Fate*, Berkeley：

University of California Press. 中译本：列文森，《儒教中国极其现代的命运》，郑大华等译，北京：中国社会科学出版社 2000 年版。

Lévi-Strauss, C. , 1955, *Tristes Tropiques*, Paris: Librairie Plon. 中译本：列维-斯特劳斯，《忧郁的热带》，王志明译，北京：生活·读书·新知三联书店 2000 年版。

Lévi-Strauss, C. , 1962, *La Pensée Sauvage*, Paris: Librairie Plon. 中译本：列维-斯特劳斯，《野性的思维》，李幼蒸译，北京：商务印书馆 1987 年版。

Lévi-Strauss, C. , 1963, *Structural Anthropology*, New York: Basic Book. 中译本：列维-斯特劳斯，《结构人类学》，谢维扬、俞宣孟译，上海：上海译文出版社 1995 年版。

Linton, R. , 1936, *The Study of Man: An Introduction*, New York: D. Appleton-Century.

Lodge, G. C. , E. F. Vogel, 1987, *Ideology and National Competitiveness*, Boston: Harvard Business School Press.

Lovejoy, A. O. , 1960, *Essays in the History of Ideas*, New York: Capricorn Books.

Lukes, S. , 1973, *Individualism*, Oxford: Blackwell. 中译本：卢克斯，《个人主义》，阎克文译，南京：江苏人民出版社 2001 年版。

Macfarlane, A. , 1978, *The Origin of English Individualism: The Family, Property and Social Transition*, Oxford: Basil Blackwell.

Macfarlane, A. , 1987, *Capitalist Culture*, Oxford: Basil Blackwell.

MacIntyre, A. , 1984, *After Virtue*, Notre Dame, Holland: University of Notre Dame Press. 中译本：麦金太尔，《德性之后》，龚群、戴扬毅等译，北京：中国社会科学出版社 1995 年版。

Maine, H. S. , 1874, *Ancient Law: Its Connection with The Early History of Society, and Its Relation to Modern Ideas*, 5$^{th}$ ed. , London: Henry Holt and Com. . 中译本：梅因，《古代法》，沈景一译，北京：商务印书馆 1959 年版。

Maistre, J. de, 1821, *Du Pape*, bk III, ch. II, in *Oeuvres Complètes*, vol. IX, Paris.

Malinowski, R. , 1960, *A Scientific Theory of Culture and Other Essays*, Oxford: Oxford University Press. 中译本：马林诺夫斯基，《科学的文化理论》，黄剑波等译，北京：中央民族大学出版社 1999 年版。

Malinowski, R. , 1987, *What is Culture*? 中译本：马林诺夫斯基，《文化论》，费孝通译，北京：中国民间文艺出版社 1987 年版。

Mannheim, K. , 1960, *Ideology and Utopia*, Eng. trans. by Louis Wirth and Edward Shils, London：Routledge & Kegan Paul. 中译本：曼海姆，《意识形态与乌托邦》，黎鸣、李书崇译，北京：商务印书馆 2000 年版。

Marx, K. , 1844, 中译本，马克思，《〈黑格尔法哲学批判〉导言》，《马克思恩格斯选集》第一卷，北京：人民出版社 1974 年版。

Marx, K. , 1890, 中译本：马克思：《资本论》，第一卷，中共中央编译局译，北京：人民出版社 1975 年版。

Metzger, T. , 1977, *Escape from Predicament：Neo-Confucianism and China's Evolving Political Culture*, New York：Columbia University Press. 中译本：墨子刻：《摆脱困境：新儒学与中国政治文化的演进》，颜世安等译，南京：江苏人民出版社 1995 年版。

Milgrom, Paul, Douglass North and Barry Weingast, 1990, "The Role of Institutions in the Revival of Trade：The Law Merchant, Private Judges, and the Champagne Fairs", *Economics and Politics*. March, vol. 2, no. 1, pp. 1～23.

Mitchell, W. C. , 1910, "The Rationality of Economic Activity, I, II", *Journal Political Economy*, vol. 18 (Feb. ), pp. 97～113；(March) pp. 197～216.

Munro, D. J. , 1979, *Concept of Man in Contemporary China*, Ann Arbor, Mich. ：University of Michigan Press.

Nietzsche, F. , 1984, *Der Wille zur Macht*, Frankfurt：Verlag Ullstein Gmhh. 中译本：尼采，《权力意志》，张念东、凌素心译，北京：商务印书馆 1991 年版。

Nietzsche, F. , 1986, 《尼采美学文选》，周国平编译，北京：生活·读书·新知三联书店。

North, D. , 1981, *Structure and Change in Economic History*, New York：Norton. 中译本：诺思，《经济史中的结构与变迁》，陈郁译，上海：上海人民出版社/上海三联书店 1994 年版。

North, D. , 1987, "Institutions, Transaction Costs and Economic Growth", *Economic Inquiry*, vol. 25 (July) .

North, D. , R . P. Thomas, 1973, *The Rise of Western World：a New Economic History*, Cambridge：Cambridge University Press. 中译本：诺思，《西方世界的兴起》，厉以平等译，北京：华夏出版社 1999 年版。

Parsons, T. , 1971, *The System of Modern Societies*, Englewood Cliffs, NJ：

Prentice-Hall.

Pohl，K. -H.，2000，*Interkultureller Dialog mit China*，中译本：卜松山，《与中国作跨文化对话》，北京：中华书局 2000 年版。

Polanyi，K.，1957，*The Great Transformation*，New York：Rineholt.

Polanyi，M.，1958，*Personal Knowledge：Toward a Post-Critical Philosophy*，Chicago：The University of Chicago Press.

Popper，K.，1962，*The Open Society and Its Enemies*，vol. 1，4$^{th}$ ed.，London：Routledge & Kegan Paul.

Posner，R. A.，1992，*Economic Analysis of Law*，New York：Little Brow & Company. 中译本：波斯纳，《法律的经济分析》，蒋兆康译，北京：中国大百科全书出版社 1997 年版。

Pye，L.，M. Pye，1985，*Asian Power and Politics：The Cultural Dimensions of Authority*，Cambridge，Mass.：Harvard University Press.

Pye，L.（白鲁恂），2001，《儒学与民主》，《儒家与自由主义》，北京：生活・读书・新知三联书店。

Rawls，J.，1999，*The Law of People：With "The Idea of Public Reason Revisited"*，Cambridge Mass.：Harvard University Press. 中译本：罗尔斯，《万民法》，张晓辉等译，长春：吉林人民出版社 2001 年版。

Robertson，R.，1992，*Globalization：Social Theory and Global Culture*，New York：SAGE Publications.

Sandel，M. J.，1982，*Liberalism and Limits of Justice*，Cambridge：Cambridge University Press. 中译本：桑德尔，《自由主义与正义的局限》，万俊人等译，南京：译林出版社 2001 年版。

Saussure，F. D.，1949，*Cours de Linguistique Générale*，Paris：Payot. 中译本：索绪尔，《普通语言学教程》，高名凯译，北京：商务印书馆 1980 年版。

Saussure，F. de，1993，*Saussure's Third Course of Lectures on General Linguistics*，ed. & trans. by Eisuke Komatsu & Roy Harris，Oxford：Pergamon Press. 中译本：索绪尔，《普通语言学教程：1910—1911 索绪尔第三度讲授》，张绍杰译，长沙：湖南教育出版社 2001 年版。

Schneider，D.，1968，*American Kinship：A Cultural Account*，Englewood Cliffs，NJ：Prentice-Hall.

Schneider，D.，1972，"What is Kinship all about?" in P. Reinig（ed.），*Kinship Studies in the Morgan Memorial Year*，Washington D. C.：

Anthropology Society Washington.

Searle, J. R., 1965, "What is a Speech Act?" in S. Davis（ed.）, 1991, *Pragmatics*：*A Reader*, Cambridge：Cambridge University Press.

Searle, J. R., 1969, *Speech Acts*：*An Essay in Philosophy of Language*, Cambridge：Cambridge University Press.

Searle, J. R., 1979, *Expression and Meaning*：*Studies in Theory of Speech Acts*, Cambridge：Cambridge University Press.

Searle, J. R., 1995, *The Construction of Social Reality*, New York：Free Press.

Searle, J. R., 1998, *Mind*, *Language and Society*, New York：Basic Books.

Shelley, P. B., 1820, *Prometheus Unbound*：*A Lyrical Drama in Four Acts and Other Poems*. London：C. and J. Ollier.

Singer, M., 1968, "Culture", in *International Encyclopedia of Social Sciences*, vol. 3, pp. 527~543.

Smith, A., 1991, *National Identity*, London：University of Nevada Press.

Sperber, D., 1996, *Explaining Culture*：*A Naturalistic Approach*, Oxford：Blackwell.

Spiro, M. E., 1987, *Culture and Human Nature*, Chicago：University of Chicago Press. 中译本：斯皮罗，《文化与人性》，徐俊等译，北京：社会科学文献出版社 1999 年版。

Taylor, C., 1979, "Atomism", in Alkis Kontos（ed）, *Powers*, *Possessions and Freedom*, Toronto：University of Toronto Press, pp. 39~61.

Taylor, C., 1989, *Source of the Self*：*The Making of the Modern Identity*, Cambridge, Mass.：Harvard University Press. 中译本：泰勒，《自我的根源：现代认同的形成》，南京：译林出版社 2001 年版。

Tigar, M. E., M. R. Levy, 1977, *Law and the Rise of Capitalism*, New York：Monthly Review Press. 中译本：泰格、利维，《法律与资本主义的兴起》，纪琨译，上海：学林出版社 1996 年版。

Tönnies, F., 1991, *Gemeinschaft und Gesellschaft*：*Grundbegriffe der reinen Soziologie*, Darnstadt：Wissenschaftliche Buchgesellschaft. 中译本：滕尼斯，《共同体与社会：纯粹社会学的基本概念》，林荣远译，北京：商务印书馆 1999 年版。

Tocqueville, A. de, 1945, *Democracy in American*, New York：A. A. Knopf.

Tu，Weiming，1976，*Centrality and Community：An Essay in Chung Yung*，Honolulu：University of Hawaii Press.

Tu，Weiming，1985，*Confucian Thought：Selfhood as Creation of Transformation*，Albany，NY：State University of New York Press. 中译本：杜维明，《儒家思想新论：创造性转换的自我》，南京：江苏人民出版社1995 年出版。

Tu，Weiming（杜维明），1997，《一阳来复》，上海：上海文艺出版社。

Tu，Weiming（杜维明），2001，《亚洲价值与多元现代性》，北京：中国社会科学出版社。

Tylor，E. B.，1871，*Primitive Culture*，London：J. Murray.

Veblen，T.，1919，*The Place of Science in Modern Civilization and Other Essays*，New York：Huebsch.

Walzer，M.，1983，*Spheres of Justice*，New York：Basic Book.

Weber，M.，1978，*Konfuzianimus und Taoismus：Gesammelte Aufsätze zur Religionssoziologie*，Tübingen：Mohr. 中译本：韦伯，《儒教与道教》，洪天富译，南京：江苏人民出版社1995 年版。

Whitehead，A. N.，1929，*Process and Reality*，London：Macmillan.

Whitehead，A .N.，1938，*Modes of Thought*，Cambridge：Cambridge University Press. 中译本：怀特海，《思想方式》，韩东辉、李红译，北京：华夏出版社1999 年版。

Williams，R.，1958，*Culture and Society，1780—1950*，New York：Harper & Row.

Wittgenstein，L.，1921，*Tractatus Logico-Philosophicus*，London：Routledge & Kegan Paul（1961）. 中译本：维特根斯坦，《逻辑哲学论》，郭英译，北京：商务印书馆1962 年版。

Wittgenstein，L.，1967，*Philosophical Investigation*，trans. by G. E. M. Anscombe，3rd ed.，Oxford：Basil Blackwell. 中译本：维特根斯坦，《哲学研究》，李步楼译，北京：商务印书馆1996 年版。

Wittgenstein，L.，1977，*Culture and Value*，ed. by G. H. von Wright，trans. by P. Winch，Oxford：Basil Blackwell. 中译本，维特根斯坦，《文化与价值》，武汉：华中科技咨询公司1984 年印行。

Wright，G. H. von.，1963，*Norm and Action：A Logical Inquiry*，London：Routledge & Kegan Paul.

附　录

# 附录一
# 观念体系与社会制序的生成、演化与变迁[1]

　　哈耶克曾说："每一种 social order 都建立在一种 ideology 之上。"通过大范围、长时段地观察人类社会发展史，本文发现哈耶克的这一见解是有道理的。在人类社会发展的历史长河中，实际上是不同的社会观念在不同文明、国家的政治、经济、法律和社会制度的起源和变迁中起着关键性的作用。早在两三千多年前的古希伯

---

[1]　这篇文章最初成长自笔者为复旦大学经济学院方钦博士的新书《观念与制度：探索社会制度运作的内在机制》的序言，主要观点曾于 2018 年 12 月 13 日在北京召开的 INET-INSE Joint Conference on New Structural Economics 国际会议上用英文宣讲过。笔者感谢英国 Adair Turner 勋爵、Robert Johnson、沈联涛（Andrew Sheng）以及雷鼎鸣等诸位教授现场做的评论。笔者也于巴黎在由张伦教授所组织的一个中国留学生的小型研讨会上，宣讲过这篇文章的一些内容；并于 2019 年 4 月 26 日在天津松间书院的讲座中，用中文做过这篇文章主要内容的讲座，得到李炜光教授和书友们的许多有益的评论。也感谢林毅夫、张伦、田国强、郭苏建和笔者的好友著名的中国历史学者吴思先生的评论。张维迎教授阅读了这篇长文的最后定稿，提出了诸多意见和建议，纠正了我的一些打字错误和认识上的盲点，促使我对这篇文章做了诸多修改，这里特致谢忱！方钦博士在这篇文章的初稿形成时提出了一些信息和修改意见。我的学生、现在北京大学国家发展研究院执教的席天扬教授也提出了许多修改意见。陶丽君女士曾多次阅读了此文的几版文稿，提出了许多意见和修改建议，促使这篇文章的观点不断展开和理论讨论不断深入。李秀辉和杨荷博士也阅读了此文，并提出了一些评论和建议。这里谨一并致谢。但是，文中的所有观点均由笔者自己负责。

来、古希腊和古罗马社会就产生了私有财产的观念，有了土地财产的继承法。在西方社会私有财产制度已经有数千年的历史，但是在传统中国社会中，两三千年来就一直没有真正形成刚性的私有财产制度，这与数千年来在中国社会中演化产生的传统社会观念有关。西方国家普遍实行的代议制民主政制也是在欧洲中世纪经历了一个漫长的历史过程，在慢慢形成的社会观念中而构建起来的。未来中国要沿着自己现代化的道路建立起一个法治化的市场经济国家，从根本上来说还在于逐渐改变社会观念体系。

## 1. 引言：Every Social Order Rests on an Ideology?

1.1 在有文字记载的人类社会历史中，不同的国家、文明和社会总是有自己的政治、经济和法律制度，且在不同的历史时期，这些制度也不断发生着演化和变迁。即使在现当代社会，各国的政治、经济、法律、宗教和社会制度虽然存在许多共同的地方，但也有巨大的差异。用比较经济学的一个术语来讲，不同国家在不同时期的资源配置方式实际上差异很大。世界各国的政治、经济、法律、宗教与社会制度是如何产生的？为什么不同的国家在不同历史时期会有不同的政治、经济、法律、宗教与社会制度，以及不同的资源配置体制？人类社会的种种制度是如何形成、维系、演化和变迁的？人类社会历史上不同文明和国家社会变迁的最终动因是什么？这些都应该是社会科学的一些元问题。

1.2 20世纪40年代，在《通往奴役之路》这本书一开始，哈耶克就曾指出，"观念的转变和人类意志的力量，塑造了今天的世界"（见 F. A. Hayek，1944/2007，p. 66）。哈耶克所说的"今天的世界"，就是指当时西方各国的政治、经济与法律制度所构成的各国的不同社会制度安排。在 20 世纪 70 年代所撰写的《法、立法与自由》中，哈耶克也曾说过，"每一种'social order'都建立在一种'ideology'之上"（这句话的英文原文是："Every social order rests on an ideology"，见 Hayek，1976，p. 54）。在哈耶克之前，另一位奥地利学派的最重要的思想家路德维希·冯·米塞斯在其巨著《人的行为》一书中对此讲得更明白："任何社会事务的具体秩序都是一些'ideology'的结果"；"任何已有的社会秩序，都是在它实现以前被想出和设计出来的。'ideological factors'在时序上和逻辑上的领先，并不意味着人们像一些空想家（utopians）所做的那样，完全设计一个社会体制的完整计划，而必须预先想出来的，不是协调各个人的行动并将其纳入一个社会组织的整体系统之中，而是在考虑到其他人的行动——尤其是已经形成一些个人集团的行动——而协调诸多个人的行动"。最后，米塞斯认为，"任何存在的社会事务的状态，都是先前想出的一些'ideology'的产物"；"任何持存的统治制度（a durable system of government）必定建立在大多数人所接受的'ideology'之上"（Mises，1966，pp. 187～189）[1]。对此，米塞斯还进一步解释道："如果我们把'ideology'这个概念实体化或拟人化（hypostatize or anthropomorphize），我们可以说，'ideology'对人们有支配性的威能（might）"（Mises，1966，p. 188）；"构成政

---

[1] 现在看来，哈耶克在 20 世纪 70 年代之所以提出"Every social order rests on an ideology"，显然是受了他的老师米塞斯的观点的启发，尤其是米塞斯在《人的行为》这里的一些论述的影响。

观念体系与社会制序的生成、演化与变迁

府基础而赋予统治者用暴力压迫少数反对者集团之权力（power）的'实在的'因素和'实在的力量'，本质上是观念（体系）的、道德的和精神的"（同上，p. 189）。[1]

1.3　除哈耶克和米塞斯之外，另一位研究人类社会大范围制度变迁的经济学家道格拉斯·诺思在晚年也几乎达至了同样的认识。诺思最后认为，种种社会制度（social institutions）变迁的最终源泉和动力，取决于人们的信念和观念。为了说明这一点，诺思晚年曾发现并创造了许多新的术语，来解释这一道理。譬如，在1990年出版的《制度、制度变迁与经济绩效》一书中，诺思就提出：制度变迁的动力（亦可能是阻力和张力——这一点是诺思可能没有意识到的）和最终源泉，乃在于人们的"先存的心智构念"（preexisting mental constructs），从而诺思最终强调的是人们的信念（beliefs）、认知（cognition）、心智构念（mental constructs）和意向性（intentionality）在人类社会变迁中的作用。在2005年出版的《理解经济变迁过程》一书的"前言"中，诺思（North, 2005, p. viii）也明确指出："人类演化变迁的关键在于参与者的意向性（the intentionality of the players）。……人类演化是由参与者的感知（perceptions）所支配的；选择和决策是根据一些人们旨在追求政

--------

[1]　与米塞斯的认识相类似，英国政治学家和历史学家萨缪尔·E. 芬纳（Samuel E. Finer）在《统治史》中也指出："统治者如果不能使自己的统治合法化，就无法维持自己的权威，而这种合法化是通过信仰系统来实现的……如果今天的英国君主以君权神授为理由想拥有绝对权力，这是毫无用处的。但是在古埃及和美索不达米亚，这被当成是毋庸置疑的。如果统治者对权威的要求和社会上盛行的信仰系统不一致，他要么做出改变，让自己可以为信仰系统所接受，要么变得不合法而下台。信仰系统比当权者更强大，因为统治者之所以能够实施统治，正是借助于信仰系统。"（Finer, 1997, 中译本第一卷，第29页）

治、经济和社会组织目标的过程中的不确定性的感知中做出的。因而，经济变迁在很大程度上是一个为行为人对自身行动结果的感知所形塑的一个刻意过程（a deliberate process）。"在其后的分析中，诺思又一再指出："理解变迁过程的关键在于促动制度变迁的参与者的意向性以及他们对问题的理解"；"人们所持的信念决定了他们的选择，而这些选择反过来又构造（structure）了人类处境（human landscape）的变化"（North，2005，p. 3；p. 23）。

1.4　值得注意的是，中国经济学家林毅夫教授在英国剑桥大学马歇尔讲座讲演稿《经济发展与转型：思潮、战略与自生能力》（北京大学出版社 2008 年版）一书中，也提出了他对在人类社会种种制度产生和制度变迁的源泉和动因的理解，提出制度变迁的最终源泉取决于人们的思想和认识这一洞见。张维迎（2014）教授这些年也一直指出，人的行为不仅受利益的支配，也受理念的支配；社会的变革和人类的进步基本上都是在新的理念推动下出现的，没有理念的变化，就没有制度和政策的改变；中国过去三十多年所取得的成就，是理念变化的结果，中国的未来很大程度上取决于我们能否走出一些错误的理念陷阱。


## 2. 什么是"ideology"和"social orders"，二者应该如何准确翻译？

2.1　如果说许多思想家都认为每一种"social orders"都是建立在一定的"ideology"之上，那么，到底什么是"ideology"？什么是哈耶克、米塞斯和晚年诺思、瓦利斯及温加斯特均专门使用的

"social orders"？尽管这两个词都有现成的中文翻译，但我们必须从根本上对此做一些词源上的考证，才能进一步理解为什么这些思想家有这样一种判断，也才能理解人类社会为什么会出现不同经济、政治、法律和宗教的制度，才会慢慢梳理出人类社会变迁的原因和动力在哪里。

2.2　首先，让我们理一下"ideology"这个概念。自 20 世纪 60 年代以来，在国内，几乎大多数学者均不加思考地把它翻译为或认作"意识形态"。但是，自民国时期以来，在中国大陆、港台和海外华人的知识界，对这个词的法文、德文和英文中，共有的概念有各种各样的译法。由于这个词很难精确地用一个汉语来对译它的含义，民国时期的许多学者（如：李达，1937）一开始把它音译，如把它翻译为"意德沃罗基"。哈耶克的关门弟子林毓生先生则主张用"意蒂牢结"来对译这个概念。而米塞斯《人的行为》的翻译者经济学家夏道平先生在这部著作中把它翻译为"意理"。

2.2.1　要弄清"ideology"这个西方文字中的概念到底如何翻译为中文才更合宜，关键还在于要从词源上弄清这个概念是怎么产生和演变的，以及在西方语言文字中的含义到底是什么。据考证，"ideology"是由法国哲学家、政治家安托万·德斯蒂·德·特拉西（Antoine Destutt de Tracy，1754～1836）在 1817～1818 年所出版的五卷本的 *Eléments d'idéologie* 一书中最早创生出来的。这个词的法文是"idéologie"。在德语世界中，应该是马克思根据特拉西所使用的这个法文词而最早在德语中使用了"ideologie"这一概念的。马克思与恩格斯一起，在 1845～1846 年创作了一部巨著 *Die Deutsche Ideologie*（中文本现在被翻译为《德意志意识形态》），

之后这个词在德语中开始流行起来。从词源上来看，法文的
"idéologie"（英文为"ideology"，德文为"ideologie"）是由
"idéo"加上"logie"构成的，而法文"idéo"和英文的"idea"均
来自希腊语的"ιδέα"，即"观念"或"理念"，这个希腊词也有中
文"信念"（beliefs）的含义。《维基百科》对"ideology"这个词的
解释是："An ideology is a collection of ideas or beliefs shared by a
group of people. It may be a connected set of ideas，or a style of
thought，or a world-view"，维基百科还进一步解释道："There are
two main types of ideologies：political ideologies，and epistemological
ideologies. Political ideologies are sets of ethical ideas about how a
country should be run. Epistemological ideologies are sets of ideas
about the philosophy，the Universe，and how people should make
decisions. "根据维基百科的这种解释和定义，再根据西方人实际使
用这个词的意指，我觉得应该把这个词翻译为"观念体系"，因为
这个词本身并不含有"形态"的意思，而是一套"观念"。因为，
一套观念也不是个人的（尽管可以是个人创造的），而是被一群人
所接受和信奉的，因此这个西方语言中所共有的词，也可以翻译为
"社会观念（体系）"。

2.3 从这个法文、德文和英文词的原初含义来看，它既没有
"意识"（英文为"consciousness"或"awareness"，法文为"conscience"，
德文为"Bewusstsein"）的意思，本身也并不具有"形态"（英文为
"form""shape""morphology"）的含义，但为什么现在国内学界
被人们所广泛接受为"意识形态"的译法？据一些研究者考证（董

学文、凌玉剑，2008；刘霞，2013），"ideology"被翻译为中文的"意识形态"，是从日本马克思主义经济学家河上肇的《马克思的社会主义理论体系》一文中的日文译法借用来的。在中国当代社会历史上，是一位民国时期的学者陈溥贤发表于 1919 年 5 月 5 日《晨报副刊》上的《马克思的唯物史观》一文中最先使用的。接着，中国共产党的创始人之一李大钊在发表于 1919 年的著名论文《我的马克思主义观》文章中，也随陈溥贤把马克思《〈政治经济学批判〉导言》中的一段话在中文翻译中使用了"意识形态"这个词。但是，今天我们知道，马克思和恩格斯是在 1845～1846 年写作 *Die Deutsche Ideologie* 一书中开始使用 Ideologie 个词的，但在 1857 年写作的《〈政治经济学批判〉导言》一书中，马克思并没使用"Ideologie"，而主要使用了"Gesellschaftliche Bewuβtseinsformen"，这个德文词组在英译中被翻译为"forms of social consciousness"，很显然这个德文词组恰好应该翻译为"社会意识形式"。在《〈政治经济学批判〉导言》中，马克思确实使用了"Ideologischen Formen"（英译为"ideological forms"）一词。但是，由于"ideology"本身源自"idea"，并没"意识"的含义，现在看来也不宜把它翻译为"意识形态"或"意识形式"，而应该把它翻译为"观念诸形式"或"观念诸形态"。后来，胡汉民[1] 于 1919～1920年在《建设》杂志上发表《唯物史观批评之批评》一文中，将马克

---

[1] 胡汉民（1879～1936）为中国近代民主革命家，中国国民党的早期主要领导人之一，曾任过国民党党主席。1919 年之后，胡汉民专心在上海创办《建设》杂志。1919 年 9 月至 1920 年 7 月，他在《建设》杂志上发表了 10 篇文章，致力于对马克思的唯物史观的研究和宣传。

思唯物史观公式中那段话中的"Gesellschaftliche Bewußtseinsformen"翻译为"社会的意识形态",而将"Ideologischen Formen"翻译为"观念上的形态"。胡汉民的这一理解和翻译今天看来是比较精确的。

2.3.1　另据刘霞(2013)博士等学者的考证,对于"Ideologie",在民国时期中国学界也曾有"社会思想""观念"等多种译法。譬如,瞿秋白就曾把"ideologie"翻译为"社会思想"。同样,他在翻译俄国郭列夫的著作《唯物史观的哲学》(初版于1927年,原名《无产阶级之哲学——唯物论》)一书时,就把"Ideologie"翻译为"社会思想",并把宗教、哲学、科学、艺术称为"各种'思想'的形式"。民国时期另一位学者许楚生翻译的布哈林《唯物史观与社会学》(1929年版)一书,曾把"Ideologie"译为"观念"。1941年上海珠林书店出版了周建人(克士)翻译的马克思和恩格斯的 Die Deutsche Ideologie 的部分章节,也把这本书翻译为《德意志观念体系》。今天看来,周建人以及民国时期的一些其他学者把"ideology"翻译为"观念体系"是比较准确和合适的。另据刘霞博士考证,1949年后,"Ideologie"曾一度被翻译为"思想体系","Ideologischen Formen"被翻译为"思想形式"。1954年莫斯科出版的《马克思恩格斯文选》中译本,就将《序言》里的"Gesellschaftliche Bewußtseinsformen"译成"社会意识形态",而"Ideologischen Formen"则被译成"思想形式"。在《列宁全集》中文版里,"Ideologie"多半被翻译为"思想体系"。从1955年出版的苏联罗森塔尔和尤金编的《简明哲学辞典》译本和其他一些出版物中,我们可以了解到,该书的中文翻译者一度把马克思和思格斯

观念体系与社会制序的生成、演化与变迁

的 *Die Deutsche Ideologie* 一书的书名译为中文的《德意志思想体系》（见刘霞，2013，第 40 页）。正是因为这一点，毛泽东在 1949 年前的著作和文章中，从未出现过"意识形态"字眼，但却多次出现德文"Ideologie"意义上的"观念形态"和"思想体系"等词语（见刘霞，2013，第 41 页）。

    2.3.2　在中国最早把马克思和恩格斯著作中的"Ideologie"翻译为"意识形态"的，是我国文艺理论家、作家邵荃麟[1]。但真正把马克思和恩格斯的 *Die Deutsche Ideologie* 一书确定翻译为中文书名《德意志意识形态》，始作俑者却是郭沫若。1935 年至 1937 年艾思奇在上海参加编辑《读书生活》杂志时，曾写过《非常时的观念形态》一文，文中谈道："观念形态，也有人写做'意识形态'，两个名词意思全然没有分别，是大家知道的。它所包括的东西，就是文学、哲学、科学、宗教、道德、法律之类，总之，是和社会的物质组织（如经济组织、政治组织、军事组织之类）相对待的东西"；"能够代表某一集团的共同意识的形式，就是意识形态，或观念形态".[2] 但到这时，"意识形态"，"观念体系"或"观念形态""思想体系"的中译法还不统一。但是，郭沫若于 1938 年 11 月在

---

    [1]　邵荃麟于 1937 年 2 月在南京《时事类编》第 5 卷第 3 期刊载的。《社会意识形态概说》，即《德意志意识形态》第 1 卷摘译。

    [2]　中国哲学家贺麟先生在为黑格尔《精神现象学》所写的"译者导言"中指出，"德文'Ideologie'一字一般译作'意识形态'，也常译作'思想体系'或'观念体系'。这个字不见于黑格尔的著作中。但是精神现象学中所最常见的一个术语，就是'意识形态'（*Die Gestalten des Bewusstseins*，'形态'二字常以复数出现，直译应作'意识诸形态'）这一名词。每一个精神的现象就是一个意识形态，因此'意识形态'可说是'精神现象'的同义语"［见黑格尔《精神现象学》（上卷），贺麟、王玖兴译，译者导言，北京：商务印书馆，1979 年出版，第 20～21 页］。

上海言行出版社出版的马克思和恩格斯的 *Die Deutsche Ideologie* 这部著作的中译本，出版时最后把书名定作为《德意志意识形态》，这影响了中国大陆学界和官方的后来的翻译和认识[1]。按照《中国翻译通史（现当代部分第一卷）》（马祖毅，2006，第 73 页）的考证，20 世纪 50 年代后期，在中共中央编译局翻译出版《马克思恩格斯全集》时，曾"指派长期从事马列著作翻译的谢唯真承担《德意志意识形态》的全文翻译，并给他配了几个年轻助手。今天我们知道，这部著作的全译本，最初是他们根据俄译并参照德文译出的。在翻译过程中，遇到难处理的地方，他们就拿郭沫若的译本作参考。书名的翻译，首先是一难。如何译出原意，谢唯真及其几个助手绞尽脑汁，也想不出更好的译法，只好沿用郭沫若译的书名（即 1938 年由上海言行出版社出版的《德意志意识形态》——韦森注）"（刘霞，2013，第 40 页）。之后法文、德文和英文中的"ideology"才在国内官方文件和社会科学的术语中被统一翻译为"意识形态"，并随后在中国出现了不断将"ideology"扩大化和泛化的趋势，成了当代中国社会科学理论中的一个重要术语，之后这个中文词也收入了《新华字典》和《现代汉语词典》。

2.3.3 尽管西方文字中尤其是在马克思和恩格斯的早期著作中"ideology"自 20 世纪 50 年代后期以来，在汉语世界里已经被人们普遍接受为"意识形态"，但是从以上对这个词的含义和词源

---

[1] 据刘霞博士考证，郭沫若于 1938 年 11 月在上海言行出版社出版的《德意志意识形态》，其实初译于 1931 年，原名仍为《德意志观念体系论》，在书中的用词仍然是"观念体系"。但在上海言行出版社 1938 年出版郭沫若翻译的马克思和恩格斯这部著作的中译本时，书名却被改为《德意志意识形态》，这到底是郭沫若的本意，还是出版社的意思？现在就不得而知了（刘霞，2013，第 40 页）。

观念体系与社会制序的生成、演化与变迁

的考证中，我们已经知道，将它翻译为"意识形态"实际上并不合适。从西方文字这个词本身的"a set of ideas"基本含义来看，按照近代和民国时期的一些学者的主张，把它翻译为"观念体系"，至少还是比较靠谱的。由于这个词本身并不是一个人的"ideas"，而是由社会众多人所接受和信奉的"ideas"，也可以把它理解为"社会观念（体系）"，即"social ideology"。

2.4　在对"Ideologie"的含义及其中译法做了上述探究后，我们再来看英语中的"social orders"这个概念。在米塞斯、哈耶克英文著作中，以及在道格拉斯·诺思、约翰·瓦利斯和他的合作者晚年的著作中，这些大思想家在晚年均大量使用了"social orders"这个概念；在德国社会学家马克斯·韦伯的著作中，他一直大量使用一个德文词"Gesellschaftordnung"，其对应英语词组也恰恰是"social orders"。在林荣远先生翻译的韦伯的《经济与社会》一书中，德文词"Gesellschaftordnung"一律被翻译为"社会制度"。这主要是因为德文"Ordnung"本身就有中文中的"制度"和"秩序"双重涵义。实际上，即使在英文中，"order"一词本身也具有中文中"制度"的含义。譬如，按照《新牛津英汉双解大辞典》对"order"的解释，这个单词在英语中本身就有"a particular social, political or economic system"的含义。在这个词这种含义的例释中，该词典就有"the social order of Britain"，并接着用中文具体解释为"英国的社会制度"。德语的"Ordnung"和英语的"order"的这种含义，尤其是德语的"Gesellschaftordnung"和英语的"social orders"这两个词组的这重含义，常常被中国的学者所忽视。结果，在哈耶克晚期著作——如 *The Constitutions of Liberty*

（Hayek，1960）和 *Law，Legislation and liberty*（Hayek，1982）等著作中，以及在诺思、瓦利斯和温加斯特的 *Violence and Social Orders*（North，Wallis and Weingast，2009）及其后来的几本著作中，大量使用的"social orders"概念，均被翻译为"社会秩序"，今天看来，这种直译法是有问题的，无论是哈耶克、米塞斯、诺思、瓦利斯、温加斯特等这些思想家在使用"social orders"这一概念，决不是在中文的"社会秩序"（反义词是"social disorder"）概念上使用的，而是指一种"a particular social，political or economic system"。从现有的汉语词汇中，我反复琢磨，即使把哈耶克、诺思等学者中的"social orders"翻译为中文的"社会制度"，实际上也比翻译为"社会秩序"（反义词是"社会无序"和"社会动乱"）更接近作者的原意。

2.5　正是因为考虑到东西方语言中的这一差异，在 2001 年回国执教后，我在汉语中新创了一个"社会制序"的概念（韦森，2001，2002，2014）。我最早创出这个词，首先感觉到英语和西方文字中的"institution"的概念，是远比中文的"制度"概念的含义丰富得多的一个概念。以拉丁语为共同祖先的均质欧洲语中的"institutions"一词有多种含义。除了"组织""机构"和中文中的"制度"〔当代著名语言哲学家塞尔（John R. Searle）和著名经济学家诺思（Douglass North）以及哈耶克（F. A. von Hayek）基本上是在中文"制度"含义上使用"institutions"一词的〕外，这个词还涵有"习惯"（usage）、"习俗"（custom）、"惯例"（practice，convention）、"规则"（rule）、中文的"建制"和"制度"（英文中含义较对应的词为"constitution"）、法律（law）、法规

（regulation）等义。近些年来，笔者一再指出，把西方语言中的"institution"翻译为"制度"是不合适的，会造成并已经造成中国经济学界的一些理论话语（discourse）问题和混乱。经过多年的反复揣摩，我觉得最能切近或精确界定西方文字中的"institution"一词的，还是《牛津英语大词典》中的一种定义："the established order by which anything is regulated"。《牛津英语大词典》中的这一定义翻译成中文是："（由规则）调节着的建立起来的秩序"，即我们可以把它理解"由制度规则调节着的秩序"。这一定义恰恰又与哈耶克在《法、立法与自由》中所主张的"行动的秩序"是建立在"规则系统"基础之上的这一洞识不谋而合。现在看来，若把德文词"Gesellschaftordnung"翻译为中文的"社会制序"，正好也对应"social institution"这一主要含义。因为，中文组合词"社会制序"恰恰综合涵盖了德文"Gesellschaftordnung"以及英文中"social orders"一词中的"制度"与"秩序"两个层面的涵义。人类社会中"制度"和"秩序"，不像自然界和其他生物和动物界中的"秩序"（orders）一样，是有着人类的意志建构和规则约束的意思在其中，是由制度规则所调规着的秩序，一个社会运作的系统和体系，因而，使用"社会制序"这个概念，以区别自然界和生物和动物界的"自然秩序"，又区别中文中不发生社会动乱和社会混乱无序的"社会秩序"一词的含义，看来是再恰当也不过了。

## 3. 观念体系与不同社会制序的生成、演化与变迁

3.1 弄清了"ideology"和"social orders"概念及其中文的确

当翻译，我们就可以进一步分析不同历史上乃至不同文明和国家的社会制序的生成和演变的内在机理和机制了。

3.2 人类采取一种什么样的方式来组织社会，构建一个什么样的国家制度和政府管理形式，国家如何管理和治理社会，乃至人们到底如何组织生产、交易并进行收入分配和消费，以及人们选择、接受、顺从和按照一种什么样的生活方式进行实际生活，完全取决于社会中的大多数人相信什么，取决于人们的认知、理念和文化信念。这也就是说，不同的社会观念决定了不同社会制序的式样。

3.3 为什么是如此？这是因为人是有理性、有自由意志并能进行个人和集体选择的一种动物，人类要生活、生存、交往和延存下去，就要组织成一定的社群、部落、社会和国家[1]，会通过结合

---

[1] 说到"国家"，在中文中只有一个词，但在英文和西方文字中则有三个词："state""nation""country"。我自己揣摩，"state"严格来说应该翻译为"政国"，"nation"应该翻译为"族国"，而"country"应该翻译为"域国"。但在当代政治学和社会学中，主要是用"state"来指一个国家（在英语中，人们常常用它来指称政府）。人们一般相信，19世纪到20世纪，"nation-state"在欧洲历史上的形成，正是人类诸社会现代化的一个重要组成部分。在政治学中，这个组合词一般被翻译为"民族国家"（塞缪尔·E. 芬纳认为，是法国人最早发明了"现代'ideology'"这个概念，同时也发明了"民族国家"的概念。他还具体界定说："所谓民族国家，就是属于一个民族，而不是一个王朝和外来势力的国家。"见：Finer，1997，中译本，第一卷，第95页）。在1903年出版的《欧洲政体的发展》一书中，剑桥大学著名的经济学家和伦理学家亨利·西季维克（Henry Sidgwick，1903）也曾使用过"country-state"这个表述，这个词看来只能被译为"疆域国家"。在人类社会历史上，自1299年到1922年存在600多年的奥斯曼帝国，显然就是一个"疆域国家"。在欧洲历史上，也在很长的历史时期中存在过许多"city-states"，如古希腊时期的雅典、斯巴达等，以及在意大利统一前的威尼斯、热那亚、佛罗伦萨等。而"city-states"只能被翻译为"城市国家"或"城邦国家"。在中文中，从词源上考查"國"的词义，可知"國"最早作都城、城邑讲。甲骨文的"或"即"國"。"或"从"戈"从"口"，"戈"是武器，亦是军队；"口"为四方疆土，亦像城。"國"本身近于城墙之形，孙海波释"或"谓"國像城形，以戈守之，國之义也，古國皆训城"（袁建平，2013，第41页）。袁建平还（转下页）

成一定的社会经济组织，并制定和遵从一定社会规则，来进行生产、交易、交往和生活。生活在不同疆域上的人类群体要组织成国家，以及某一时期的一个国家要采取什么样的政治、经济和法律制度，那就要取决于社会中的大多数人相信什么，认为该如何安排自己的生活和生存。于是，在人类社会漫长的历史演变中，在不同的疆域上就形成了不同的族群和国家，也在不同的文化和文明中慢慢形成了观念，也同时演化生成了各国不同的政治、经济、法律、宗教与社会制度。在世界各国进入近代社会之后，西方思想界开始讨论一些人类当如何生活和生存的问题，一些思想家也创生出了人类当如何生活，如何生活会更幸福的理论观念，这些思想观念慢慢被社会大多数人所接受，于是就发生了巨大的社会变迁，在西方各国慢慢建立起了现代的政治、法律和市场经济制度。

3.4 当然，作为文艺复兴和启蒙运动的副产品，在西方思想界也曾出现一些思想家设想了如何组织人类社会生活的非同于

---

（接上页）认为，邦国是初始的早期国家，之后的方国是典型的早期国家，方国晚期则为过渡形态的早期国家——准王国阶段。袁建平认为，中国古代国家的演进历程更准确的表述应为"邦国—方国—王国—帝国"四个阶段，而不是"古国—方国—帝国"或"邦国—王国—帝国"三部曲。他认为，邦国是以古城为中心的小国寡民式的地方性国家，是中国早期国家第一阶段——初始的早期国家阶段，大体相当于前3500年至前2500年间；地处长江中游的澧阳平原经历约2000多年的社会复杂化历程，距今约5500年步入邦国阶段。方国是邦国的联盟体，即由一个较大的核心邦国联合周边的邦国或武力征服使一些邦国处于从属或半从属地位的地区性国家，是早期国家的进一步发展，时间大致为前2500～前2000年，方国为早期国家的中国模式（同上）。至于现代汉语中的"国家"一词，从词源上看，目前我们所知道的是最早在《周易·系辞下》出现的："是故君子安而不忘危，存而不忘亡，治而不忘礼，是以身安而国家可保也。"在古汉语中，诸侯之封地为"国"，大夫之封地为"家"，合用表示皇帝统治的天下，略等于现在说的"全国"。

约翰·洛克（John Locke，1632～1704）和孟德斯鸠（Charles Montesquieu，1689～1755）等启蒙思想家的一套社会理念或言观念体系，并在19世纪中期的法国和世界其他各国进行过各种全新的社会实验。这包括1871年在法国短暂出现的巴黎公社，以及自20世纪初开始到80年代从俄罗斯到苏联，以及到东欧各国所进行的世界范围的计划经济国家模式的实验。在经过几十年的中央计划经济这种社会经济体制的实验后，人们发现这种组织人类社会生活的计划经济体制模式是低效率的，于是就导致了苏联的改革，转制和解体，东欧国家的转制，以及中国的市场化改革。

3.5　通过大范围地回顾人类社会发展史，我们不得不承认，正是生活在不同疆域上的人们的共同认识和信念，尤其是夺取和掌握了国家权力的人（们）和集团所提出的一套观念体系，决定了一定时期一个国家的政治、经济和法律制度。当社会的大多数人的观念和信念发生了变化，那个社会的变革也就会到来了。

3.6　正是在一个疆域上的人群在其社会大范围的演进中逐渐形成了一套关于国家如何管理，经济如何运行，人们如何生活和生存，乃至发生社会冲突后该用什么样的社会规则和约束机制来保证该社会运行的一套"理念""观念"和"信念"，即"观念体系"。有了一定的社会观念体系，人们才按照其来构建由一定的经济、政治、法律、宗教和社会制度所构成的特定的社会制序。尤其是自中世纪开始，西方各国逐渐形成了人类社会当如何生活和生存一套现代的政治、经济和法律的信念或言"观念体系"，才发生了西方各国的现代社会转型。这也就是今天人们所说的世界各国的现代化过程。这正符合哈耶克所说的"观念的转变和人类意志的力量，塑造

观念体系与社会制序的生成、演化与变迁

了今天的世界"这句话的意思。尤其是美国这个现代最发达的国家，最初也是由一些有着共同信念和信仰的清教徒，在一块人口稀少的印第安人居住地上，依照他们的共同理念而建构出来的一个现代国家，建立起由民选总统、三权分立、权力制衡和联邦制的政治制度，以英国普通法为主体并吸收欧洲大陆制定法的成分而构建法律制度，并采取了保护个人权利、私有产权、自由企业和自由交易的市场经济制度。甚至20世纪初，从俄罗斯十月革命后所建立的苏维埃国家政权开始，在世界范围内进行的几十亿人口的中央计划经济的实验，无疑也是按一整套观念体系构建出来的一种社会制序。今天回过头来看，苏联时期的计划经济模式，或斯大林模式、南斯拉夫的市场社会主义模式、匈牙利模式、东欧其他国家，以及中国在计划经济时期的经济与社会体制，无疑也是按照从马克思、恩格斯、列宁、斯大林、铁托、毛泽东等革命领袖人物所创生和演绎出来的一套理论观念和信念体系，构建出来的一整套的政治、经济、法律的形态有同也有异的社会制序。从这个角度上来看，人类社会和世界各国在一定历史时期所存在的社会制序，主要是根据一定的社会观念体系而建构出来的。[1]

　　3.6.1　当然，在人类近代社会历史的演变过程中，按一些观

---

　　[1]　*萨缪尔·E. 芬纳*在《统治史》第一卷的概念性序言曾还指出，"法治政府"的观念是古希腊哲学家亚里士多德最早提出来的，但直到罗马帝国才得到实现："罗马帝国最新颖、最持久的发明是'法治国'的概念。个人受法律制约，至少在原则上是如此。罗马帝国接受罗马共和国的问责制概念，发明了一些制度，使统治者可以挑战帝国代理的行为是否合法。无论这些代理是行省总督，还是像国库这样的机构。是法律至上，还是个人至上，亚里士多德所勾画的'法治政府'，而不是'人治政府'在罗马帝国得到了实现。"（Finer, 1997, 中译本，第一卷，第 93 页）

念体系创造，由思想家和统治者个人的理念所人为构建的政治、经济与法律制度，在社会的实际建构时可能会走样，在现实的制度变迁过程中，一些错误的理念所导致的制度建构并不能完全在社会现实层面上实行，从而不断地为现实所修正，因而会发生一定的变异。即使能按照一定的社会理想模式将其付诸实施并建构出一定的制度安排，但因为这些政治的、经济的和法律的制度并不符合人类社会运行的基本法则，而导致经济衰退、政府官员腐败、社会衰朽，直至最后整个社会的解体。人类历史上的一些开始非常强大的帝国或国家也随之灭亡或解体了。在人类社会历史上，罗马帝国、拜占庭帝国、奥斯曼帝国、元帝国的最后分裂和解体，都是人类社会历史上的一些例子。即使在当代，苏联的解体以及俄罗斯和东欧原中央计划经济国家的转制，也都是鲜活的例子。

3.7 从不同文明和国家的历史演变来看，各种文明和社会都会自发地衍生出商品交换和市场交易，也都会产生出各种各样的货币来作为市场交易的媒介和支付手段。由此可以说，各种文明和社会的经济制度有大致相同的地方。但是，就不同的文明和国家对市场的管理和政府管制机构和方法的设置来看，又有很大的不同。就连货币制度和货币形式，在世界各国历史上实际上也有很大的不同。同时不同文明和社会在不同的历史时期对商品交换和市场贸易的观念也有很大不同。因此，用今天的话来说，不同文明和国家的市场经济制度虽有共同之处，但实际上也存在很大的区别。

3.8 不但在整个社会制序安排上，人们的信念——尤其是夺取并掌握政权的统治者和观念体系的创造者的信念——会影响乃至改变一个国家的政治、经济、法律和社会制度的整体式样，甚至在一个社会的不同历史时期，一些社会的、宗教组织的乃至某些有社会影响力的人物的信念，也会直接影响一些国家的政治、经济与法律制度的演变，最后也会影响乃至决定一国的经济增长和社会发展路径。反过来看，一个文明社会和国家所形成的关于人类如何生活和生存的社会观念越长久，以致依此社会观念体系所构建的，由各种政治、经济、法律、宗教和社会制度所构成的社会制序整体存在和维系得越久远，即使一些不同文明社会和国家中人们的生活和生存方式是低效率的，甚至是非公正的和扭曲的，但却越来越难以改变，且改革的张力会越来越大，结果是社会和国家的经济与社会发展表现就越差。于是，在整个人类文明社会的数千年的演变历史上，就有了不同文明和国家的兴起和衰落。

3.8.1　如果说任何文明和国家的社会制序都是建立在一种观念体系之上，那么，又怎么看待哈耶克在《自由的构成》（Hayek, 1960）、《法、立法与自由》（Hayek, 1979）中所提出的"spontaneous social orders"——任何人类社会的社会经济制序都是自发产生的，而不是"人为设计和建构出来"？实际上，今天看来，哈耶克所讲的实际上是，在人类历史上各文明和社会中的商品交换和市场交易，以及与之相联系的货币制度和劳动分工组织，都会自发产生出来的。或者按今天的话来讲，任何文明和社会中的市场经济，都是一种"spontaneous social order"。但尽管如此，综观人类社会发展史，就会发现，在任何文明和国家中，尽管商品交换、市场交易乃至国际贸易都会自发产生和成长，但是受不同国家的法律制度以及"政府"管理社会的方式乃至"政策"（"政府"和"政策"这都是些现代社会科学的术语）的影响，以及受不同社会的文化传统乃至宗教信仰的影响，世界各国的市场交易形式也有很大的不同。尤其是受不同国家在不同历史时期保护私有产权的法律制度存在与否，以及是否完善的影响，导致了不同国家和社会的商品贸易和市场经济的自发成长和经济繁荣（或衰退）。而今天我们所说的人类社会的现代化过程，恰恰是各国保护私有产权的法律制度的逐渐确立和完善的过程，也是市场经济成长的过程。因而，可以认为，正是近现代以来西方国家保护私有产权的法律制度的完善，才导致了西方各国具有劳动分工和专业化合作的经济组织的出现和市场经济的成长，才有西方世界的兴起。哈耶克的自由主义社会理念，主张的是在一个法治化的政治制度安排中，个人自由选择、自由企业自发成长、自由市场交易自发扩展的一种理想的社会经济制序。这正是哈耶克的《自由的构成》（Hayek，1960）、《法、立法与自由》三卷（Hayek，1973，1976，1979）以及《致命的自负》（Hayek，1988）等几部晚期著作中所讲述的基本理念。

3.9　综观、研究人类社会历史，我们会发现，任何国家、文明和朝代的社会制序，都是按照一定的社会观念体系构建起来的，那么，进一步的问题是，在一定历史时期人们的社会观念和思想认识是如何产生的？诺思本人也思考过这个问题。在 20 世纪 90 年代所撰写的《经济史上的结构与变迁》一书中，诺思曾指出，在古代和传统社会中乃在近代和当代的世界各国社会中，一些原创性的思想家如苏格拉底、柏拉图、亚里士多德、老子、孔子、马克思等，以及如耶稣基督、穆罕默德、释迦牟尼这样世界三大宗教的创建者，乃至如列宁、斯大林、霍梅尼等这样的国家领袖和思想家，会原创性地提出某些思想和学说。这些思想和学说通过国家的政府科层、宗教组织、政党、信仰，以及社会团体中的官员、神职人员、信徒等在社会中进行传播，并在历史过程不断被他人进行新的解说，就在这种传播和解释中，形成了某种社会上流行的观念和信念体系。这些信念体系又通过一定人类社会生活过程中的文化濡化、文化播化机制，把某种信念理解为当然正确的，而这种被信以为"当然正确"的社会观念，又反过来支持并构建了某种国家制度和社会经济组织形式。另外，任何一种文明社会中，都会产生各种各样的观念体系，当一种观念体系依据政权的统治力量占据了社会的支配地位后，社会的统治者就会按照这种观念来组织人们的生产和生活，并在统治者与被统治者以及社会各种力量的"相互社会博弈"和"调适"中，形成不同文明和国家的各种类型的社会经济制序[1]。

───────────

[1] 席天扬博士在读到这篇文章的初稿时曾指出："哈耶克说，'Every social order rests on an ideology'，我觉得这个表述是比较严谨的。我认为这里说'every social order'而不是'every society'是正确的，因为任何社会不是只有一种'social order'，而是有好多种互相竞争的'social orders'，相应的也有多种相互竞争的'ideologies'。一个有活力的社会，必需能够容纳许多竞争的、多元的'social order'和意识形态话语共存，相互交锋博弈，凝聚一定程度的共识，把社会推向进步。比如，您在后文中提到美国的宪政基础是'建立起由民选总统、三权分立、权力制衡和联邦制的政治制度，以及依据英国普通法为主体并吸收欧洲大陆制定法的成分而构建起来的法律制度'，这无疑是正确的。但是如果把'constitution'理解成一种决定了'polity'如何运行的规则和规律的制度总和，那么今天美国的制度和'constitution'显然比这个建国的基础走得更远、更多元，反映了更多的'social orders'和'ideologies'。比如，'founding fathers'所构想的那个秩序里面没有处理族群（ethnic groups）的问题，不太有基于个体的政治平等和反对歧视的概念，而这些在今天的美国政治和公共政策领域都是极为重要的问题。William Eskridge 和 John Ferejohn（他也是我在 NYU 的 committee 成员，宪政经济学的元老级人物）前几年有一本引起争议的书叫 A Republic of Statutes：The New American Constitution，他们提出一个观点就是，美国虽然建国 200 多年来宪法的基本内容没有大的变动，但是国家的治理体系发生了巨大的变化，这个变化是通过行政法里面的法条、法规和政府监管来实施的。"席天扬博士的这一段评论非常有见地。

对此，马克思和恩格斯在《德意志意识形态》（按照我们的理解应翻译为《德意志的观念体系》）中也说："统治阶级的思想在每一个时代都是占统治地位的思想。这也就是说，一个阶级是社会上占统治地位的物质力量，同时也是占统治地位的精神力量。支配着物质生产资料的阶级，同时也支配着精神生产的资料，因而那些没有精神生产资料的人的思想，一般是受统治阶级支配的。占统治地位的思想不过是占统治地位的物质关系在观念上的表现，不过是表现为占统治地位的物质关系；因而，这就是那些使某一阶级成为统治阶级的各种关系的表现，也就是这个阶级的统治的思想。此外，构成统治阶级的个人也都具有意识，他们也会思维；既然他们正是作为一个阶级而进行统治，并且决定着某一历史时代的整个面貌，不言而喻，他们在这个时代的一切领域中也会这样做，即他们作为思维着的人，作为思想的生产者而进行统治，他们调节着自己时代的思想的生产和分配。这就意味着，他们的思想是一个统治时代的思想。"（《马克思恩格斯全集》第 3 卷，第 52 页）马克思和恩格斯这里所使用的"思想"和"观念"，显然是通用的。

3.9.1　除了在人类社会历史上这些如诺思所说的观念体系的创造者提出某些观念外，许多关于人类社会如何组织成国家，如何建立政府，如何进行生产、交易和生活的观念，实际上也是在不同文明和文化中慢慢演化出来的。譬如，私有财产观念，在西方社会中已有几千年的历史，但私有财产从何时产生的？按照法国学者库朗热（Fustel de Coulanges）在《古代城邦——古希腊罗马祭祀、权利和政制研究》（华东师范大学出版社 2006 版）一书中曾发现，西方社会的"私产的观念出自宗教本身"，土地是以宗教的名义而成为家庭的私产的，进而"大多数远古社会所有权的建立，都是由于宗教的原因"。[1] 在《古代社会》一书中，美国著名民族学家路易斯·亨利·摩尔根（Lewis Henry Morgan，1818～1881，见中译本第三册，第510页）曾指出："无论怎样高估财产对人类文明社会的影响，都不为过甚。它是使雅利安人和闪族人摆脱野蛮社会、进入文明社会的力量。人类头脑中的财产观念的发展，开始十分微弱，最终却成为其最主要的欲望。政府与法律的建立主要就是为了创造、保护和使用财产。"摩尔根还发现，早在三千多年前古希腊、古希伯来和古罗马就有了土地财产的继承法。他甚至发现，古希伯来部落早在进入文明社会前便有了个人对土地的所有权（同上书，第533～558页）[2]。

3.10　尽管在西方社会私有财产制度已经有数千年的历史，但是在传统中国社会中，两三千年来就一直没有真正形成稳定和刚性的私有财产制度。尤其是传统中国社会中，农业一直是中国古代经济的最主要的部门（手工制造业和商业一直并不发达），而最重要

----

　　[1]　笔者是从复旦大学经济学院的方钦博士在商务印书馆出版的一本新书《观念与制度：探索社会制度运作的内在机制》中知道库朗热的这一见解的。根据库朗热的这一认识，方钦在这部多年研究的专著的第3章就专门探讨了远古社会中的礼物交换与产权的关系，发现"产权观念就是伴随着原始宗教的思维模式而起源的。正是由于物品上携带着人的本质的一部分——这是比任何世俗力量都更为强大的超自然力量，产生了对于所有权观念的朴素理解"。

　　[2]　摩尔根还指出，保护私有财产的法律制度在古希腊、古希伯来和古罗马社会中均早就形成了，并且这源自前文明社会的风俗习惯："在文明社会开始之后，希腊、罗马和希伯来的最早的法律，只不过是把它们前代体现在风俗习惯中的经验变成法律条文而已。"（同上，第547页）摩尔根还特别举了《圣经》中记载的摩西对私有财产的继承法和遗产归宗法的例子："也要晓谕以色列人说，人若死了没有儿子，就要把他的产业归给他女儿。他若没有女儿，就要把他的产业给他的弟兄。他若没兄弟，就要把他的产业给他父亲的弟兄。他父亲若没弟兄，就要把他的产业给他族中最近的亲属，他便要得为业。"实际上，在《旧约·民数记》第27章，摩西还接着明确指出，以上这些均是以色列的一项法律要求（同上，第552页）。

的农业"生产资料"土地的占有、拥有、使用乃至交易和转让，就成了整个经济社会运作的基础了。但是，中国古代的土地制度（这是一个现代的术语，古代最近接的词为"田制"）一直就是不稳定的，很难用现代社会意义上的"公有"和"私有"来界定之。中国哲学家侯外庐先生在 1954 年就提出了传统中国社会的土地"王有制"的观点，认为"君王是主要的土地所有者"。[1] 我国著名历史

---

[1] 但是美籍华人学者赵冈、陈钟毅（1997，2006）则持完全不同的判断。他们认为："中国历史与欧洲历史发展最主要的差别之一，就是私有财产制在中国发展极早。重要的经济财货分别由为数众多的个人和家庭所占有，他们对于这些经济资源有充分的使用权与处分权，于是形成了众多的小生产单位。"（赵冈、陈钟毅，1997，第 2 页）对于中国的土地制度，这两人的判断更离谱："公地私有化在战国时期已是普遍存在的事实，但是还不能算是法定的土地制度。到了秦孝公，商鞅变法，废井田，开阡陌，私有土地合法化，私人正式获得了政府认可的土地所有权。从此以后，私有土地是中国历史上最主要的土地所有权制度。各朝各代也有各种形式的公有土地，但数量上都远不及私有土地多。"他们还进一步解释道："土地私有制的产权，原则上应该包括自由使用权（出租或自营）、自由买卖及遗赠之权。不过有的朝代的法律对于上述产权之行使曾多少设有一些限制。土地买卖，自秦汉开始已经是公开而合法的，但是有些学者竟然不承认这个时期有土地私有制。"（赵冈、陈钟毅，1997，第 15、16 页）现在看来，二位美籍华人经济史学者关于传统中国社会的产权制度尤其是土地制度的判断误识很多，很多是王毓铨先生所说的是那种"皮相之论"。中国学界也有人认为，在中国传统社会中的封建土地私有制是"地主所有制"，还有学者则认为，除了存在地主所有制外，我国小农经济中长期存在大量的自耕农，因此"自耕农小土地私有制"也占据了相当大的比例。如清华大学的龙登高教授在其《地权市场与资源配置》一书中就认为，唐代以前，中国土地制度经历了从实田制、占田制到均田制的曲折历程。井田制瓦解后，土地私有产权逐渐确立，成为战国秦汉时期的基本制度（龙登高，2012，第 3 页）。在之后的历史分析中，龙登高教授还认为，秦代从法律上进一步确认"废井田，民得买卖"土地之后，中国的土地交易市场一直存在和活跃，成为中国传统市场不同于欧洲传统市场的一个重要特征。因此他认为："土地私有产权在农业中国源远流长，明清近世更趋发展。"（同上，第 193 页）但是，按照侯外庐等哲学家和历史学家的观点，在中国传统社会中，由于"溥天之下，莫非王土"，"作为耕作者的农民只有占有权、使用权而无所有权"（见侯外庐，1959，第 23、27 页）。南开大学的刘泽华（2000，第 84 页）教授也认为："编户 （转下页）

学家王毓铨（1910～2002）也在深入研究数千年中国皇权专制社会的土地制度后，明确指出，在传统中国社会中，土地的所有权最终属于朝廷，而所有百姓则根本不可能在个人"私有"意义上获得真正的"所有权"，那种认为中国皇权社会中的土地是地主、自耕农拥有的、可以自由买卖之私产的说法，完全是皮相之论[1]（见王毅，2006，第23页）。后来，王家范先生则认为，过去我国史学界所认识到的那种传统社会的"私产"现象，实际上只是"私人占有"，因为在皇权之下，没有任何个人——豪强地主或自耕农——能够防止权力对权利的掠夺。缺乏制度保障的"私产"不能称为"私有制"，其实质仍然是"国家主权是最高产权"（王家范，1999b）。程念祺教授在一些著作中也持相似的观点，认为中国古代是土地国有制，但并不稳定，因为"中国古代的土地国有制，强调的是国家主权及其意识形态。它在本质上，是把土地的所有权从属于国家主权，把土地制度纯粹地意识形态化。而它所忽视的，是制

---

（接上页）小民虽然占有一小块土地，甚至可以进行买卖，但在观念上最高所有权一直属于皇帝，诚如唐代陆贽所说：'土地，王者之所有；耕稼，农人之所为。'（《陆宣公集》卷二《均节赋税恤百姓》）当编户小农人身还是被占有的时候，他们的土地占有权的意义是不会超过他们的人身的意义的。"

    [1]  王毓铨先生的原话是："今之人研究中国古代社会土地所有者，多力称编户民（各类役户的总称）占有的土地是他们私有的，各具有所有权，得'自由'（'自由'！）买卖，若果如此，若果得自由买卖，何以买卖中又附加以苛刻的超经济强制条件——必须过割粮差（王毅注：'过割粮差'是指在民间的土地交易中，必须将该土地被官府强制附着的缴纳赋役的法律责任一并转给买田人）？若果是私有的，私有者具有所有权，又何以能被禁止典卖？须知封建社会的土地不是市场上的私有商品，它是一种手段。通过这种手段能以使佃种者（占有者）供办超经济强制性的劳役。因为佃种者对它没有所有权，所以能以被所有者朝廷禁止典卖。"（王毓铨1991a，第13页）

度制定的法理，以及必要的制度安排与组织"（程念祺，1998）[1]。

---

[1] 传统中国社会的土地制度是否是私有制，是学界争论多年而永远争论不清的问题。辽宁大学的耿元骊（2012，第9~11页）教授的研究曾发现，到2010年左右，研究中国古代土地制度史的专著就超过了30部，论文就超过了1200多篇。另外还有大量日本和海外学者的研究。现在史学界较为占主流的观点是，自秦"废井田、开阡陌""令黔首自实田"之后，皇帝允许土地允许私人交易和买卖，中国历朝历代的"土地私有"全面实行，出现土地国有（皇帝和政府所有）、官僚地主和自耕农私有，以及均田制公田多种土地制度，而在大多数朝代主要集中在官僚大地主手中。但是，从现代社会的意义上看，中国数千年来一直没有稳定的土地"私有财产"制度，经历了井田→授田→屯田→土地由皇帝（"国有"）、官僚、豪强、地主、农民乃至寺院占有并在一定程度上允许转让和交易的一种独特的土地制度。且在中国历史上，限田、均田、井田的主张史不绝，也屡有变"私田"为"公田"的尝试。尤其是一个朝代更替后，整个社会的土地的拥有和占有格局几乎会全部打破，土地田产的拥有和占有又被几乎打乱和重新开始。赵俪生（1984）先生的研究发现，在中唐之后，"贵者有力可以占田"始终超过"富者有赀可以买田"的力量，而在"土地兼并"中占据了主导地位（耿元骊，2012，第12页）。这也说明，传统中国社会的"土地私有权"一直未能得到充分和刚性的保护，尽管在秦之后，在诸朝代土地都可以交易和买卖，甚至在《梁书·太宗王皇后传》有记载皇帝与世家之间土地买卖的事（龙登高，2012，第15页）。另外，在中国历史上许多朝代都屡屡发生过均田和限田的事。这也说明中国古代社会中的土地占有和拥有一直是不稳定的。另外，研究中国土地国有制史的著名经济史学家李埏先生等甚至发现，均田制也具有国有和私有两重性质，分口田和永业田也都具有两重性（李埏、武建国主编，1997；耿元骊，2012，第12页）。因此可以认为，自秦代以来，中国的土地制度一直是一种不稳定和不具完整形态的"私产制度"。正是传统中国社会的土地占有、拥有和使用的这种不稳定性，甚至认为中国古代社会存在着"土地私有制"的经济史家孔经纬（1955）教授也发现，"秦汉以来的中国是没有土地私有权的"（耿元骊，2012，第12页）。也可能正是因为这一点，连马克思也曾认为"亚细亚社会的核心特点在于缺乏真正意义上的产权和产权制度"（Melotti，1977，中译本，第124页）。在《资本论》第3卷，马克思也曾指出："如果不是私有土地的所有者，而像在亚洲那样，国家既作为土地所有者，同时又作为主权者而同直接生产者相对立，那么，地租和赋税就会合为一体，或者不如说，不会再有什么同这个地租形式不同的赋税。在这种情况下，依附关系在政治方面和经济方面，除了所有臣民对这个国家都有的臣属关系以外，不需要更严酷的形式。在这里，国家就是最高的地主。在这里，主权就是在全国范围内集中的土地所有权。因此那时也就没有私有土地的所有权，虽然存在着对土地的私人的和共同的占有权和使用权。"（《马克思恩格斯全集》第25卷，第891页）今天看来，马克思在19世纪的这些判断也是符合事实的。

实际上，在 1987 年发表在《东岳论丛》上一篇文章中，笔者当时也提出："在两三千年前的西周时期，中国就曾出现过'溥天之下，莫非王土'[1] 的'国有经济'及其与之相适应的财产归属观念，在

---

[1] 我的学生席天扬博士和陶丽君几乎同时提醒我，在《诗经·小雅·北山》"溥天之下，莫非王土；率土之滨，莫非王臣"后面还有一句"大夫不均，我从事独贤"。陶丽君指出，这里的原文是表达作者当时的一种抱怨，倾诉了心中的不平和牢骚：同为王臣，却劳逸不均，自己差事特别繁重，"都是君王的事，我却特别累"。《毛诗序》说："《北山》，大夫刺幽王也。役使不均，已劳于从事，而不得养其父母焉。"注曰："笺云：'此言王之土地广矣，王之臣又众矣，何求而不得？何使而不行？……王不均，大夫之使而专以我有贤才之故，独使我从事于役，自苦之辞。'"由此来看，此诗是针砭周幽王政治弊端的，这就告诫执政者，要注意做事公正。治国不能没有差役，但是，国土广博，官员众多，不能偏劳几个人，鞭打快马，却使有些人只顾享受清闲。从诗中看，主人公表达的是幽怨之情，但对执政者来说则是借鉴。在此，"溥天之下，莫非王土，率土之滨，莫非王臣"不是重点，重点在于"大夫不均，我从事独贤"。而现在大家都理解为在奴隶、封建社会，天下是君王的"家天下"，"国家为君王的私有财产"，等等。天扬和丽君的以上这些提醒非常重要。但是，自商周社会到晚清中国两千多年的皇权专制社会中，国家的土地皆在法律上最终为皇帝所有，即"溥天之下，莫非王土"，这确实是事实。中国古代社会的土地王有制的观念，不仅仅是诗经中的这段话。例如，在公元前 219 年，秦始皇东巡，在《琅琊刻石》中专门刻下"六合之内，皇帝之土"。秦始皇当年东巡时刻下这话，决不仅仅是单纯显示他的皇威，而是他是这么认为的。正如王毅（2007）教授在《中国皇权制度研究》一书中所言，在传统中国社会中，皇帝作为天下一切财产的最终所有者，"普天之下一切财富，在根本上都是由圣德齐天的帝王们所创造和统辖的，而卑微子民们所能够享用或多或少的财富，全是出于这些仁德帝王之恩庇与福赐；因此普天之下的一切财富，在法理上最终都是绝对和天然地属于皇帝所有"（王毅，2007，第 820 页）。实际上，不但中国传统社会有"普天之下，莫非王土"的观念，在英国，在 1066 年诺曼人侵入主英格兰之后 800 多年的历史中，英国也实行"英伦之域，莫非王土"的土地保有制，即英王在法律上为全英的唯一土地所有者，国王将土地授予封建贵族或其他人，这些人是土地的持有人或租借人，但必须向英王尽这样或那样的义务。这样，从 1066 年到 1925 年的英国《财产法》（*The Law of Property Act*）等一系列与土地产权和管理使用有关的法律（包括 *The Settled Law Act*，*The Trustee Act*，*The Land Registration Act*，*The Land Changes Act*，*The Administration of Estates Act*，等等）的颁布实施之前，英国各地和各层次的土地保有者、租用者，都没最终的土地所有权，而只能根据自己的身份获得这样和那样的自由土地保有权（英文为"freehold"，保有人永久占有，世代相传，并能自由处置和（转下页）

西周之后漫长的封建社会中，虽然屡屡出现社会的大动乱和王朝更替，经济和政治制度也发生了一定的演变，但总的来看，王朝官僚政治机器一直对经济过程有着超强的一体化的控制力量。以致近代工业在中国萌生时，其主体形式也基本上是官办和官商合办经济。民国时期中国的资本主义经济，更主要以官僚资本占主导地位并为其基本特征。因此，除了从理论上说我们今天的国有是劳动人民的公有，从而与中国封建社会的皇亲国戚、官僚地主的私有有着本质区别外，仅就形式而论，'国有'在中国已经有了几千年的历史传统。从这一点上来看，1949 年后我国之所以能从国外移植来一套高度集权的统制经济运行模式以及与之相配套的、相适应的国有制这种虚所制的潜构架，原因之一就在于中国几千年的社会制度、经济结构、文化传统、民族心理中都有它的遗传模板。"（见李维森，"'硬化'企业的财产关系是建立完备的市场机制的先决条件"，《东岳论丛》1987 年，第一期，第 42 页）

3.10.1　如果说数千年来在传统中国社会中基本上就没有形成刚性的私有财产制度，那么，到今天，1986 年通过和 2004 年修订的《中华人民共和国土地管理法》仍然规定"中华人民共和国实行土地的社会主义公有制，即全民所有制和劳动群众集体所有制"，就更明确地规定中国土地的非私有制这一点。从产权理论上来说，"集体所有"是个非常不确定的规定。尽管"集体所有"在一定时

---

（接上页）出卖）和用益权（由嵘，1993；孙一鸣、严金明，2008；盛洪，2014）。这是否与传统中国数千年的土地制度有相似之处？这又牵涉到私有产权制度的一个核心问题：产权实质是自由处置权（出卖、转让）和用益权。世界各国的土地产权制度恰恰说明了社会的经济制度是一定社会观念的结果这一观点。

点上看是排他的，即一个集体之外的人在一定时点上不能拥有这个集体的一份土地的所有权。但是，随着人口的流动（人口流入和流出集体和一个集体中的人口的自然出生和死亡而对这个集体土地"所有权"的获得和丧失），这种名义上的"所有权"实际上是不排他的，因而"集体所有"实际上是一个人群整体的在短时期的"集体占有"。当一个进入这个集体，如通过嫁入和移民进入一个集体，她（或他）就自动进入了这个集体的"所有者群体"，当一个人移民出和嫁出一个集体，她（或他）也就自动丧失在这个集体中所拥有的"所有权"而实际上又不会得到任何补偿。一个婴孩出生在这个群体中，就会自然获得这个集体的一份"所有权"。一个老人过世后，他（或她）就会失去这个集体的土地所有权，而其子女——尤其是已经不在这个集体中生活的子女——又不能继承其父母的"土地所有权"，因而这种土地的"集体所有制"实际上是不确定、不稳定和临时的，从而实际上是虚的。今天中国的这种土地集体所有制，尽管在具体经营形式上有区别，但至少中国目前还不是土地私有财产制度。中国现下的土地集体所有制，按《中华人民共和国土地管理法》的说法是一种"公有制"，而实际上只是一个集体中所有农户的临时的占有、使用和拥有。这与两千年多年来中国历朝历代的名义上的"王有制"，而实际上的皇亲国戚、士族豪门、地主和自耕农的土地占有制，在本质上是一样的，即还不是一个完整和稳定的土地所有制（私有制）形式。只不过区别在于：在古代中国，土地是在"溥天之下，莫非王土"的名义产权形式下的皇亲国戚、士族豪门、地主和一些自耕农的一定时期的占有和拥有，且这种占有和拥有随着战争、王朝更替、朝廷和官府的令状，以及社会力量的博弈（包括一定时期、一定形式的契约的"买卖"和强占）而不断地调整、转换和变化；在现代中国，土地拥有、占有和使用，则随着政府政策的调整和"法律的规定"改变而不断地转变、调整乃至转让。换句话说，数千年来，中国一直没有形成完备的土地所有（私有产权）制度。一直到今天还是如此。

3.10.2 在传统中国社会形成的这种没有刚性或言不完整的私有产权结构，因而在两三千多年来中国社会中一直保持着皇权专制的社会制序，一个很重要的原因是，在中国人的文化意识中没有个人权利的概念，并且在传统中国社会中一直存在着久远的、根深蒂固的"抑私"的观念。实际上，在中国文化的深层，数千年来就有天下为公，以公为善，以私为恶的基本观念，这些观念在中国人的心中根深蒂固，至今还是如此。据台湾学者陈弱水（2006，第26页）先生考证，"'公'是中国集体意识中的非常根本的观念"。从中国历史上看"'公'的这个观念是夹带着巨大的力量出现的"，到战国晚期，普遍的、全体义的公的观念，出现在儒家、墨家、法家乃至诸家的典籍之中："'公'脱离政府、朝廷的范畴，取得了超越的意涵，意味着普遍、全体以及其他的价值，似乎和'天'的观念的发展有关。"（陈弱水，2006，第9页）在《道德经》第十六章，就有"知常容，容乃公，公乃王，王乃天，天乃道，道乃久，殁身不殆"。《礼记·礼运》则有"大道之行也，天下为公"之说。《吕氏春秋·贵公》则说的更明显："昔先圣王之治天下也，必先公。公则天下平矣。"扬公，必然灭私、抑私和去私。孔子就说："天无私覆，地无私载，日月无私照。奉私三者以劳天下，此之谓三无私。"（《礼记·孔子闲居》）在《尚书·周官》中，更有"以公灭私"的明确理念；《管子·正》中也有"废私立公"的明确表述；《慎子·威德》中则更明确地有凡立公"所以弃私也"的说法。在其他中国古典文献中，亦有"公而不私"（《贾谊集校注·耳痹》），"则为人臣者主耳忘身，国耳忘家，公耳忘私，利不苟就，害不苟去，唯义所在"（《汉书·贾谊传》）。到了宋代，宋明理学诸家也承传了古代中国文化中的这种普遍的崇公抑私的文化信念。譬如，朱熹就说："天命至公，人心便私。……而今讲学，便要去得与天地不相似处，要与天地相似。"（《朱子语类》卷三六——七）"公只是无私，才无私，这仁便流行。"（《朱子语类》卷——七），明代的思想家王阳明虽然宣扬心学，但在"公私观"上仍然循旧，认为人之善恶仍然取决于心的公私，"心即理也。此心无私欲之杂，即是天理"（《传习录》卷一）；"世之君子，惟务致其良知，则自能公是非，同好恶，视人犹己，视国为家"（《传习录》卷二《答聂文蔚书》）。

3.10.3  中国传统文化中的这种公为天理、存公灭私、崇公抑私的观念，使得"私"在中国传统文化乃自中国人的心理结构中变成了一个负面和贬义的词。这种立公灭私的观念，又导致了"国家至上"观念的形成。正是对国家权力至上观念的普遍认同，才会出现"使天下之人不敢自私，不敢自利，以我之大私为天下之大公"（《明夷待访录·报国无门的诤言》）的天下皆为皇帝私产的文化观念，使得中国数千年来一直演化并维持着政治上皇权专制，经济上刚性的私有产权制度一直没有形成、市场经济不发达，法律上私有产权一直不能得到保护而只是维持皇权专制统治之工具，这样一个独特的中国经济社会制序[1]。1949年后中央计划经济的资源配置方式在中国得以试行了近30年，1978年后中国的经济与政治体制改革到目前为止步履为艰，说到底均与传统中国社会和中国传统文化中的这种公为天理、大公无私、存公灭私、崇公抑私的文化观念密切联系在一起。

## 4. 西方各国现代的代议制民主政制的普遍实行也是西方人思想观念长期演进的结果

4.1　从人类社会大范围、长时段的社会历史变迁的视角来看，传统中国社会乃至源远流长的传统中华文化观念中"天下为公""大公无私""崇公抑私"的观念，对数千年的中国传统社会制序甚至今天的中国社会制序，仍产生着至远至深的影响，不但中国是如此，甚至西方各国当代的法治化的市场经济制序，乃至近代和现代西方各国所普遍实行的代议制民主政制，也是西方各国社会或言文化观念长期演进的一个社会结果。

4.2　西方各国今天所普遍实行的代议制民主政制，其起源在什么时候，是怎么产生的？研究古代西方政制史和政治思想史的学者都发现，代议制民主制度的观念大致产生于中世纪欧洲（古希腊

---

[1]　陈弱水（2006，第36页）先生还非常深刻地指出："本土'公'观念在现代中国的最重要作用，发生于一个关键性的历史发展，这就是革命政党与政治集体主义的兴起。至迟从1898年的戊戌变法开始，中国经历接连不断的政治大变动，建立新政治秩序的尝试不断失败，国家的整体力量始终无法凝聚——君主立宪、士绅政治、民族革命、共和政体、地方自治、政党政治、军阀统治，都归于无效或化为烟尘。"

的城邦国如雅典的民主政制还是直接选举）。研究中世纪政治思想史的先躯卡莱尔兄弟（R. W. Carlyle & A. J. Carlyle，1903～1936）的六卷本《西方中世纪政治学说史》一书，以丰富详实的史料展示了代议制民主的实践和观念在中世纪的发展和演变，是该领域最早的研究成果之一。另一位研究中世纪政治思想史的专家乌尔曼（Walter Ullman，1971）在其《中世纪政治思想》中，对中世纪的民主思想也有深入的阐述。按照他们的研究，代议制民主制度是在欧洲中世纪形成的，但其思想源头却是日耳曼人的部落民主传统，并同时汇合了希腊城邦民主传统和罗马共和传统，故可以认为这一思想或言观念是在欧洲中世纪的一个漫长的历史过程中慢慢形成的。

4.3　人类社会的种种社会制序是照某种观念形成的，在1997年由牛津大学出版社出版的萨缪尔·E. 芬纳的《统治史》中也曾做了概括性的描述。在这三卷本的《统治史》的总序中，芬纳就指出，单从人类社会的统治史来看，苏美尔人和古埃及人均发明了神性王权的概念，但这并没有演进到犹太人的神权概念，也与古希腊罗马以及中国的世俗政治没有任何必然的联系。古代亚述人发明了帝国的概念，最早将征服的土地分为行省，由中央任命的官员进行统治。犹太王国发明了有限君主模式，全社会相信只有上帝才是国王，世俗君主不能违反上帝启示给犹太会众的成文法。古希腊人发明了公民概念和民主制。古罗马共和国和罗马帝国发明了法治国和权力制衡的概念，并产生了影响后来全世界的法律制度。中世纪的欧洲产生了贵族封建制以及教会神权与世俗政权相冲突和相互制约的制度安排，但后来复兴了古希腊罗马政治的一些关键传统，并逐渐创造了代议制的政治制度。近现代早期，英国又发明了受程序性约束的君主制概念，演化生成了现在仍然实行的"君主立宪制"，并在此过程中组建形成了代议制民主不可缺少的竞争性政党。法国在大革命后则发明了民主国家的概念。美国在1776年建国后则创生了"现代国家的四个基本特征，分别是：成文宪法、公民权利的宪法保证、司法审查和联邦制度"。在这部三卷集的巨著中，芬纳也注意到了中华帝国的独特的历史发展路径："这个伟大的政体是世界上最古老的政体。……但是由于其统治传统至今依然存在，还因其占世界人口五分之一的人口，它并不是我们所说的发明者，但也不是一个死胡同。中华帝国的统治方式多种多样，十分复杂，我们可以从中选择六个大的创新。这里我们只说一点，即这个国家最早出现了受专业训练的领薪酬的官僚阶层，以及具有同样特征的常备军，两者都是按照理性原则组织起来的。"（Finer，1997，中译本第一卷，第91～95页）最后芬纳（同上，第96页）指出："我在这里要重复一遍，列举这份发明清单，我不想给人造成这样一种印象，以为《统治史》的发展是按照一种线性演进的模式进行的。实际上，这是这本书最不愿给人留下的印象。死胡同是如此之多，断裂和倒退到野蛮状态的情况是如此频繁和广泛。如果将整个过程看成是不断向前的演进，这完全是误入歧途。实际情况是，世界上最早的伟大政体出现在某个极其野蛮的地方。一些观念和制度开始在这里萌芽，然后以物质或观念的形式传到后来的世世代代，直到最后时机成熟，获得充分发展，成为所谓的现代欧洲国家。此时，这个原本贫瘠的野蛮之地，变得人口繁盛、经济富庶、军事强大，足以对世界上的其他政体实行殖民和征服。而这些被征服的政体要么是出于景仰而效仿，要么是为了复仇而复制征服者的政体模式。这就是为什么欧洲现代国家会成为当今整个世界的模型。"

## 5. 观念与社会制序：社会改革的前提在于转变观念

5.1　人类社会的种种政治、经济和法律制度和各种各样的生产与交往方式以及经济组织形式，主要依照某些观念和观念体系而产生、演化和变迁的，自近代以来许多思想家的著作中都做了一些论述，尽管他们并不是专门来论述这个问题的。如哈耶克、诺思、马科斯·韦伯（Max Weber，1864～1920）以及桑巴特（Werner Sombart，1863～1941），等等经济学和社会学思想家在他们的一些著作中，在某些方面实际上就已经做了一些这样的工作。这其中包括哈耶克的《通往奴役之路》（1944）、《自由的构成》（1960）和《致命的自负》（1988）；诺思的《理解经济变迁过程》（2005），诺思、瓦利斯和温加斯特的《暴力与社会秩序》（2013），韦伯的《新教伦理与资本主义精神》（1905）、《中国的宗教：儒教与道教》（1915）、《印度的宗教：印度教与佛教》（1917）、《古犹太教》（1919），以及桑巴特的《19世纪的社会主义和社会运动》（1896）、《现代资本主义》（1902）、《犹太人与经济生活》（1911）、《资本主义》（1930）和《新社会哲学》（1934），等等。美国著名的政治理论家拉塞尔·柯克（Russell Kirk）在他巨著《美国秩序的根基》（1974年第一版，1981年第二版，1991年第三版）一书，实际上认为美国的政治、经济与法律制度完全在从《旧约》先知时代、古希腊罗马到中世纪的宗教改革，英的法律与市场的自由观念形成和演变之上建立的，由此派生出美国和西方现代各国的私有财产、自由市场及有限政府的社会制序（social orders）。

5.2 反过来看，按照陈弱水（2006，第 30 页）的认识，"'公'观念的各种类型在中国长期存在，意涵相互渗透，深厚沉淀于人心的各个角落。十九世纪下半叶，中国虽然面临'三千年未有之变局'，'公'观念的力量还是不可能迅速消退的。各种迹象显示，这套观念仍然顽强地栖身于（中国）社会的集体意识，时时发生或大或小的作用"。今天看来，中国自 1949 年建立了中央计划经济的资源配置体制，自 1978 年改革开放后，逐渐要建立起保护、型构以私人产权为主要经济制度形式的市场经济体制但却屡遇困境，甚至今天中国的市场化改革还在"半路上"，这些均与中国人"公"观念仍然顽强地栖身于社会的集体意识，时时发生或大或小的作用有关。

5.3 马克思在《德意志观念体系》中曾说过："思想、观念、意识的生产最初是直接与人们的物质活动，与人们的物质交往，与现实生活的语言交织在一起的。……意识在任何时候都只能是被意识到了的存在，而人们的存在就是他们的实际生活过程。如果在**整体观念体系**（in der ganzen Ideologie）中人们和他们的关系就像在照像机中一样是倒现着的，那么这种现象也是从人们生活的历史过程中产生的，正如物象在视网膜上的倒影是直接从人们生活的物理过程中产生的一样。"马克思还说："我们的出发点是从事实际活动的人，而且从他们的现实生活过程中我们还可以揭示出这一生活过程在意识形态上的反射和回声的发展。……因此，道德、宗教、形而上学和其他的意识形态，以及与它们相适应的意识形式便失去独立性的外观。它们没有历史，没有发展，那些发展着自己物质生产和物质交往的人们，在改变自己的这个现实的同时，也改变着自己的思维和思维的产物。"（《马克思恩格斯全集》，第 3 卷，第 29～30 页）熟悉马克思的经济与社会思想的我们都知道，在《政治经济学批判导言》中，马克思曾提出了生产力决定生产关系、经济基础决定上层建筑的历史唯物史观，这一唯物史观在《德意志观念体系》一书中就有了其理论雏形。尽管如此，在《德意志观念体系》的序言中，马克思开篇就指出："人们迄今总是为自己造出关于自己本身、关于自己是为何物或应该成为何物的种种虚假观念。他们按照自己关于神、关于模范人物等等观念来建立自己的关系。他们头脑中的产物就统治他们。他们这些创造者就屈从于自己的创造物。我们要把他们从幻象、观念、教条和想象的存在物中解放出来，使他们不再在这些东西的枷锁下呻吟喘息。我们要起来反抗这些思想的统治。"（《马克思恩格斯全集》，第 3 卷，第 15 页）马克思的这些话是在 19 世纪中期（1845～1846 年）说的。现在，人类社会都走到 21 世纪了，在一些国家和社会中，人们与某些统治性社会观念体系之间的关系是否还是如此？正因为如此，研究社会观念体系与制度的关系，以及探究什么样的观念和什么的制度安排才是正义的和最能增进人类福祉的，就变得极具理论和现实意义了。

韦森于 2018 年 9 月 30 日初识于复旦

2019 年 4 月 5 日于法国巴黎布罗代尔研究所 Maison Suger 寓所修改

5 月 9 日改定于复旦

（本文已发表于《学术界》2019 年第 5 期）

# 参考文献

陈弱水，2006，《中国历史上"公"的观念及其现代变形——一个类型的与整体的考察》，许纪霖主编，《知识分子论丛——公共性与公民观》第五辑，江苏人民出版社。

程念祺，1997，《试论中国古代土地制度的公有、私有与国有问题》，《史林》，1997年第3期，第1～9、41页。

程念祺，《论中国古代土地国有制基础的不稳定性》，《史林》，1998年第2期，第21～29页。

方钦，2019，《观念与制度：探索社会制度运作的内在机制》，北京：商务印书馆即将版。

李达，1937，《社会学大纲》，上海：上海笔耕堂书店出版。

刘泽华，2000，《中国的王权主义》，上海：上海人民出版社。

刘霞，《意识形态概念在近现代中国的生成与流变——兼与董学文先生商榷》，《理论导刊》，2013年第8期，第38～42页。

侯外庐，1954，《中国封建社会土地所有制形式的问题——中国封建社会发展规律商兑之一》，《历史研究》第1期，第17～32页。

侯外庐，1959，《中国思想通史》，第四卷，北京：人民出版社。

胡汉民，1926《唯物史观与伦理之研究》，黄昌毂译，上海：民智书局。

耿元骊，2012，《唐宋土地制度与政策演变研究》，北京：商务印书馆。

李维森，1987，《"硬化"企业的财产关系是建立完备的市场机制的先决条件》，《东岳论丛》，1987年第1期，第45页。

李埏、武建国（主编），《中国古代土地国有制史》，昆明：云南人民出版社。

林毅夫，2008，《经济发展与转型：思潮、战略与自生能力》，北京大学出版社。

龙登高，2012，《地权市场与资源配置》，福州：福建人民出版社。

龙登高，2018，《中国传统地权制度及其变迁》，北京：中国社会科学出版社。

马克思、恩格斯，《马克思恩格斯全集》，第3卷，北京：人民出版社。

马克思、恩格斯，《马克思恩格斯全集》，第25卷，北京：人民出版社。

马祖毅，2006，《中国翻译通史》，长沙：湖南教育出版社。

盛洪，2014，《制度应该怎样变迁——中英土地制度变迁比较》，《学术界》第12期。

孙一明、严金明，2008，《英伦之域，莫非王土——以使用权为核心的英国土地产权制度的启示》，《中国土地》第 4 期。

王家范，1999，《中国传统社会农业产权"国有"性质辩证》，《华东师范大学学报》（哲学社会科学版）第 3 期，第 21～29 页。

王毅，2006，《中国环圈制度研究：以 16 世纪前后中国制度形态及其法理为焦点》（上下册），北京：北京大学出版社。

王毓铨，1991a，《户役田述略》，《明史研究》第 1 辑，刘重日主编，合肥：黄山书社。

王毓铨，1991b，《明朝田地赤契与赋役制度》，《中国经济史研究》第 1 期，第 127～134 页。

韦森，2001，《社会制序的经济分析导论》，上海：上海三联书店。

韦森，2002，《文化与制序》，上海：上海人民出版社。

韦森，2014，《语言与制序》，北京：商务印书馆。

由嵘，1993，《1925 年改革与现代英国的财产法》，《中外法学》第 1 期。

袁建平，2013，《中国早期国家时期的邦国与方国》，《历史研究》第 1 期，第 37～53 页。

张维迎，2014，《理念的力量》，西安：西北大学出版社。

赵冈、陈钟毅，1997，《中国经济制度史论》，台北：联经出版事业公司。

赵冈、陈钟毅，2006，《中国土地制度史》，北京：新星出版社。

赵俪生，1984，《中国土地制度史》，济南：齐鲁书社。

Carlyle, R. W., A. J. Carlyle, 1903～1936, *A History of Mediaeval Political Theory in the West*, Edinburgh and London, W. Blackwood and sons.

Coulange, Fustel de, 1903, *La cité antique：étude sur le culte，le droit，les institutions de la Grèce et de Rome*. 18. éd.，Paris：Hachette. 1903. 中译本：库朗热，《古代城邦——古希腊罗马祭祀、权利和政制研究》，上海：华东师范大学出版社 2006 年版。

Finer, Samuel Edward, 1997, *The History of Government from the Earliest Times*, 3 vols.，Oxford：Oxford University Press. 中译本：塞缪尔·E. 芬纳，《统治史》，第一卷《古代的王权和帝国——从苏美尔到罗马》，第二卷《中世纪的帝国统治和代议制的兴起——从拜占庭到威尼斯》，第三卷《早期现代政府和西方的突破——从民族国家到工业革命》，王震、马百亮译，上海：华东师大出版社 2014 年版。

Hayek, F. A., 1944/2007, *The Road to Serfdom*，（The Collected Works of

F. A . Hayek，Vol. II），ed. By Bruce Caldwell，Chicago：The Chicago University Press.

Hayek，F. A.，1960，*The Constitution of Liberty*，Chicago：The University of Chicago Press.

Hayek，F. A.，1973，*Law，Legislation and Liberty：Rules and Order*（I），Chicago：The University of Chicago Press.

Hayek，F. A.，1976，*Law，Legislation and Liberty：the Mirage of Social Justice*（II），Chicago：The University of Chicago Press.

Hayek，F. A.，1979，*Law，Legislation and Liberty：the Political Order of a Free People*（III），Chicago：The University of Chicago Press.

Hayek，F. A.，1988，T*he Fatal Conceit：the Errors of Socialism*，Chicago：The University of Chicago Press.

Hegel，G. W. F，1832，*Phänomenologie des Geistes.* 中译本：黑格尔，《精神现象学》（上下卷），贺麟、王玖兴译，北京：商务印书馆1979年版。

Melotti，Umberto，1977，*Marx and the Third World*，London：The MacMillan Press. 中译本：梅洛蒂，《马克思与第三世界》，高铦、徐壮飞、涂光南译，北京：商务印书馆1981年版。

Morgan，Lewis Henry，*Ancient Society or Research in the Line of Human Progress from Savagery Through Barbarism to Civilization*，Chigago：Charles H. Kerr & Company. 中译本：路易斯·亨利·摩尔根，《古代社会》，杨冬存、马雍、马巨译，北京：商务印书馆1981年版。

Kirk，Russell，1991，*The Roots of American Order*，3rd ed.，Washington，DC：Regnery Gateway. 中译本：拉塞尔·柯克，《美国秩序的根基》，张大军译，南京：江苏凤凰文艺出版社2018年出版。

Misis，Ludwig von，1966，*Human Action：A Treatise on Economics*，3rd ed.，New Heaven：Yale University Press. 中译本：米塞斯，《人的行为》，夏道平译，上海：上海社会科学出版社2015年出版。

Sidgwick，Henry，1903，*The Development of European Polity*，London：Macmillan.

Ullman，Walter，1971，*A History of Political Thought：The Middle Ages*，Harmondsworth：Penguin，1970. 中译本：厄尔特·厄尔曼，《中世纪政治思想史》，夏洞奇译，南京：译林出版社2011年版。

## 评论一  北京大学新结构经济学研究院教授林毅夫的评论

韦森吾兄：

大作拜读了，文中讨论的"社会观念体系"是一个至关重要的课题。观念、信念、理念、意识形态等是重要的，也是有影响的，这我是同意的，并在马歇尔讲座中做了讨论。不过，就对经济发展、社会进步而言，这种影响可能是正的，也可能是负的。

在一个发展中国家的工业化、现代化进程中，是否需要有某种西方发达工业化国家在工业化、现代化前就已经有的或现在有的某种观念、信念、理念、意识形态才可能成功？在韦伯以后，一直有不少学者和理论认为需要。按韦伯的理论，资本主义和工业革命产生的前提是基督教的新教伦理，其构建的理论，逻辑自恰，也和19世纪前的经验一致。但是，二战后，东亚也实现了工业化、现代化和资本主义的发展，然而，东亚是在儒家伦理的基础上实现的，证伪了韦伯所主张的基督新教伦理是工业化、现代化的必要前提的看法。除了韦伯的理论之外，还有许多其他在发展中国家实现工业化、现代化需要的必要前提的理论，这些理论通常总结于发达国家的经验和现象，为学界和现有国际发展机构所重视，并推荐到发展中国家实践，我和 Celestin Monga 合著的《战胜命运》（北京大学出版社 2017，英文版 Beating the Odds，Princeton University Press，2017）对这些理论进行了讨论，发现许多发展中国家按那些建议做了，经济没有发展起来，接着就会有一个新的理论提出另外的必要条件，发展中国家再按此来做还是没有发展起来，接着就会有另外一个新的理论出现，如此循环往复。值得注意的是，二战后少数发展成功的经济体一般是在不具备那些必要前提的基础上发展起来的。

经过这些年的思考，我主张回归到亚当斯密研究问题的方法，以常无的心态，直接观察、分析所要研究的问题的"本质"，以此作为切入点来研究其"决定因素"，而不从任何现有的理论或经验作为研究问题的切入点，以避免带上了有色眼镜对号入座，而未能发现更重要、更根本的决定因素。现代社会建立在现代经济增长之上，现代经济增长的本质是生产力水平的不断提高，而其决定因素是现有产业技术不断创新，新的附加价值更高的产业不断涌现，以及随着新的技术和产业的特性和需要，基础设施和制度安排不断完善的过程。在我看来，现有理论在指导发展中国家现代化的努力中屡遭挫折，原因在于现有理论总结于发达国家的经验，并以此作为参照系，来看发展中国家缺什么或什么做的不好，但是，这种理论忽视了发达国家"有什么、能做好什么"，以及发展中国家"缺什么、做不好什么"通常是具有内生性的。我发现成功的少数经济体一般是反其道而行之，从"自己有什么、根据自己有的能做好什么，把能做好的做大做强"。当然，因为观念、理念和制度安排是内生的，发展中国家随着经济的发展，许多观念、理念和制度需要在路径依赖的方式下演进，和发达国家现有的观念、理念和制度安排特征上不见得完全相似，但本质上则会趋同，否则，则可能成为经济社会进一步发展的障碍。

以上思考，请指正。《战胜命运》一书如果吾兄没有，请告知，

观念体系与社会制序的生成、演化与变迁

当即寄上。

　　顺颂春祺！

毅夫顿首

2019 年 2 月 14 日

## 评论二　北京大学国家发展研究院教授张维迎的评论

韦森兄：

　　大作粗略看了一篇，还要再仔细读。我同意你的大部分观点，但有些观点需要讨论。比如中国历史上的土地私有问题，你用了缺乏"刚性"这个词，我大致明白你想表达的意思。但我觉得简单地说没有确立私有权是有问题的。我认为，私有权可能有纵、横两个维度。横是指不同个人（家庭）之间产权的界定，从而有了私有和共有的区别；纵是指国家权力（政府）与个人之间的关系。从横的角度看，中国"土地产权私有制"是在春秋战国时期就确立了，否则不可能形成土地的买卖。但纵的方面有问题，就是统治者可以不尊重私有权。因此，我更愿意将其看作是"ill-protected property"。如果没有基本的土地私有制度的确立，很难理解中国历史的延续。产权甚至在国家之前，没有私产，文明不可能。问题是，自秦始皇之后的中国专制制度使得统治者的权力不受约束，私有产权没有办法避免公权的任意有害。如同今天的情况一样。"溥天之下，莫非王土"，我更愿意理解为是统治者的主权概念。欧洲中世纪，土地是王权的私产，这与周朝早期类似。也算一种形式的私有产权吧。

　　关于 1949 年后的土地国有化，与中国文化有关，但我认为主要还是马克思主义的意识形态（观念体系）。

关于观念的演化过程，或许你有兴趣看看我的《博弈与社会》第 14 章"制度企业家与儒家社会规范"（见附件）。是观念的变化塑造出新的统治者。观念来自创新，创新就是与现在的正统观念不符的东西，所以新观念总是从边缘引入的。思想家是制度企业家。他们提出的观念逐步扩散开来，制度就要变了。统治或者接受新思想，或者被取代。当然，在位的统治者也会强化思想（如汉武帝"独尊儒术"），从而加强和延续统治。但引起制度变化的新思想不大可能是现任的统治塑造的。

你频繁使用"构建"一词，容易使读者觉得秩序（制序）是"construct"的结果，是理性设计的产物。我倾向于接受 Vernon Smith 的说法：理性设计"变异"（创新），但演化选择结果。他用建构理性和生态理性区别二者。就我理解，这也是哈耶克的思想，哈耶克分析法的演化时就是这样描述的：法官（或者立法者）是用理性发现法的不完善，然后加以改进。这是社会演化与自然（如生物）演化的不同。生物演化完全是基因在复制中犯的错误，社会演化是观念的变异，而观念的变异是个体理性思考的结果。所以，理性与演化不矛盾，恰恰相反，正是理性导致了演化，尽管如 Smith 所说，理性不擅长选择。但理性不能一下子改变整个秩序，否则就是灾难，如计划经济制度。

这个问题与中国改革过程有关。现在重读我 1984 年 4 月写的双轨制价格改革文章，其实就是一个演化的思路，完全符合哈耶克的理论。总体设计有问题，因为他高估了人的知识和认知能力。双轨制是一个试错的过程。中国价格改革的成功，可以说是观念的力

观念体系与社会制序的生成、演化与变迁

量，但同时又是一个演化的过程。所以是从观念（理念）到秩序的一个很好的例子。

附上我双轨制价格论文的原始文章扫描件，文字可以读（你也可以看上次转你的公号上发的文章）。

非常感谢你能来参加 6 月 12 号的讨论。到时候我们再抽点时间细聊。我 6 月 11 号晚上有课，根据你的时间，我们提前确定一下。

祝好！

维迎

2019 年 5 月 1 日

## 评论三　北京大学国家发展研究院席天扬博士的评论

李老师好，

这几天把手头正在修改的一篇文章完成后，拜读了您春节期间发给我的《社会观念体系与社会秩序的起源与变迁》一文，读了有很多思考和启发。我有一个印象，是您和林毅夫老师、张维迎老师都很认同和强调"ideas"在塑造社会制度和决定各种政策中的作用。我也非常认同这一点。受马克思主义影响的政治经济学传统比较强调经济技术、社会结构对于制度的影响，而剑桥学派、伯尔曼这些人更多地从思想史、法律和语言的角度来理解社会制度的演化。我去年思考中想到一点，许倬云在《汉代农业》中曾经提到，中国进入汉代以后发生了不可逆转的从工商业社会向农业社会的转型，决定了之后两千年大而一统的总体政治格局。这个看法很有道理，但是在向汉代转型的过程中另一个重要的变化，是思想上从百家争鸣走向以儒学为中心的统一的意识形态，而这个意识形态对于维护农业社会的社会制度起到了重要的锚定作用。近来许多考古学和历史学的著作也表明，中国在春秋战国时期的城市化率、工商业占的比例要高于后世，而这一时期的政治思想也是多元竞争的。我猜想这个判断可能和您在文章中基于中西方路径对比的分析有契合的地方，未来也许可以作为进一步研究的题目。

我赞同您的文章的绝大部分观点，只有几处地方我觉得可以有延伸讨论之处。

（1）您在文章第 2 页引用哈耶克的话说"Every social order rests on an ideology."我觉得这个表述是比较严谨的。我认为这里说"every social order"而不是"every society"是正确的，因为任何社会不是只有一种"social order"，而是有好多种互相竞争的"social orders"，相应的也有多种相互竞争的"ideologies"。一个有活力的社会，必须能够容纳许多竞争的、多元的"social order"和意识形态话语共存，相互交锋博弈，凝聚一定程度的共识，把社会推向进步。比如，您在后文中提到美国的宪政基础是"建立起由民选总统、三权分立、权力制衡和联邦制的政治制度，以及依据英国普通法为主体并吸收欧洲大陆制定法的成分而构建起来的法律制度"这无疑是正确的。但是如果把"constitution"理解成一种决定了"polity"如何运行的规则和规律的制度总和，那么今天美国的制度和"constitution"，显然比这个建国的基础走得更远、更多元，反映了更多的"social orders"和"ideologies"。比如，Founding Fathers 所构想的那个秩序里面没有处理族群（ethnic groups）的问题，不太有基于个体的政治平等和反对歧视的概念，而这些在今天的美国政治和公共政策领域都是极为重要的问题。William Eskridge 和 John Ferejohn（他也是我在 NYU 的 committee 成员，宪政经济学的元老级人物）前几年有一本引起争议的书叫 *A Republic of Statutes：The New American Constitution*，他们提出一个观点就是，美国虽然建国 200 多年来宪法的基本内容没有大的变动，但是国家的治理体系发生了巨大的变化，这个变化是通过行政法里面的法条、法规和政府监管来实施的。我觉得这个看法有一定的见地。

（2）关于中国古代是否存在对于私有产权的刚性保护，我觉得可能需要对什么是私有产权和刚性保护做更清晰的定义。从诺思到近来 Acemoglu 等人的论述，其实都缺乏一个清楚的定义，主流经济学对于产权保护的理解，从经验的角度理解为法律或者"constitution"对于行政部门权力的约束。但是从历史上来看，欧洲历史也有很多暴君，中国历史上的皇帝也受到各种约束。著名的如北宋的改革，并非君王可以凭一己之力改变制度，宋神宗问文彦博"更张法制，于士大夫诚多不悦，然于百姓何所不便？"文彦博回答"为与士大夫治天下，非与百姓治天下也。"可见士大夫和精英阶层对于君主是存有相当的制衡。

此外，您文中提到"溥天之下，莫非王土；率土之滨，莫非王臣"，我读到的解说是，这一段话未必彰显大一统的王权。其《诗经·小雅·谷风之什·北山》的一段原文是"溥天之下，莫非王土；率土之滨，莫非王臣；大夫不均，我从事独贤。四牡彭彭，王事傍傍；嘉我未老，鲜我方将；旅力方刚，经营四方。或燕燕居息，或尽瘁事国；或息偃在床，或不已于行"。在《孟子·卷九·万章上》中专门论述了这一段话，谈到"咸丘蒙曰：……诗云：'溥天之下，莫非王土；率土之滨，莫非王臣。'而舜既为天子矣，敢问瞽瞍之非臣如何？曰：是诗也，非是之谓也，劳於王事而不得养父母也。曰：'此莫非王事，我独贤劳也。'故说诗者，不以文害辞，不以辞害志；以意逆志，是为得之。如以辞而已矣，云汉之诗曰：'周馀黎民，靡有孑遗。'信斯言也，是周无遗民也"。这段话的意思，是从一个政府官员的角度来陈述自己的工作，因为普天之下，都是国王的子民，一个也不能剩下，都要照顾到，所以"尽瘁事国""靡有孑遗"，连自己的父母也没有时间照顾。当然《诗经》的语言比较凝练，可能不同角度的解读都是有其道理的。

以上是一点零星的想法，请李老师哂正。

祝春节愉快！

天扬

2019 年 2 月 12 日

## 评论四　中国著名历史学家吴思的评论

韦森兄：

你好。大作拜读了。总体感觉挺好，强调了一个我们严重忽略的问题，论证细密，说服力强。同意之处我就不多说了，我说两点阅读随想。

一、中国的土地产权制度

你谈到的对中国土地制度的各种看法，在我看来都有道理，问题不在论述者，而在论述所用的概念。所有权、占有权、使用权、都是来自西方的概念。这套概念的使命并不是描述中国的土地产权制度。

如果把土地权利看作合法暴力或政治权力认可并支持的一套制度安排，把暴力最强者看作最高权力的掌握者，即元权力，决定权力的权力，那么，土地权利体系的面貌，描述这个体系的概念系统，也要随之变形。

中国的元权力掌握者就是一个人，合法暴力的垄断者，于是，"溥天之下，莫非王土"。不仅土地，人身亦然。"率土之滨，莫非王臣。"无论元权力如何宣布，如刘邦的约法三章，事实上，皇帝总是有能力和权力侵犯各种层级的土地权利的。没有权利可以修订权利，立法权和修法权在元权力手里。在这个意义上，不受侵犯的所有权，最高档次的土地权利，在中国是无法想象的。用所有权描述中国的土地权利，从根本上就不对劲。这不是土地制度问题，不是生产关系问题，而是暴力集团与生产集团的关系问题，暴力要素与生产要素的关系问题，超出了生产关系和经济制度的范围。经济概念的宽度和深度不够。

欧洲的元权力不在一个人手里，从罗马共和，到中世纪欧洲，权力或暴力实体呈现多元化格局，没有独大的元权力。各个暴力—权力主体就在博弈中演化出稳定策略（ESS），形成稳定的问题解决方案。那就是一套多元权力共同认可的规矩，半法治的状态由此浮现。在半法治体制下，在元权力是一套打出来的稳定合约的条件下，土地所有权才有可能是真的，其地位才有可能是最高的。

总之，中国和欧洲的元权力的结构不同，于是权力及权利体系也不同，概念随之不同。我把元规则—决定规则的规则，称为暴力最强者说了算，而所有权被西方人想象为最高位格的规则，这在西方的元权力结构下可以理解，在中国的一元化大一统格局下不可理解。最高位格的东西只能有一个，限制皇帝权力的土地所有权，在形式逻辑上就属于自相矛盾的概念。

对土地权利体系的描述，要符合中国的史实，恐怕必须引入元规则和元权力的概念，在暴力集团与生产集团的关系的角度重新定义土地权利体系，据此形成不同层次的概念，描述不同的关系。

田面权和田骨权等等，那是描述生产集团内部的权利安排。权利分享者为地主或农民，佃户或二级佃户等等，都对，都有价值，但这些概念不描述暴力集团与生产集团的关系。

皇庄、王庄、官庄、各级衙门的官田，这些土地权利，属于暴力集团内部的权利关系，也有一套规则和概念，也是有价值的，准确的，但依然不是所有权的概念所能准确描述的。

二、观念体系与社会实践

你对观念体系的翻译和作用的论述，我都同意。我的联想是：那些社会实践的主体，他们在实践中必须使用某种观念体系，识别并表述各种实践对象，想象这些对象之间的关系，推测其中的相互作用。这就是实践者装备的概念、规律和观念体系。这个观念体系还伴随着各种主张，批评，掩饰或扭曲，夸大或忽略。

一旦实践受挫，就会出现调整修正观念、规律乃至整个体系的动机，严重的挫折，可能导致整个观念体系被抛弃，例如无产阶级专政下继续革命的观念体系。

观念体系，确实要服从一个规律，就是观念跟着利益走，受到利益的调解或扭曲。同时，观念也跟着认识过程走，还有路径依赖。

于是，我们眼前展现出一幅观念与使用这套观念的实践者之间的互动。观念大错，实践受挫；观念大对，实践受益。如此优胜劣汰，适者生存，观念以社会实践为演化环境。在这幅图景里，强调观念是社会发展的动因，当然不错。强调实践或经济或政治或生产力是动因，也不错。但在中国此时占据主导地位的观念体系中，老兄所强调的，正是对长期偏差的纠正。

外行人多嘴，老兄一哂。

吴思

2019 年 6 月 4 日

# 附录二
# 如何认识传统中国社会的性质?
## ——就传统中国社会的性质与龙登高教授和
## 席天扬博士的搜狐博客和邮件讨论

【韦森按】清华大学中国经济研究中心的龙登高教授,是我国知名的中青年经济史学家。多年来,他在中国市场史、海外华侨经济史、中国土地制度等研究领域做了许多深入和扎实的史学研究,著述和建树甚丰。他还在哈佛大学、剑桥大学等海外多所名校访学。前两天,他又寄来一篇新作。下面谨把他的最新论文的摘要和最初来信贴在这里,亦把在纽约大学读政治学博士席天扬的来信一块贴出,与网友一块分享,也欢迎对这个问题有进一步想法和高见的网友批评和参与。

韦森于 2011 年 5 月 13 日晨于大连

韦森先生道席:

附件拙文呈上海论坛,请指教。因为受志武、德斌等的启发,也抄送求教。

本文可从传统中国的案例来观察经济自由主义与国家干预主义。但更主要的是对传统中国经济的反思与解释。

即将成文时，我发现美国学者濮德培（Peter C. Perdue）、墨子刻（T. A. Metzger）、马若孟（Rymon Myers）等关于"东方专制与有限政府"（oriental despotism and limited state）已有讨论，李约瑟更早地提出中华帝国是一个强有力的上层官僚机构建立在广大的政府很少干预的自治乡村基础之上。但缺乏一个解释框架。

本文则建立了一个立体的解释框架。我觉得对传统经济具有解释力，能够左右相维、前后相贯，可以澄清一些成说与疑惑。

写完之后，有些沾沾自喜，感触更多。每每读到司马迁的论治国之道"故善者因之，其次利导之，其次教诲之，其次整齐之，最下者与之争"。（释文见第三部分），历史之泪总止不住潸然而下——历代王朝做不到，甚至不愿做的事，后继集权政府却实现了。当然我进行了理性的解释。

谢谢！

登高　呈

发送时间：2011 年 5 月 3 日　18:33

# 附：朴素的经济自由主义取向

## ——中国民间经济与基层社会的管理传统流变

龙登高

在中国传统的民间经济中，土地、劳动力、资本等生产要素大体上能够自由流动，基层社会呈现自治形态，家族、宗教与结社基本自由，政府和法律认可民间的交易惯例与契约精神，并以藏富于民而不与民争利为取向。各类市镇的兴起亦凸显出民间经济与市场推动城市化进程的作用。王朝对民间与基层的经济自由主义倾向，有效地推动资源配置、经济秩序及社会稳定，使大一统国家在低成本治理的基础之上长期延续。同时，技术条件有限、社会剩余不足也成为历代王朝重税、高压、专制与集权的对冲与约束因素，顺其自然的治国之道亦成为朴素的传统相沿成习。

比较视野下的考察发现，朴素经济自由主义是中国经济在历史上长期领先世界的重要基础。它始终在与专制集权主义的博弈中消长，但约束条件变动时，它无法抗衡政府权力的膨胀，特别是在强化政府控制的近代潮流中这一传统日渐式微，直至消失于国家治理与学人视野之中。

**韦森的评论**

登高教授道察：

　　这两天特忙，今天早晨才能有点时间拜读大作。读过大作中许多观点，读后深受启发，但也存在一些困惑，下面就匆匆谈一下几点自己的一点随感和疑惑：

　　第一，大作中谈到英国学者李约瑟提出的"中华帝国是一个强有力的上层官僚机构建立在广大的政府很少干预的自治乡村基础之上"的观点，这一判断显然是对的，但是，我们也反过来要注意到李约瑟和黄仁宇于 1974 年 4 月 30 日在香港大学讲演"中国社会的性质"中的以下判断："中国回避了这样一个概念，即财产权利是不可剥夺的权利；这不是因为中国的哲学家们不能构思出这样一种观念，而是这样的观念本身与 2000 多年前就已经发挥作用的中国自然环境不相容。中国放弃发展独立的司法，不是因为中国人天生就轻视法律，而是因为在他们的历史中从来就没有形成平等的城邦公民之间以及国王和封建主之间的对峙局面——这种局面需要法官的仲裁。"李和黄还认为，由于中国缺少法律与秩序相对应的公共安全，这妨碍了中国的国内贸易，"商业的风险极高，商业扩张的可能性也严重受到制约"，导致中国的市场交换只能像后来诺思认为的那样是只是"personal exchange"。在这一讲演中，李和黄还认为：中国信贷的不发达（参陈志武教授近几年的研究），"肯定与缺乏严密的商业法是有联系的"。他们还认为，传统中国不可能制定出这种西方模式的法律的："商业法的实施，需要司法独立，涉及对财产权的绝对承认，这些都与中国的社会价值观念和社会组织原则相反。"当然，李约瑟和黄仁宇的这些观点可以找到一些反例，如文景之治，大作中谈到比较多的两宋，甚至在明嘉靖到万历年初期和康乾中期。然而，为什么这些中国历史上的市场和商业贸易的繁荣都"自发"衰落了？这难道不正是证明了李约瑟和黄仁宇的这些判断？

第二，大作提到美国学者濮德培、马若孟等就"东方专制与有限政府"的判断，对这方面的文献，我近些年没有怎么关注，但是我感觉如果不是这些汉学家们误读了中国历史和中国的社会性质，就是没有真正理解英国《大宪章》之后西方"宪法民主政制"的实质。由于中国的皇帝（甚至总统和主席）的权力不像英国自由主义文化传统中那样受"上帝"和"人民"两个方面的"约"，他们的权力从法理上看好像是无限的，是高于法律的。但是，正是在这种无限皇权的社会体制中皇帝实际上能真实控制社会的权力并不大。这就在传统中国亦即当代中国社会中出现了一个悖论：因为主权者（the sovereign）权力来源不清，使得拥有最高权力者和政府常常实际上最缺乏控制社会的能力，别说历史上的一些弱势皇帝根本不能控制和指挥自己整个朝廷和社会了，就连晚年的毛泽东也感到是多么无力和处处受制于人？故在没有宪政规则下的皇帝和政府的权力看似无限，但实际上由于没有明确地宪政规则来划明主权者的界限，往往是导致最弱政府实际的"权力"的格局，且一个王朝的时间越长，这种政府对社会的控制能力将会越弱。试问：是美国总统的实际权力大，还是没有现代宪政民主制度国家的中央计划经济中的总书记和主席的实际权力大？宪法民主政制和有限的政府体制明确划定政府权力的来源和合法性的权力，与实际社会运作中皇帝、政府及其个人能多大程度上掌控社会是"completely"两个概念，根本不是一回事！单从这一点我认为，濮德培、马若孟这些汉学家和一些政治学家就认为传统中国存在"有限政府"，可能是个莫大的理论误识。

第三，在大作第 3 页，有"就契约而言，虽然国家权力强大，但在民事交易领域，人们并不缺乏自由、平等的契约观念"的判断。直率地说，从 20 世纪 80 年代开始我对这一点就一直存疑。我一直认为，在传统中国社会中，乃至在中国传统文化中，根本就没有"rights"这个"sense"，更没有"liberty"这个"sense"。这导致传统中国的"律"与西方的"Law"，看似一个东西，但实际上或言基本上是不能完全直接对译的两个概念。由于中国传统社会和传统文化中没有"权利"这个概念（我多年来一直使用"在中国传统文化中人们的权利意识一直是被'昧蔽'着的"这个提法），说来不是我自己的谬见，只要读一下严复为穆勒（John Mill）的《群己界限论》所做的序，就知道他在晚清时期就是多么强烈地感到这一点了。随信也把我 2006 年在哈佛访学时所写的一篇随笔（哈佛书简之三）传上，请多多批评指正。这些年，我对传统中国社会的法律制度的看法基本上没有怎么改变，尽管在哈佛读张晋藩先生的巨著《中国民法史》时，使我认识到梁治平的中国古代社会没有民法的判断有点过于匆忙和草率（后来我较同意田涛的不能用西方法学理论和法学概念丈量中国"法律"的判断——这需要我们独立思考和独立判断，也许年底或明年我会回到这个话题上来）。这里的问题是，尽管从近几年的竹简挖掘中我们看到秦汉时期的交易契约的完善形式，由此也可以认为在古代中国不缺乏在一定的社会环境中"官家政府"保护市场交易的"律"，和相应的政法不分的社会体制下的司法审判程序，但是，如果国人的权利意识并没有完全觉醒，或是完全"昧蔽"着的，中国的法律可能正如已故中国著名的法制史学家郑秦的判断那样：中国的"法律的最终含义，就是上管下，官管民。下对上没有监督，民众没有权利。百姓只有守法的义务，下级只有服从上级的职责"。

第四，大作中提到司马迁与老子的无为而治的思想，这一点也值得我们进一步注意。我以前也一直认为文景时期西汉朝廷对市场经济的发展采取的是黄老之术，无为而治，故一直认为老子《道德经》的思想是主张小政府，少干预的自发社会秩序——这一点连哈耶克都被给蒙蔽了！后来读加拿大卜正民（Timothy Brook）的《纵乐的困惑：明代的商业与文化》，才知道我早先完全误读了老子了，连哈耶克更是！说到底老子不是主张自发市场秩序和商业发展，而是小国寡民（"鸡犬之声相闻，老死不相往来"）的自然经济，——这也是朱元璋立国后特别喜欢老子哲学的主要原因。现在看来，老子与司马迁的思想取向和社会主张完全是两回事：司马迁是个伟大的市场主义者，早亚当·斯密近两千年提出了《国富论》的一些主要思想，老子则完全相反，主张农耕社会的自然经济。

第五，大作的题目叫"朴素的经济自由主义取向"，我自己初步和粗略的感觉是这个提法也值得进一步推敲。什么是"liberalism"？它在原初意义上讲，或从词源学上考察，它与英文的"liberty"有关。在 John Mill 的 "On Liberty" 中，他非常好且非常清楚地告诉世人：自由即权利，即两个概念实际上是一枚硬币的两面，精确地说，在传统英国文化中，自《大宪章》到《权利法案》，在英国社会中真正限制住了王权，人们才真正有自由可言。他的原话是："爱国者的目标就在于，对于统治者所施用于群体的权力划定一些他所应当受到的限制，而这个限制就是他们所谓的自由。"这句话再清楚不过地道出，只有在宪政（君主或政府的权力是有限的，用英国13世纪伟大的法学家Henry Bracton的说法，"国王在万人之上，却在上帝和法律之下"）体制下，才有自由，人们才可以有权利（rights）可言。在传统中国社会，根本就没有君王的权力受限的概念和理念，怎么会有"权利"意识？没有权利可言，又何谈"自由"和"经济自由主义"？当然，在传统中国社会不是没有市场的"自发秩序"，传统中国社会任何阶段都有"市场经济的自发成长"——正如你前几年的大著《中国传统市场发展史》所整体描述的那样，但是，正是因为传统中国社会的权利意识和自由意识乃至保护私人不受官家和朝廷的任意攫夺是"昧蔽着"的，因而当民的"私有财产"（这个概念在传统中国社会的皇帝家天下体制中要大打折扣，这也是台湾著名经济史学家赵冈的主要误识）在遇到来自朝廷和官家攫取和没收时就毫无能力保护（确有官衙保护财产拥有者的财物受不是来自皇帝和官家的他人"侵权"的"律"和司法实践）自己了，导致中国传统市场发展只能是起起伏伏，不断地"野火烧不尽，春风吹又生"。

拉拉杂杂谈这么多，随感而发，不一定对，三位教授[1] 也不一定同意我的判断。另外，还有一些其他陋见，等月底来上海我们再具体聊吧！

---

[1] 这里指龙登高教授、陈志武教授和马德斌教授。

即颂撰祺!

韦森匆匆

发送时间：2011 年 5 月 5 日

## 龙登高教授的回复

韦森先生道席：

非常感谢您百忙之中提出灼见与长篇评论。我们有共同的出发点，但有不同的侧重。

第一，您所指出的现象与比较视野，都是有一定道理的。这主要是西欧近代转变与创新的结果，当然也有其历史渊源。譬如说英国的产权制度，就是圈地运动之后形成的。

而中国要源发性地创新出近代制度，从历史轨迹看的确难以实现。这一点我们是相通的。

第二，我称为"朴素的"经济自由主义，当然不是指现代意义上的界定，而且有相当的距离。我想强调的是，这是一种人类的天性，有各种表现形式，但并不意味着中国历史上没有，而是在随后的演进中有不同的走向。

第三，中国的近代危机，是政府控制被强化的重要推动力，又恰逢世界大潮，如凯恩斯主义与苏联影响。

第四，中国的根源不在于传统，而在于后来的特殊演变。起码中国传统不排斥普世价值，中国也不存在障碍学习近代制度。中国台湾、香港地区也学得很快很好。如果过于强调传统不容于现代，会给当今为政者强调中国特色而排斥普世价值提供借口。那将很危险。

盼有时间深入讨论。

登高　敬呈

2011 年 5 月 5 日　17：56

**席天扬的评论**

李老师：

　　刚才重新读了龙老师的文章和您的几点评论，很受启发。结合我自己的思考，又有若干意见，不揣浅陋，与您和大家探讨。在我看来，您和龙老师都同意：

　　第一，古代中国社会，在传统农耕经济的基础上，其底层和民间制度表现出一定的灵活性。特别是在农业生产的方式和租佃合约的选择上没有遵循统一的中央规制，或可看作某种程度上具有自由放任的农业经济特征。

　　第二，这种相对自由和灵活的农业经济形态，在生产方式和政治制度上不同于欧洲工业革命以后的工商业经济。而传统中国民间经济的灵活性和租佃关系，并不足以保证或保护民间免受大一统政府的支配。在财产权的确认和分配上，中央政府仍然具有最终的话事权。

　　我认为，您二位不尽相同的地方在于：

　　第三，民间经济的灵活性和中央政府的最终主导所占的影响孰轻孰重，或者更准确地说，民间经济的灵活性和中央主导，何者更能解释传统中国社会的政治—经济模式？

　　第四，底层士农工商在生产经济中所享有的灵活性和契约自由，是否近似等同于或可以类比为现代资本主义社会中的权利：

财产权或其他法定权利？进一步说，我们能否合理地发现在传统中国社会中经济和政治上的"自由主义"胚芽？

这些讨论，当然无法和中国现实的语境分开。我自己有一些延展开去的看法，不一定紧扣龙老师的文章，但略述如下：

第五，传统的农业社会，和经历了产业革命后的（近）现代资本主义社会相比，在生产和经济形式上迥异。我们对不同时空中的法律、金融、财产权、法定权利、契约自由和权力格局的讨论，或许需要以承认这种不同为前提。万历十五年的中国，是传统农业社会。1700 年的英国，处于前工业社会。1848 年的法国，具备现代资本主义社会的绝大部分特征。而今天的中国，是（一种无论何种特殊形态的）"现代资本主义"社会。因此，我认为龙老师主张的古代中国"朴素的经济自由主义"，和您强调的大一统政府的支配地位，二者在逻辑上可以共存。我们可在一种宽松的意涵上使用"自由主义"，而不是严格限定于 19 世纪欧洲的"liberal parties"的那种"自由主义"，更不局限于 20 世纪罗尔斯的学院派自由主义。正如古典城邦时代的自由，不同于 19 世纪欧洲和 20 世纪美国的民主化，公民人权运动中的那些个人权利，"朴素的经济自由主义"不必等于现代资本主义语境下的经济自由主义，在逻辑上也是说得通的。

第六，比较古代中国、产业革命后的欧洲以及当代（目前）中国之间的异同，我感到我们在讨论中所没有予以充分展开的，是政治权力的不平衡，以及围绕着政治权力的斗争在塑造制度上起着至关重要的作用。在讨论从一种制度向另一种制度的转型当中，很难回避讨论最大的转型成本：握有权力的一方对既有利益者的损害以及利益受损者的抗拒。我认为政府和民间的关系，诚然是基本的一环，但仅仅认定政府—民间的二元关系模式，会把制度变迁的博弈问题公式化和简单化。我没有能力从历史学的角度讨论"东方专制主义"的概念是不是合适。但我怀疑仅仅从"有限政府"和"限制政府权力"出发来讨论问题，会遮蔽对一些问题的认识。政府不是一个单一个体，政府不是利维坦。政府是由不同的个人和社会团体组成的机构，这些人和团体之间有着不同的利益分歧，但他们作为统治阶层或精英阶层，又对底层民众保持绝对的优势。权力格局的变迁不总是单向的，对某个统治集团的权力的限制，背后可能是另一个统治集团的崛起和另一种新的社会规制格局。

在英国"光荣革命"的例子中，正是王室和王室所象征的大地主的衰落，伴随着议会——更精确地说，议会中的辉格党人所代表的工商业资产阶级的崛起。David Stasavage 关于光荣革命之后英国财政变迁的论文（附件 1），正是用比较翔实的数据和现代计量工具，来说明英国政府财政能力的提升，是 1715 年辉格党在议会占据主导以后的事。这背后的故事是，新兴资产阶级在政治上压倒了旧势力，能够在议会中顺利地推行有助于工商业发展的法案。"It（指公共财政）was only consolidated in 1715，almost three decades later，during a 'Whig Supremacy' where a single party established unchecked control over British political institutions."

而 John Nye 在 "War，Wine and Taxes" 中说的故事是英国如何在产业革命时代通过贸易壁垒和改革税制（有利于资产阶级而对地主不利）来提高征税能力和促进政府的扩能。这些问题实际上又涉及排他性的产权（比如：有限供给的土地）、外部性和科斯定理的适用性。Acemoglu 的那篇 "Oligarchy versus Democracies" 提供了一个漂亮的理论模型（附件2）。具体举例来说，英国产业革命得以顺利进行的一个基本前提是"enclosure"。从1750年到1860年，英国各级地方议会通过了5000多个大大小小的"enclosure"法案，覆盖21％的英国土地，把在无主地和共有地上已经世代耕种的农民赶出去，代之以建设利润更高的农场或工厂。今天我们讨论中国的财产权保护和其他问题比如说征地问题，没有办法绕开各个国家的历史和真实的司法实践来谈。比如美国涉及土地问题，1929年"Rockinghan County v. Luten Bridge Co."，2005年最高院关于eminent domain的里程碑式判例"Kelo v. City of New London"，均认定项目发展优先于个人财产。具体的问题应该具体讨论，但无论怎样，如果我们采取同一个标准来比较，比方说英国的历史实践、美国的历史实践和今天中国的实践，恐怕难以作出"英美有产权保护，中国没有产权保护"这样的二元分立。

第七，李老师强调的宪政—自由—权利之间的环环相扣以及它们的重要性，当然怎么强调都不为过。但从政治—经济学角度一个更加深层的问题，或者说我个人觉得我们作为学人应该同时思考的难题在于：宪政何以可能？法治何以可能？说到底，宪法只是一部纸书，为什么统治者愿意遵守宪法和自己制定的法律？如果中国在一夜之间转型，在所有法律和政府架构上照搬美国，那个美国式的政治—经济均衡是否就会在中国实现？实际上这又涉及 Acemoglu讲过，John Nye 也讲过的那个问题：给定一套理论上完美的制度，利益集团有各种各样的理由和工具去绑架这些制度，结果是：这些制度被搁置，或称为腐败的工具，而经济民生发展停滞。John Nye认为菲律宾正是这样的典型。

学理角度来说，从"self-enforcing institutions"这个角度来理解和谈论制度具有重要意义，这是一个马基雅维利式的追问：为什么宪政可以具有约束力？为什么手中有枪的人要服从手中没有枪的人？这个问题以前同李老师讨论过，但我们没有深入展开。这议题本身是当代政治学的核心命题之一，无法绕开它们来谈宪政或民主。以较近的文献说，Barry Weingast 发表在《美国政治学评论》的"Democracy and the Rule of Law"，James Fearon（2006）的"Self-enforcing Democracy"，Adam Przeworski 发表在《公共选择》的"Democracy as Equilibrium"是其中最重要的文献。我今年6月份会在巴黎和 Palo Alto 的会议上做 presentation 的自己的陋作"Constitutional Mediation and Political Compromise in Repeated Conflicts"，亦是从作为均衡成立的制度这一角度来思考宪政问题。

最后，可能最重要的，在现实中，"好"制度如何能够被实行？我没有答案，但同意李老师说的，底层民众的"权利"和"自由"观念之重要。如果所有人都相信中国宪法中的那些基本权利是真的并遵循之，它们就会是真的。这和法治一样需要时间来确立。一百多年以前，在美国最高院的历史性判例"Worcester v. Georgia"作出后，Andrew Jackson 说了那句著名的（或臭名昭著的）话："John Marshall has made his decision; now let him enforce it!"不论二百年还是三十年，在历史里都只是一瞬。

又写多了。浪费了大家的时间，就此打住。

祝好！

天扬

2011 年 5 月 5 日（周四）

# 附录三
# "硬化"企业的财产关系是建立
# 完备市场经济的先决条件

建立起有宏观调控的市场运行机制，是我国经济改革的首要的目标函数。可是，怎样才能建立起完备的市场体系并相应地形成顺畅的市场运行机制？

现在，不少同志认为，完备的市场体系应该包括消费资料市场、生产资料市场、资金市场和劳动力市场。这固然不错。然而，是否在我们已经有了消费资料市场的条件下，只要我们放开生产资料价格并让其自由流通，相应地进行金融体制改革，并让劳动力自由流动，就能形成完备的市场体系呢？我们认为并不尽然。要形成完备的市场体系，必须有一个首要条件或先决条件，这就是明确的、"硬化"的、实存（而不仅仅是理论上假说或设定）的消费资料、生产资料、货币和劳动力的所有制。因为，人们要在市场上交换或购买商品，必须首先要以商品或货币的监护人即所有者的身份出现在市场上。很显然，没有所有关系，也就没有市场。从这个意义上说，完备的市场体系必须有明确的、和谐的所有制为其轴心，支点或者说构架。没有这个条件，市场就只能是残缺的或者说名义上的市场，这种市场的运行机制也只能是不顺畅的、畸形的机制。

观察当前我国经济的所有制结构的基本格局，是否我们已具备了与建立四个市场从而形成完备的市场体系的运行机制相配套的、和谐的所有制结构？我们认为并不具备。

首先，从抽象的理论形态上来看，我们认为，目前我国城市经济的所有制结构是一种模糊的、淡化的、软性的结构。就国家所有制来说是如此，就城市集体所有制来说亦是如此。从国有制来说，国有企业的财产的所有主体到底是谁？这是一个多年来谁也讲不清楚说不明白的问题。如果按民法教程上的说法，国有企业的产权属于国家，但它并不是属于国家的各级政府机构的官员，如果说它属于人民，这个"人民"的范围有多大？它是指社会的全体成员，还是仅仅是指全部国有企业的全部劳动者？即使我们绕开这个问题，采用国有企业的全部资产属于社会的全体成员说，那么，且不说国有企业以外的社会成员凭借自己在理论上对国有企业的财产的所有权从国有企业中占取什么了，就是与国有企业的财产直接结合着的国有企业的劳动者，除了参加本企业的劳动，相应地领取相当于自己劳动力价值的消耗部分的工资收入外，也并没有凭自己理论上的所有权从本企业中占取任何东西。而所有，作为由法律肯定和保障的并在人们的社会经济关系中设定的人对物（所有对象）所发生的一种排他的意志支配，要成为真正的所有即实所有，必须通过不断地在经济活动中占取所有对象所带来的经济效益（或其中的一部分）来实现。失去了经济收益权这个所有的本质特征和要求，所有就成了一种仅仅是纯粹法的规定或理论假说的"虚所有"。由此来看，我们的国家所有对劳动人民来说，只不过是一种似所有非所有的"虚所有"，仅仅是一种由法所规定的抽象的理论假说和设定。

再从城镇集体企业来说，尽管其财产在现有的经济学文献上是说属于各企业内部的全体职工的，从而乍看来这种所有制的主体似乎是清楚了，但其实并不然。大家知道，由于集体企业的资产及其经营收益经常被上级主管单位或行政机构平调，所以说这种企业全体职工的集团所有，实际上没有法律保障其不可侵犯性，因而是不固定的、模糊的和松软脆弱的。更进一步的问题是，集体企业的职工是通过国家的劳动部门统一分配进来的，并且新来的成员无差别地使用企业的资产，无差别地分享企业的产权（尽管仅仅是理论上的）。随着新来成员自由参与企业产权的分享和对原有企业职工的所有的"侵犯"，也就自然否定了企业原有职工的集团所有权从而证明集体企业的法所保障的所有并不存在。由此可以说，目前我国经济中的"集体所有"或"企业所有"，实际上是一个连法的规定和保障的"虚所有"都达不到的纯理论设定。由于就我国城市经济的整体来说，其所有形式是这种所有主体模糊的软性的虚所有，因而，当企业的厂长或其代表把本厂的产品带到市场上去交换，他只能说他与本厂的职工是产品的生产者、产品的交换者，而并不是产品的所有者。他所带来交换的产品的所有权到底属于谁，恐怕他本人也说不清楚。显然，在这种虚所有的社会经济结构中，由于所有主体模糊，必然致使各个企业在市场上交换的产品，并非真正意义上的商品，最多只能说"半商品"或"准商品"，这种"市场"也肯定并非真正的市场，也只能是"半市场"或"准市场"。通过上述分析，我们可以看出，今天我们讲发育和完善市场，实际上并不具有相应的所有制结构来作其轴心、基点或支架。

其次，从经济运行的现象形态上来看，由于我们城市经济中的所有制结构只是一种"虚所有"，在现实的经济运行中，就自然或必然地产生出我们今天所常说的企业的资产代表人模糊的问题。事情很明显，在我们的国有企业或集体企业的财产的所有主体是谁本身就是模糊的从而这种所有本身就是含混不清的情况下，又怎能设想或企求这种虚所有或含混所有在各个企业中有清晰明确的资产代表人呢？我们觉得更进一步的问题是，这种企求在企业中找资产代表人或人为地制造资产代表人的改革的思路，本身就值得研究。因为，所有者就是所有者，不能也不应该试图在所有者与所有对象之间的所有关系中间插上一个中介或"第三者"来作为所有者的代表人。凯恩斯说过："财产关系是一个三角关系，A 拥有 B，并对抗C，在这里，C 代表全体其他个人。"（《法律和社会科学》，伦敦，凯根波尔特·特鲁伯纳公司 1935 年英文版，第 59 页）很显然，如果在 A 与 B 的关系中插上任一个 C 从而变成 A→C→B，这就必然使所有失去了排他性从而否定了所有自身。因此，说到底我国企业所面临的所有制问题并不是资产代表人模糊的问题，而是资产的所有主体就含混不清的问题。一方面，由于我国的企业资产的所有主体模糊不清，另一方面，企业全体成员参加生产劳动或经营活动的动机则是占取个人消费收入的最大化，这样，企业的增长动机不可能形成，或者说根本就不可能存在。这种所有主体不明确相应没有增长动机的企业手中有了钱，不以各种名目或形式发给职工而为一堆谁所有都不清楚的财产"添砖加瓦"才是一种怪事！这实际上是我国企业不能自动趋向或实现行为合理化的症结所在，也是目前我国为改革所震荡着的经济运行过程中，国家对企业的控制—放松，企业的消费收入就涨并且涨后难消的畸形机制形成的根本原因。毫无疑问，这种淡化的、软性的、模糊的虚所有结构，必然导致企业的畸形行为与市场运行机制的摩擦和撞击。因为，在企业的财产关系没有硬化之前，企业的形式上的财产所有权和实质上的资产支配权还掌握在国家的各级政府机构手里，那么，企业的目光自然总是盯在企业与国家的分配关系即经营收益的拿与留的讨价还价上，而不可能把全部精力放在市场的竞争上。这样，即使国家设计再好的市场体系并试图强行把企业推到市场中去，也不可能真正把企业推出去。如果国家不能真正把企业推向市场从而割断企业与政府机构的"脐带"，完备的市场机制不可能形成。在此情况下，如果国家在企业的财产关系没有硬化之前不顾一切决然把企业推向市场，必然是，推一推，企业的消费收入就涨一涨；涨一涨后，国家又不得收一收、控一控。经过若干个"放→控→放→控……"过程的循环往复，就会逐渐在企业内部形成一种"抗药性"，使得国家对企业发出的调控信号（不管是行政命令式的、经济杠杆式的、经济法规式的，或其他各种形式的）对企业营运的调节和约束作用递减。这也不能不使得我们的改革老在那里蹭蹬、徘徊和"兜圈子"。

对处于改革震荡中的我国社会经济机体的内在运行机理的不同认识，逻辑上必然导致对进一步的改革的战略的不同选择。目前我国的经济发展到现阶段，结构性矛盾越来越突出，我国的改革推进到目前的态势，进一步推进越来越困难，并且发展和改革二者互相交织、互相缠拽的格局中，进一步的改革究竟从哪里首先推进？是在改革打了许多外围战后，向经济运行的深层结构所有制推进？还是继续绕开所有制问题仅在发育和完善市场上做文章？基于上述认识，我们认为，尽管我国经济改革的所有制方面的动作步履维艰、推进困难（这不仅是因为这方面的推进首先要遇到传统的经济学范式的束缚以及人们的传统观念的障碍，而且在硬化企业的财产关系方面我们目前还没有现成的答案和方案），仍然应该选择前一条"陡峭的山路"。因为，没有我国经济改革的所有制方面的进一步推进，从而没有在我们的经济体系内形成一个硬化的、明确的所有制构架，要建立一个完善的市场体系以及相应的顺畅的市场机制，不能不只是一个超前的美好愿望。当然，现实的改革过程也可能出现这样一种情况：发育和完善市场的过程同时也就是人们不自觉地、潜移默化地硬化企业的财产关系的过程。然而，这可能将本来就步履艰辛的我国的改革，带入一个更加难以驾驭和操作的过程。因为，在这个过程中，必然时时伴随着由于我们经济机体内部所有关系软化、淡化、模糊化所衍生的非合理的企业行为与市场运行机制的撞击和摩擦，而这种撞击和摩擦又会不时给我们的社会经济系统造成一定的紊乱。因此，从经济改革的长期战略和经济改革的宏观效益上来考虑，这并非是一种经济合理的战略。

　　这里应该指出的是，从所有作为经济收益的占取权上来看待我国经济的所有制结构，可以说我们只具有一种模糊所有，一种虚所有，但是从财产的支配权这个"所有的灵魂"的角度来看，这种虚所有，虽然是隐形的，但却是非常实在的客观实存。这种客观实存的形态，就是"部门所有"和"地区所有"。这种"部门所有"和"地区所有"又似乎交织成我们的社会经济机体内部与旧的、高度中央集权的经济运行体制模式相配套且二者非常和谐的"潜"构架，或者确切地说，这种潜构架本身就是这种体制模式的构成部分。在近几年的改革过程中，随着我国经济运行体系中市场机制的逐步引入，尽管这种在现实经济运行过程中时隐时现的潜构架与市场机制不断地发生碰撞和摩擦，并几经我们所推出的旨在消溶它的改革措施的震荡，但它在这种不断地碰撞、摩擦和震荡中，却显示出自身非常顽韧的自我维系和自我修复机制，并且迄今为止仍然保持着巨大的稳定性。因此，如果我们不努力探寻轰击这种潜构架的枢纽机关，进而自觉地下大决心在改革和消弭这种潜构架方面有所动作，而是企求通过发育和完善市场，用不断生长着的市场机制的撞击，逐渐地完成它的断裂和变革，不能不异常困难。

另外，我们还不能不看到，目前我国经济改革的所有制方面的推进之所以异常困难，并不仅在于这种虚所有以支配权体现出来的潜结构已在我们的社会经济机体内部生长发育了几十个春秋，从而盘根错节，具有顽韧的自我维系和自我保持能力，因而要完成它的断裂和变革，需要较大的社会经济系统的震荡，而且在于中国几千年遗传下来的传统文化和民族心理的沉淀中似乎就不存在"所有制"这个"洋玩意"。从后一点来说，在中国传统文化和民族心理中，所有制观念之所以比较淡薄，实际上并不仅仅是因为"所有制"一词本身就是一个舶来品，它被引进到我国的文化中来还只是近代的事，而主要是在于在中国几千年来的宗法一体化的封建社会经济结构中，财产关系一直就比较松软脆弱。大家知道，所有作为为法所规定和保障的人与物之间所发生的一种排他的意志支配，是随着西方古代社会中法的产生和形成而诞生和出现的，而在东方，中华帝国的大一统的封建宗法一体化的社会经济结构中，社会本身就不像西方社会那样具有"对简单商品所有者的一切本质的法律关系（如买主和卖主、债权人和债务人、契约、债务，等等）所作的无比明确的规定"的"商品生产者社会的第一个世界性法律即罗马法"(恩格斯语,《马克思恩格斯全集》,第21卷,第346页)以来的法治传统,以及完备的法律体系(当然这并不是说中国古代社会没有自己的法律体系,但中国古代的法律主要以刑法为主),因而,不但在中国古代的法律和历史文献中没有"所有制"这个词,就是现实的财产关系,也一直是比较松软和脆弱。战争、兵荒、河堤崩决、江河泛滥、皇帝的敕令、官府的命状、甚至豪强的势力,都能较为轻易地迁动或改变财产的隶属关系。由于中华民族几千年来一直在这种缺乏法所规定和保障的松软脆弱的财产关系的社会中生存繁衍,因而作为法所规定的经济关系的所有制的观念,自然在民族文化心理中一直比较淡薄。特别是,在两三千年前的西周时期,中国就曾出现过"溥天之下,莫非王土"的"国有"经济及其与之相适应的财产归属观念,在西周以后漫长的中国封建社会中,虽然屡屡出现社会的大动乱和王朝的更替,经济和政治制度也发生了一定的演变,但总的来看,王朝官僚政治机器一直对经济过程有着超强的一体化的调控力量。以致近代工业在中国萌生出现时,其主体形式也基本上是官办或官商合办经济。民国时期的中国的资本主义经济,更主要是以官僚资本占主导地位并为其基本特征。因此,除了从理论上说我们今天的国有是劳动人民的公有,从而与中国封建社会的皇亲国戚、官僚地主的私有有着本质的区别外,仅就形式而论,"国有"似乎在中国已有了几千年的历史传统。从这一点上来看,1949年后我国之所以能从国外移植来一套高度中央集权的统制经济运行模式,以及与之相配套、相适应的国有制这种虚所有制的潜构架,原因之一就在于在中国几千年的社会制度、经济结构、文化传统、民族心理中都有它的遗传模板。正因为中华民族几千年来一直在这样不完善的、松软的、脆弱的所有关系中生存繁衍下来，1949 年后，高度中央集权的统制经济运行模式又一直以一种虚所有为其特征，所以，我们今天所说的所有制的改革，从某种程度上说并非真正的改革，而是随着我国法治建设的完善和民法的颁布，实施真正的、完全的法律意义上和经济意义上的所有制的新建，是所有从一种理论假说向客观经济运行过程的实存的对象化。从这种意义上讲，我国的经济改革，既要完成产品经济向商品经济的过渡，也要完成我国经济结构的从无所有到有所有，从一种模糊的、软性的虚所有，向明确的、刚性的实所有的过渡。很显然，由于中国几千年来遗传下来的传统文化观念的阻碍和我们的社会经济机体内盘根错节的虚所有的潜结构的缠绕，不能不使得我国的经济改革以及经济改革的所有制方面的推进即所有关系的硬化过程是一个较缓慢、较漫长且较困难的过程。

值得庆幸的是，当前我国经济改革的所有制方面的推进，既有其困难的一面，也有其相对容易的一面。困难的一面在于，如上所述的，我们今天所说的所有制的改革实质上是从虚所有向实所有的过渡，从某种程度上是所有制的新建，因而它要遇到中国传统文化、民族心理和社会习俗中所有观念淡薄以及现实经济关系中虚所有的潜结构的阻碍，而其相对容易的一面，恰恰又在于我们企业财产的模糊的虚所有即"人人所有、人人又不负责"的态势。正因为我们企业的财产从理论上是人人所有或劳动者所有，所以我们今天所说的所有制的改革，实质上只是硬化我们经济的所有关系，只是把理论上就属于劳动人民的产权真正用法的形式硬化下来，并让其在经济活动中不断地实现自己，只是社会主义公有制从一种理论假说向经济关系中的客观实存的对象化，而不是把产权从一些人手里剥夺过来转交给另一些人，因而不是剧烈的社会革命，也自然不会引起社会的一部分人的异常猛烈地殊死反抗。只要我们在所有制问题上破除一些积久相沿的传统观念，中央政府下决心在硬化企业的财产关系方面推出一些改革措施，并且这些措施又为广大人民群众所理解、拥护和支持，那么，建立起与有宏观调控的市场运行机制相配套的、和谐的所有制构架的改革的目标函数，是完全可以达到的。

如果说在发育和完善市场体系的改革措施出台之前，或这些措施实施的过程中，亟需我们在经济改革的所有制方面有所推进，那么，进一步的难题是，怎样推进？对于这个问题，笔者已另文作了初步探讨。本文这里只想指出，在目前我国经济改革中的所有制问题的理论研究思路上，以及在改革的实践和新的经济运行体系的建设中，必须坚持以下两个基本点：

第一，鉴于所有是人们在社会经济关系中人对物所发生的一种排他的意志支配（黑格尔把所有描述为人的意志向物的"注入"，马克思则把它说成是人的意志向物的"渗透"），所以，在思考或设计我国经济的所有制结构的目标模式时，必须时时明确地坚持这一点：所有的主体必须没有任何中介地直接明确到人，而不是任何政府部门、机构和组织，也不能含混的是作为经营活动单位的企业。不具备这一点，不管我们设计什么样的所有制模式，必然不可避免地仍然存在所有主体模糊的问题，这种所有自然仍然是一种模糊的、不确定的，松软的虚所有，从而不能根本解决我国经济运行的微观基础问题，结果也必然使我们出台的任何改革措施和设想都达不到预想的目的和效果。

第二，鉴于目前我国企业的财产理论上是属于劳动人民或企业劳动者的，因此，在进行我国经济的所有制结构的目标模式的设计时，以及在现实中硬化企业的财产关系时，也必须坚持这一点：所有主体必须是全体劳动人民，而不是社会的一小部分人。不然的话，如果我们设想主要通过拍卖企业的资产把企业的产权转交给少数近几年钻了改革中的经济运行体系的缝隙和双轨价格的空子发了财的人，我们就会人为地制造出一个只是凭借生产资料的所有权吮吸经济过程的社会阶层，重新恢复资本与劳动的对抗，从而从整体上改变我国经济的公有制的社会形式规定性。毋庸置疑，这绝非是历史的进步，而是历史的倒退。

（本文发表于《东岳论丛》一九八七年第一期）

# 附录四
# 英美宪法民主政制的超验之维

　　宗教信仰与人类社会种种制度的生成与变迁的关系，无论是在国际上，还是在国内，目前看来，都还是个有待进一步开发的研究领域。一个显见的事实是，在古代、近现代乃至当代的许多国家和社会中，宗教信仰以及与之相联的一些文化信念在种种政治、法律、经济等社会制度的形成与变迁中，均起着深层次的作用和影响。就此而论，若忽视人类社会制度形成与变迁中的宗教信仰与文化信念维度，就很难对人类社会的历史发展和制度变迁过程有较为清楚的认识和较为确当的理解。

　　近代以来，在西欧和北美诸国渐次出现了一种法治化的市场经济秩序，伴随着这一社会体制的生成，18 世纪之后在西欧和北美相继发生了工业革命，经济快速增长。在西欧和北美社会中由科技革命和工业革命所推动的近现代经济增长和社会发展，又常常被人们简称为"西方世界的兴起"。近代以来西方世界兴起的原因到底是什么？这一直是个久经不衰且到目前仍难能说已有确切答案的重大问题。正是因为这一点，历史学家、经济学家、社会学家、法学家乃至政治学家和科学史家，等等各学术界学者都曾付出过巨大的努力，试图寻找西方世界兴起的政治、法律和文化原因，因而也产生了各种各样的解释与学说。除上述社会科学各界的理论探讨外，近些年来，又有一些学者深入探讨基督教信仰、宗教活动以及教会制度在欧洲中世纪乃至欧美近现代社会中对政治、法律、经济乃至科技制度的形成与变迁过程的作用与影响，产生了一些非常令人振奋且有着很强说服力的研究成果。这些研究，可以使今天的学界更深入和切实地理解人类社会制度生成和变迁的事实过程与历史真相。

从思想史上来看，从宗教信仰的角度研究现代资本主义兴起的文化原因，自 19 世纪末以来在西方社会中一直就不乏涉猎。一些人类思想史上的大师级学者，如维尔纳·桑巴特（Werner Sombart，1863～1941）和马科斯·韦伯（Max Weber，1864～1920），都曾作过这方面的努力。但是，就笔者管窥，过去在国际上学术界的研究中所真正缺乏的，是对宗教（基督教的信仰、活动和教会制度）在近现代欧洲和北美社会制度生成和变迁过程中的作用及其影响的较为深入的理论探讨和史实考察。对于桑巴特尤其是韦伯的观点，国内学界多年来已经比较熟悉了。笔者从 20 世纪 80 年代中期起也花时间专门研读过韦伯和桑巴特的观点，并一度深受他们的影响。然而，不管是之前，还是现在，笔者一直朦朦胧胧地觉得，韦伯和桑巴特二人对宗教与欧美资本主义兴起之间关系的论断，似乎各有其理，又似乎只是各讲出了一个极其复杂的社会历史现象的某一方面，但并没有真正把握问题的全部。更刻薄一点说，他们好像都没真正讲到点子上。

为什么这样说？首先，从历史上看，天主教尤其是基督教新教信仰在欧洲中世纪和近代早期欧洲各国及北美社会的制度形成与变迁中，以及在被人们所常常误称为"现代资本主义"体制的一种法治化的现代市场经济秩序的兴起中，均产生至深至远的作用和影响，这一点似乎是毋庸置疑的。但问题是，果真如韦伯在《新教伦理与资本主义精神》一书所断言的那样，现代资本主义是从清教徒在他们的天职（the calling）信念基础上建立的禁欲主义中衍生出来的吗？读过桑巴特的《现代资本主义》，我们会注意到，韦伯的这种对新教伦理与现代资本主义精神关系的解说，早就为桑巴特本人所摒弃和拒斥过。桑巴特曾认为，清教教义一直是资本主义的对立物，尤其是资本主义经济观的对立物。桑巴特甚至"考证"道："清教教义的鼓吹者们完全反对所有发财致富的行为"；"清教教义极度谴责自由竞争"；"清教教义几乎不鼓励人们从事有长远打算的具有冒险性的事业"；"在加尔文教控制的地区，教会是明确敌视资本主义的……"（桑巴特《资本主义范型》，第 19 章，伦敦 T. F. Unwin 出版社 1930 年英文版）。如果我们相信桑巴特的这些断言，即新教伦理与现代资本主义精神并不如韦伯所断言的那样有某种直接的关联，或言某种"选择性的亲和"（selective affinity），那么，难道桑巴特的近代资本主义企业家精神与犹太教教义以及犹太教宗教领袖的商业精神有关的断言，就能说明整个西欧和北美近代市场经济兴起的文化原因？显然也不能，或至多也只是一种牵强附会的解释。因为，无论在西欧的中世纪和近代历史上，还是在北美社会中，犹太人和犹太教只是各社会的一个极小组成部分。因而，如果把犹太教的理性主义、条文主义以及犹太人的经商精神视为整个西方世界近现代市场经济兴起的根本文化原因，显然也有失偏颇。另外，在对资本主义兴起直接原因的认识和解说上，在韦伯与桑巴特之间，存在着尖锐的对立。众所周知，尽管桑巴特和韦伯均重视企业家精神在西欧和北美近代市场经济兴起中的重要作用，但韦伯认为，清教徒的节俭、禁欲主义以及作为上帝的管家而积累财富的天职观念，是近代资本主义兴起的文化原因，而桑巴特则反过来认为，是奢侈导致了现代资本主义的产生。到底孰是孰非？

现在看来，无论韦伯所言的，是清教徒的节俭和禁欲主义导致了现代资本主义的产生；还是桑巴特所认为的，奢侈是资本主义产生的重要原因；甚至怀特海（Alfred N. Whitehead，1861～947）所提出的近代科学革命之所以在欧美社会中发生的文化原因，在于基督教信仰的断言；这些都是思想大家们根据自己当时所处环境和自己的观察及体悟做的一些理论推断，因而尽管乍看来各有其道理，但实际上可能都没有道出基督教信仰在西方近现代法治化市场经济兴起中的最根本影响。从世界近现代历史来看，是在有着基督教新教信仰背景的西欧和北美社会中，渐次产生了法治化的现代市场经济秩序，并伴生由三次科技革命所推动的快速经济起飞和长期的社会发展，而在世界其他地方，包括在有着天主教信仰传统的西班牙、葡萄牙以及它们在拉丁美洲的殖民地，却在西欧和北美经济起飞的同时而相对落后了，因而在人类近现代历史上，就出现了加州学派的历史学家彭慕兰（Kenneth Pomeranz）等人所言的"大分流"现象。这一世界历史事实无疑向世人昭示着这样一种研究线索：在基督教新教信仰与近现代法治化的市场经济兴起之间，可能存在着某些内在联系，且这种内在联系可能不仅仅是某种"选择性的亲和"那样的简单关系，而似乎有着内在的、复杂的和深层次的根本性关联。这种关联作用到底是什么？读过伯尔曼（Harold J. Berman）的《法律与革命》第一卷，我们就会知道，在 11 世纪末由教皇格里高利七世（Pope Gregory VII）对神圣罗马帝国皇帝亨利四世（Henry IV）所发动的授权之争（Investiture Contest），以及由此在欧洲中世纪历史上所引发的全面政教冲突，曾引发了欧洲中世纪各种法律体系（诸如教会法、城市法、王室法、商事法、封建法和庄园法）蓬勃发展，从而为西欧的近现代社会确保市场交易中私有产权的法律制度的产生拉开了序幕。最近通过读一些早期苏格兰基督教宪政主义的历史文献又发现，正是由于加尔文，苏格兰伟大的清教徒宗教改革家、思想家约翰·诺克斯（John Knox，约 1505～1572），以及萨缪尔·卢瑟福（Samuel Rutherford，1600? ～1661）等其他清教徒思想家等的宪政民主理念，以及英国国教（安立甘宗）的最重要思想家和创始人之一理查德·胡克（Richard Hooker，1553～1600）思想的影响[1]，君主永远在上帝的律法和人民的契约双重约束之下，以及政府权力有限这些近现代宪政民主政治的理念才在法国、荷兰、苏格兰、英格兰等西欧诸国广泛传播且深入人心，继而才在近代西欧各国和北美社会的宪法民主政制的基本框架下，生成并演变出了确保近现代市场经济运行的近现代法律制度。只有认识到了这一点，今天我们方能理解西方法治化市场经济生成和西方世界近代兴起的真正文化原因。现在看来，

---

[1] 按照政治思想史学家萨拜因（George H. Sabine）在《政治学说史》（第四版，第 410 页）的研究，胡克的政治思想并未对任何宪政问题产生过影响，甚至在保守派的现实主义思想中也很可能只具有"微不足道的作用"："它虽说得到了人们口头上的尊重，但是它却很可能从未在英国的政治哲学中发挥过任何重要作用。"

新教改革中萌生的基督教宪政思想，是西欧和北美近现代法律制度生成和现代市场经济兴起的最根本的"文化基因"，而这一最根本的文化基因，却是韦伯、桑巴特乃至怀特海这些人类思想史上的巨擘们先前所没有注意到的。

为什么说加尔文主义的宗教信仰对欧洲和北美 16～18 世纪宪法民主政制的形成产生了巨大影响？研究 16～18 世纪欧洲政制史的一位当代学者凯利（Douglas F. Kelly）在其《自由的崛起》一书中曾给出了很清晰到位的历史解释。据凯利研究，在影响法国、荷兰、苏格兰乃至英国的新教改革运动的加尔文派的教义中，一个重要的理念是，"政府必须受宪法约束，以显示它服从于上帝的道和初代教会的信仰"（加尔文 1541 年 9 月 16 日致 Farel 的信中的话）。在这一加尔文主义宗教理念的影响下，16 世纪后半期，基督教的胡格诺派（Hugunots）曾在法国有过较大范围的发展和思想传播。在胡格诺派的思想家中，弗朗索瓦·霍特曼（Francois Hotman）曾于 1573 年发表了一本《论法兰西宪政》的小册子。在这本小册子中，霍特曼重申了法兰西古老宪政传统的一个重要原则："国王终其一生只是一名政府官员，如果他不能尽守职责，他就什么也不是，而人民有权废除他。"尽管胡格诺派在 16 世纪法国的宗教战争中失败了，但是其宗教信仰与政治主张中的宪政思想，却影响了后来的法国乃至荷兰、苏格兰、英格兰以及北美殖民地的宪政主义思潮。在 16 世纪的苏格兰，与加尔文主义的"上帝是所有权力存在的合法性源头"的理念在精神上相一致，伟大的宗教改革家约翰·诺克斯（John Knox，约 1505～1572）基于上帝圣约的观念，否定了加尔文对世俗君王消极服从的教义，更明确提出了上帝同人民的圣约直接赋予了人民反抗一切世俗非正义暴政权力的伟大思想（参见萨拜因《政治学说史》，第四版，英文原版，p. 345）。这一思想曾极大地影响了后来在 17 世纪 30 年代至 40 年代发生的英国清教徒革命，乃至对后来英国的"光荣革命"和 1776 年的美国革命也产生了至深至远的影响。对此，凯利明确指出："在很大程度上，'光荣革命'也就是 17 世纪英国清教徒革命的最后完成，是圣约运动（国民誓约派）所持的那些信念最终赢得了胜利。"凯利还认为，北美殖民地的加尔文主义的清教教会"在圣约观念下的宪政经验，对于北美的社会共同体、殖民政府乃至以后的联邦政府的宪章性盟约（这里是指 1620 年 11 月 11 日清教徒在一艘船上签订的《五月花号公约》——作者注）的发展都有着直接的影响。长老会的治理模式则以它自己的方式对美国的政体形成有其独特的贡献，例如代议制、联邦制、权力的分立与制衡，同时对法官的违宪审查制度也有着深刻的影响"。除诺克斯外，在 17 世纪，苏格兰另一位神学家、思想和政治家萨缪尔·卢瑟福（Samuel Rutherford，1600？ ～1661）的基督教宪政思想，也对英国光荣革命前整个苏格兰和英格兰社会产生了直接的影响。譬如，在 1644 年，作为威斯敏斯特会议的苏格兰委员，卢瑟福出版了他的最重要的著作《法律与君王》（*Lex，Rex*）（复旦大学出版社 2013 年出版）。在人类历史上，这部极其重要的宪政民主政治理论的经典文献中，卢瑟福曾明确提出，英国国王也要服从上帝的律法，并对人民这一权力的源头负责："人民赋予国王的权力是有限的，而人民保留的权力则是无限的，并以此约束和限制着国王的权力。因此，与人民的权力相比，国王的权力更小。"正是有了加尔文、诺克斯、卢瑟福以及胡克等这些基督教新教思想家的影响，"主权在民"、政府的"有限权力"、"法律为王"以及君主永远在上帝的律法和人民的契约双重约束之下的思想，才在法国、荷兰、苏格兰、英格兰等西欧诸国得以广泛传播和深入人心。只有认识到了这一点，我们今天才能全面理解英国光荣革命发生及其胜利的思想根源。正如凯利所言，英国1688年光荣革命的胜利"显然应该归功于苏格兰的诺克斯、梅尔维尔（Andrew Melville）和卢瑟福的思想，甚至也应该归功于国民誓约派（Convenanters）的成员们。因为这些人宣称国王与人民一样，也在上帝的圣约之下，他也必须受到上帝在圣约中的律法（包括其祝福与诅咒）的约束。如果国王滥用权力，也应该被废除"。

进一步的问题是：为什么说宪法民主政制的生成和成型在西方世界近代兴起中起到一个非常重要的作用？这是因为，宪法民主政制为近现代市场经济的良序运作提供了最基本的制度框架，而西方社会——尤其是英联邦国家（包括加拿大、澳大利亚等）和美国——的保护私有财产的法律制度正是在宪法民主政制的基础性框架上"生长"起来，或言是"相伴生成"的（保护私有产权的法律制度的建立实际上且在很大程度上就是用"抽象规则"约束住了统治者和政府对民众财物和财富的任意"攫掠之手"），以至于，在某种程度上我们可以把宪法民主政制与保护私有财产的法律制度看成是一枚硬币的两面（因为宪法民主政制的基本构成和核心理念是"税权法定"）。对此，诺思（Douglass C. North）在他的《制度、制度变迁与经济绩效》（1990）以及在他与瓦利斯（John J. Wallis）和温加斯特（Barry R. Weingast）的2009年合著的新书《暴力与社会秩序》（诺思等人的这本著作将由杭行教授翻译为中文并由格致出版社出版）中都有很多精彩的论述。实际上，哈耶克在他的《自由宪章》，《法、立法与自由》以及后来的《致命的自负》中，也都有不少论述，只不过是在哈耶克的话语中，西方世界兴起的真正原因在于英美宪法民主政制下的自由（liberty）确立，以及与之相关联的普通法"内在规则"的形成。现在看来，无论是哈耶克，还是诺思，他们的共同问题是，均没有进一步深入探讨英美以及荷兰、法国和德国的现代宪法民主政制的历史起源，结果导致哈耶克只是把西方世界近代的制度变迁过程（请注意，哈耶克非常不愿意使用"institution"这个词，而宁肯使用"social order"概念）归结为自发社会秩序的生成和演进，而诺思等人则基于新古典经济学的理论程式而更为简单地把这一过程臆断为统治者基于自己利益最大化计算的理性设计与建构。对于西方宪法民主政制以及与之相关联的保护私有产权的法律制度在欧洲近代社会中渐进形成的三大历史渊源（包括早期犹太教—基督教信仰，日耳曼人的立约精神及早期日耳曼公社中的初民民主政治实践，以及古希腊城邦的贵族民主政治和罗马法的传统遗产），哈耶克和诺思等经济学思想大师均没有给予充分的关注。现在看来，无论是哈耶克，还是诺思；无论是桑巴特，还是韦伯，他们几乎都忽视了基督教宪政主义（"Christian constitutionalism"）的理念在英美乃至欧洲其他国家中至深至远的影响；甚至像英国政治思想史的大家昆廷·斯金纳（Quentin Skinner）在其《现代政治思想的基础》（1978 年剑桥大学出版社版）这样的巨著中，以及像卡尔·J. 弗里德里希（Karl J. Friedrich）这样的西方当代重量级政治学说史家在其《超验正义：宪政的宗教之维》（美国杜克大学出版社 1964 年出版）这样的专门著作中，似乎也没有给予完全充分的强调和更深入的史料发掘。譬如，尽管二位大师均对阿奎那、路德、加尔文尤其是胡格诺教派的宪政思想进行了深入的论证，但是他们似乎对苏格兰清教徒宗教思想家的基督教宪政理念曾为英国的光荣革命和美国早期民主政治的一些主要宪章性文献提供了直接的思想资源这一点，均没有给予足够的重视和深入的考察。更为令人难以理解的是，在《法律与革命》第二卷中，像伯尔曼这样有基督教信仰背景的法制史学家竟然也几乎完全忽略了英美宪法民主政制和法律制度的清教徒思想的历史渊源这一最重要的超验维度。

最后要指出的是，尽管我们相信从对基督教宪政主义思想源流溯源和理论梳理的视角，探寻基督教信仰在西欧和北美社会近现代宪法民主政制生成中的作用，将会展示出与桑巴特、韦伯乃至哈耶克和诺思的理论视界均有所不同的一幅新的"历史图景"，且我们相信这幅"历史图景"可能会比这些先前学者的理论描述和解释更接近历史演变的真相，但是我们却应该清醒认识到，伯尔曼、凯利等有着基督教信仰背景的思想史学者的工作，并非拒斥或言完全否定桑巴特、韦伯乃至哈耶克和诺思的先前理论解说。近代以来西方世界的兴起是个极其复杂的社会历史现象，在其中，桑巴特所说的"企业家精神"，或照韦伯的说法"资本主义精神"，无疑曾起过非常重要的作用。没有桑巴特所言的那种"不安静和不疲倦的""征服与营利"的企业家精神，没有韦伯所言的企业家的那种"对自己所拥有的一切永不感到餍足"的资本主义精神，没有熊彼特（Joseph A. Schumpeter）所见的那种企业家的永无止境的"创新精神"，就不可能有近现代西方世界的兴起，甚至不可能有在近现代宪政民主政治下人们追求自由的诉求和建构保护（自己的）私有财产的法律制度的内在冲动。一方面，近现代宪法民主政制以及与之相伴而生的保护私有财产的法律制度，为这种资本主义精神的发挥和张扬提供了一种外在的制度保障和社会条件；而从另一方面来说，近现代宪法民主政制以及在此基础性制度架构上生长出来的保护交易中私有产权的法律制度，好像又可以是人们追求自由、幸福以及个人利益和财富——尤其是"企业家"和"创业者"发展自己的生意事业的冲动——的一种社会演进后果。很显然，这里最终的问题似乎又绕不开现代市场经济中的"企业家精神"或言资本主义精神到底源自何处这一老问题：这种企业家精神，是如韦伯所见的那样，来自清教徒禁欲主义的节俭精神和为上帝看管和积累财富的天职观念？还是来自桑巴特所言的，贵族的"奢侈"及犹太教的经济理性主义观念、条文主义以及犹太教宗教领袖的商业精神？抑或来自马克思所言的那种作为资本的人格化的资本家"狂热地追求价值增值"的无限冲动？又抑或如凯恩斯（Maynard John Keynes）所言的那样，是来自企业家的某种不断扩张自己企业的"动物精神"？还是最后回到亚当·斯密那里，认为这种近现代企业家精神是由人所秉有自利追求与人有喜好交易的天性所转化生成的？一个更深层的问题是：人的这些天生秉性与不同的宗教信仰的关系又是怎样的？这种人类所秉有的追求自利最大化以及喜好交易的天性，是否只能在宪法民主政制的基本架构和保护私有财产的法律制度框架中，才能转化为桑巴特、韦伯和熊彼特所说的那种"企业家精神"或言"资本主义精神"？这些都是需要我们进一步思考、探讨和予以理论回答的问题。

根据上述的理论梳理，这里所能得出的一些初步结论只能是：宗教信仰——具体来说基督教信仰——确实在西欧和北美近代早期的制度生成与社会变迁中以及在近现代法治化的市场经济的兴起中，起到一些深层次的且根本性的作用，但这些作用也许并不如韦伯所断言的那样，是来自清教徒的节俭、禁欲和天职观念；也不像桑巴特所断言的那样，是贵族的奢侈和犹太教教义和犹太人的商业精神导致了现代资本主义的产生。现在看来，至多我们只能说韦伯、桑巴特以及怀特海只是看到了西方世界兴起这一复杂世界历史现象的文化原因的某一个面相，而且他们所看到的，可能还不是一些基本的或言根本性的面相。认真研读人类近现代历史上的一些思想巨擘的文著是必要的，但显然还不能完全躺在他们的结论上，尽信他们的理论断言。今天，我们应该走向思想的深处和历史的源头，发掘更新、更深以及更有价值的思想文献和历史材料。历史史实——或言社会科学理论要展示的历史真相，也许并不尽在于某些思想大家基于他们某时的历史观察所做的理论推断里，而总是存在于理论界诸多学人的积累性探索的一些"边际增量"之中。

　　　　2009 年 10 月 7 晨韦森初识于复旦园，10 月 15 日晨改定

　　　　　　　　　（本文已发表于《读书》2009 年第 12 期）

# 附录五
# 基督教的私有财产观

韩客尔（Carl F. H. Henry）著

韦森 译

【按】这是我于 1995 年在澳大利亚悉尼大学读经济学博士期间翻译的一篇当代最重要的福音派神学家之一 Carl F. H. Henry 一篇关于基督教的私有财产观的文章。这篇文章可以说代表了当代正统神学家对这个问题的解释，对于学界了解西方近代思想史以及西方文化的源流，具有一定的参考意义。这篇译文曾被香港浸信出版社印成单册小册子出版。现在谨把它重新发表出来，供对这个问题感兴的朋友参考。这篇文章翻译出版前，曾蒙笔者一位十分敬重的友人和长者、原台湾"中华福音神学院"院长戴绍曾（James H. Taylor）牧师与韩客尔教授本人联系，授予了翻译为中文的许可权。

不久前才从网上知道，福音派牧师戴绍曾先生生于河南开封，曾在抗日战争中被日军关进山东的集中营，一家几代奉献给中国的福音传播、慈善、教育、医疗、赈灾等等事业，曾在 2007 年被四川省昭觉县政府颁予"荣誉市民"。2009 年 3 月 20 日逝世。这里重新发表这篇译文，仅作为一束白花，献给这位一生处事低调、不求名利，把自己的全部精力默默地给中国的神学家，以表示自己的一点追思和悼念。

——韦森于 2014 年 4 月清明前谨识于沪上

有关私有财产的争论，已把 20 世纪的世界分成两部分。以经济公正的名义，西方自由市场经济国家倡导私有财产；同样以经济公正的名义，共产主义国家则拒绝私有财产。共产主义革命和西方的政治调整，已使西方国家的私有财产信念变得模糊不清。现在，整个产权领域问题重重，莫衷一是，且充满了不确定性，令人如坠云雾。现在，在许多国家，国有化对大部分公众来说已是无关紧要的事了。财产的公有制已不再是一个活跃的政治问题。

在发达国家，穷富之间巨大差别的消弥，已缓和了有关产权问题争论的爆炸性潜能。但是，在一些有大量饥民的贫穷国家，如在印度乡村，私有财产仍然是一个容易引起骚动的政治问题。财产的使用（这是所有权存在的原因）则成了像所有权本身一样的根本性问题。

尽管私有财产是本世纪举世关注的一个主要问题，但是实际上它在西方国家的文献中并没占多大地位。它经常被忽略，甚至被绕开了。同时，共产党的发言人则不断地宣称私有财产的非法性。对于任何社会来说，研究产权问题亦是倍加重要的。因为，私有财产不但对一个公正的社会秩序是必不可少的，所有权亦神赋予人的权利之一。在产权问题变成一个紧迫的社会道德问题的时侯，我们这一代必须以新的勇气和力量面对这一问题，致力于探索它的宗教的和神学的深层意义。

# （一）

从《圣经》中对人的本质和命运的启示来看，财产问题和所有其他人类所关心的问题，均是神的创造和救赎计划的一部分。在《圣经》中，神对私有财产的准可，是建立于神权高于人权这一原则之上的。只有基于这一点，人的权利才成为不可剥夺的。《圣经》对权利和责任的看法，并不一定能回答计划社会之外的一切问题。但无论如何，这种看法影响深远，并有其内在逻辑性和外在的整体性。

从《圣经》的观点出发来探讨产权问题，我自然会对一些方面特别注意，尤其是神职人员观点的变化。一些罗马天主教的神学家和宗教法规学者确实认为私有财产是正当的。教皇利奥八世的几项通谕，就强烈坚持私有产权的公正性与必要性。罗马教廷还把再洗礼教派和其他宗派视为异端。因为他们废除私有制，并指责拥有大量财产的教廷世俗化。虽然意识到有个人滥用产权的现象，但是中世纪的教廷却支持私有财产，并把罗马异教的绝对产权的观点永久化了。在后面我们将谈到这一问题。然而，早期的一些教父曾提出过私有财产出自贪婪的观点。受此观点的影响，14 世纪之后，教廷有时亦信奉公共所有，并把消灭私有财产看成是正确的。在中世纪罗马教廷对基督新教的镇压时期，罗马教廷亦根本漠视叛逆者及其后裔的个人所有权。

在我们的时代，一些宗派的教会团体拥有与教会事工没有直接联系的财产，以至于市政计划者和教会领袖向它们警告说，这些减税或免税财产的大量积累，可能导致其最终被没收。许多大型建筑本来是为教会事工所建，但是在每周的大多数时间里，这些建筑空闲着不用。这使问题更加复杂化了。

不但在实践上各教派以及在一个教派内部对私有财产态度各异，在理论上，基督教内部对私有财产亦莫衷一是。现代地方教会和普世教会对一些经济问题的声明经常显露出社会主义理论的影响。在 1887 年的"轮博斯宫大会"（Lambeth Conference）上，来自全世界的圣公会的主教团呼求教牧者研究"从基督的教训来看，社会主义哪些部分和多大程度上是好的和正确的"。在共产党的力量占支配地位的前基督教国家，教会一般不再宣讲私有财产的道德规范。现在，有关基督教的社会伦理的教科书一般很少论及所有权问题（尽管德国的一些学者更加注重这一点）。益格鲁-撒克逊教会团体的发言人经常支持福利法规，而忽视在有关产权和其他社会问题上《圣经》的启示原理。在美国，许多牧师在讲坛上避而不谈私有权问题，只有在他们规劝教会成员更多的奉献时例外。除了在一些年度大会上偶然涉及私有财产问题外，甚至福音派基督徒也很少就这一重要问题表示基督教的看法。

社会主义者对财产的权利和功能的剥夺以及社会主义的强迫贡献制度，部分目的在于克服财产的误用和滥用。无论什么时候，只要财产的使用不为伦理道德的和宗教信仰所规约，这种滥用就会成为可能的事。任何缺乏《圣经》立法的财产学说，都必然为不道德的财产滥用大开绿灯。人作为一个有罪的受造物，如果脱离神的权威，孤立地塑造和界定产权，他就不能适当地平衡权利和责任，将会做出损人利己的事。当一些怀有美好愿望但误入歧图的改革者试图用强迫手段消除社会弊病时，他们的无理的过火行为将使民众饱经不公正的法规所造成的苦难。近代历史已经清楚地告诉我们，除非现代产权制度为基督教的原理从精神上来塑造，非基督教的思辨将会要求对产权制度进行任意的变更。

因此，从《圣经》启示的角度来探讨私有财产问题成为绝对必要的了。我们这样做，并不是简单地旨在把基督教团契紧紧地固定在《圣经》的人生观之上，亦旨在把在财产关系上人类由神来审判这一规范或准则告诉全人类。忽略圣经中的产权观会造成一种社会风气。在此风气中，由于缺乏《圣经》中真正的亮光，甚至一些世俗的理论家亦会假借《圣经》的权威来误释他们的财产观。例如，这些学者曾把基督教和社会主义两词联合起来，结合成了"基督教社会主义"一词。又如，有的学者曾把《路加福音》的作者描述为"福音传道人之中的社会主义者"（见霍尔茨曼，H. Holstzmann，1894)[1]。一名德国社会主义者甚至声言，如果耶稣今天在世的话，他会加入社会民主党。在本世纪初，阿·卡尔托夫（A. Kalthoff）曾把基督教描绘为一种社会经济运动，并把耶稣描述成共产主义的无产阶级革命英雄[2]。这种把社会主义和共产主义的信念与基督教的精要武断地捆缚在一起的作法，以及对新教改革思想的主旨的任意曲释，应该激起西方世界探讨《圣经》中的有关财产问题的论述。

---

[1]　H. Holstzmann, *Protest*, *Kirchenzeit*, 1894. No. 45.

[2]　*Das Christusproblem*, *Grundlinien zu einer Dozialtheologie*, Leipzig, 1902.

# (二)

由于产权不能与社会制度的其他组成部分分离开来，必须把产权放在它们与整个社会制度的关系中来考察。当产权受到危害时，整个社会环境亦濒临根本性的改变。然而，今天却不能仅从社会经济体制的角度来探讨产权问题。由于产权问题是在当今世界面临着深远的宗教与文化危机时出现的，因此，我们必须把产权问题放在神学和人类学的大背景中来考虑。事实上，《圣经》的信仰并不是把产权问题看作一个孤立的经济问题，而是把它作为神的意志来看待。格兰特（F. G. Grant）曾经提醒道："在当今时代，已不能再把早期的基督教解释为一种社会运动或社会经济运动。……很明显，从最初开始，基督教是一种纯宗教运动。"[1]　然而，基督教不会由于其属灵特征而对人的权利和义务漠不关心。相反，作为一种纯宗教信仰，基督教主张，人的所有活动都在神的统治之下。犹太教和基督教所共有的启示，已超越了仅从个人和社会对抗的角度来讨论产权问题。这种犹太教—基督教的财产观把产权看作是一种垂直的关系，强调所有人对创造者的现实责任，在神的权威之下再考虑人与人之间的现实责任。由于个人和社会的行为均被放置在神的审判之下，个人与集团利益的冲突（当代理论把这些冲突归结为经济利益冲突）从而受到来自更深层的关系的挑战。

---

[1]　F. G. Grant，*The Background of the New Testment and Its Eschatology*，ed. by W. D. Davies and D. Daube，Cambridge，1956，p. 101.

在这样一种境势中，个人权利和社会权利的绝对差异消失了：所有人权都是为个人而设定的，而每个人的权利亦是一种人权。作为永久权利的终极根源、立法者和支点，超自然的创造者高于一切。在地上的每一个人和所有的东西都被看作神所有的，即神的创造和他的创造物。换句话说，神是人们的绝对所有者，而人的所有只是一种暂时的和有限的托管（entrustment）。

这里，《圣经》和古代异教之间财产观的区别就显得非常清楚了。古罗马和查士丁一世的财产观是从自然权利申引出来的。这种财产观把所有权界定为个人对财产的无条件的和排他的权利。这意味着所有者有权任意使用（甚至损坏或毁掉）财产而不管他人的意愿如何，并且可以继续如此做。这种观点在中世纪被完整地保留下来。今天，在自由世界的现实生活中，这种观点仍然是不言而喻地为人们所接受。

正如我们所要看到的，《圣经》的观点在许多重要方面区别于这种异教的观点。有些时侯，人们过分强调犹太教—基督教的财产观与古罗马的财产观之间的差别，以致人们对私有财产被剥夺产生同情。但是，这种对私有财产的任意剥夺并没有圣经的基础。犹太教—基督教的启示显然是站在私有财产一边。这种启示并没有为世俗的资本主义文明提供"自由处决权"。但是，《圣经》的观点本身并不责难私有财产，反而假定它的合法性，并加强它作为一种社会制度的适当地位。

1. 耶和华曾赐给希伯来人应许的土地，从而他们对应许之地的产权并不因贫穷和奴隶地位而丧失。这种神对希伯来人的土地的分派，本身就意味着私有财产是正当的。鉴于《旧约》中经济的临时性质，私有财产的普遍权利并不能单从这一事实上推导出来。《新约》时期的教会并非像以色列人那样被分配到一块所有土地，它只是被作为所有国家的一个模板。通过它的正义与良善，《新约》时期的教会彰显出这一信仰团契期待着承受带有神的公义与怜恤的世上的无限财富。

2."摩西律法"意味着私有财产是合法的和无罪的。它赋予私有产权原理以最高的神圣尊严，并强化财产的不可侵犯性。"摩西律法"中有关财产的第八条诫命教导人们，拿别人的东西是有罪的。第十条诫命甚至教导人们，觊觎别人的东西也是有罪的。在"摩西律法"中不但详细地被预先假定了这种所有权，而且其精神贯穿于整个摩西律法，并适用于整本《圣经》。[1]

3. 耶稣及其使徒们不但没有谴责私有财产，反而预先假定和加强它的合法性。《新约》重新肯定了十诫（见《马太福音》第19章第18节，《罗马书》第13章第9节）。《新约》时期的基督教的训诲和实践亦假定私有财产的合法性。耶稣和他的门徒曾有一笔共同资金，以支付他们的各项开支（《约翰福音》第13章第14节）。但是，使徒们仍然保留着船和网的个人所有权。在耶稣被钉十字架之后，门徒们又回到了自己原来的职业（《约翰福音》第21章第3

---

[1] "不可偷盗"的诫命禁止人动他人的财产、骗取别人的财产以及由于不在乎和粗心损坏他人的财产。假如一个人由于粗心使别人丧失了牲畜，他必须全部赔偿（《出埃及记》第21章第33节）。人若是偷别人的牲畜，他必须以双倍、四倍或五倍的价格来赔偿（第21章第37节）。部分地以教育人为目的，摩西律法强调尊重产权，并根据一个盗贼是否把偷来的东西据为己有，或转售，或毁坏，来加重惩罚。假如一个盗贼被擒获但他无能赔偿，他必须用劳动来赔偿（第22章第4节）。由于疏忽而损坏他人的财产也要赔偿（第22章第5节）。

节）。耶稣在加百农作总部的房屋也似乎为彼得留下来作为私人居所（《马可福音》第 1 章第 29 节，第 2 章第 1 节）。甚至耶稣所爱的马利亚、马大和拉撒路在伯大尼也有他们的私有房屋（《路加福音》第 10 章第 38 节，《约翰福音》第 12 章第 1 节）。认为私有财产是罪恶的观点，极大地歪曲了耶稣从人对物的产权上来阐明人对神的责任的呼求（参见《路加福音》第 19 章第 12 节和《马太福音》第 21 章第 33 节）。

## （三）

在《新约》中的被人们所称谓的有关"共产主义的几段经文"是一种误称。因为，这几段经文与马克思的思想没有任何联系。一些早期的基督信徒在一些特定环境中实行凡物公用是自愿的。这一点是非常明显的（《使徒行传》第 2 章第 44 节，第 4 章第 32 节）。但是，在整本《圣经》福音书的其他地方，却再也找不到富裕是有罪的和贫穷是值得褒扬的观点。尽管耶稣在《路加福音》中曾坚定地谈到富人和穷人的问题（《路加福音》第 6 章第 20 节，《马太福音》第 5 章第 3 节），但是，如果像一些解释者那样把这些经文理解为敌视富人而偏袒穷人是不正确的。安德烈·N. 包格尔在很久以前就强调说，在《使徒行传》（出自路加的手笔）中，不能超越路加的明确表述而推导出初期教会采取所谓的共产主义措施[1]。事实是，耶路撒冷教会的财物共有实践并未持续多久，这种办法亦

---

[1]　N. Bogle, "Property", *in Hastings' Dictionary of the Gospels.*

没有普遍实行。使徒保罗既没有指示他所建立的教会实行这种财物共有的办法，当这些教会不如此行时，他也未指责它们。即使实行凡物公用的信徒们，也是在"卖"了他们的房屋和土地才如此行的。在当时的教会实行财物共有的时期，彼得在指责亚拿尼亚时还特别强调了私有财产权："田地还没有卖，不是你自己的吗？既卖了，价银不是你作主吗？"（《使徒行传》第5章第4节）从《圣经》对财产的使用和对富人的批评中，得不出社会主义和共产主义的结论。

然而，尽管犹太教—基督教的启示并不否定私有财产，但它并非支持私有财产的每一个方面。《圣经》把所有权与正义联系在一起。它不是仅从法律的观点来看待私有财产问题，而是赋予人对所有物拥有及其使用以道德的良善。《圣经》即把产权看作法的权利，亦把它看作道德的良善。与任何仅从政治的和经济的角度界定和保护产权的作法（不管是保守主义的还是自由主义的）相反，基督教神学有着双重责任。一方面，它必须告诉人们，对私有财产的剥夺，误解了神对人类社会的目的。另一方面，它也必须告诉人们，在人权只是以严格的世俗的方式来弘扬的地方，神所安排的事物的秩序亦同样可能被弄模糊和颠倒。尽管一些罗马异教的诠释者曾诉诸一些理性和道德原则来强调建设性地使用财产，犹太教—基督教的看法是，在人们使用他的财产时，他必须从属灵的角度考虑对神负责[1]。鉴于现代社会存在一种诱惑，即在非神学的基础之上把

---

[1] 按照罗马异教徒的观点，除非人对财产的控制是绝对无上的权利，否则，财产就不是私有的。如果人部分是神（正如古罗马哲学所假设的那样）或无神存在（正如现代非宗教主义者所假定的那样），这种观点可以成立。但是，如果神是至高无上的君王，人只是他的臣民，就一些财产而言，在肯定神自己对所有人和所有财产的绝对权力的同时，创造者可能允许人拥有一些排他的权利。

私有财产的转让永久化，非常有必要强调，正如共产主义或社会主义一样，资本主义亦能违反神在财产问题上的意愿。

然而，从民法的角度来看，《圣经》的观点设定和强调人在财产上的法的权利。就人类社会而言，这种法律权利仅仅从事实上来说是绝对的[1]。私有产权是一种法权。正如美国总统詹姆士·麦迪逊（James Madison）所说，在受到侵犯时，私有产权作为"一种社会权利是一种保护权"。尽管人不是至高无上的所有者，所有物的使用却取决于个人的决定。罗马思想家从国家而不是从超自然世界的角度来强调私有财产的不可侵犯性。这与《圣经》的观点有许多共同之处。《旧约》所记载的亚哈王想要得到拿伯的靠近王宫的一块葡萄园的事（见《列王记上》第 21 章），就说明了这一点。当拿伯拒绝亚哈王购买或交换他的葡萄园的提议时，耶洗别曾纵恿亚哈王陷害拿伯，致使拿伯被乱石打死。先知以利亚宣称灾难将临到这个暴君身上。耶洗别的死被看作神的惩罚（《列王记下》第 9 章第 25 节至第 29 节）。私有产权是为合约、契定和法所规定的人使用或享用他的财产的有效权利。《圣经》中对人的属灵的责任的看法，蕴含着人有权使用其财产的法律上的自由。

任何主张现实生活中道德自由的观点，均必不可免地涉及两个

---

[1]　事实上，在今天，绝对所有权在很大程度上是一种神话。对财产的许多现代限制并不直接来自《圣经》的教训。人们因此可能经常发现，在这些限制的背后存在着保护某些人的权利的企图。因此，这些限制是对《圣经》观点的任意解释。正因为如此，人们要弄清《圣经》的教训究竟如何。当在居民区的一块土地的所有者被阻止建商业建筑物时，或在一个地区的建筑无论如何必须符合当地的法规时，这一点就非常明显了。又如，所有电线必须由电工来安装；一个项目完工后，也要开门等待税务人员来检察。在此情况下，一些限制似乎是建立在特定利益上，而不是仅仅出于政治的考虑。

方面的问题：一方面从法律上说是否正确，另一方面以属灵和道德的标准来衡量是否良善。当一个人因不相信神而没有属灵的标准时，从法律上讲他有权是一个无神论者。当他没有道德的基准而自私地使用私有财产时，他亦有法律上的权利如此做。从神的角度来说，人的产权从来不是绝对的和不可废止的，而总是派生的和有条件的。然而，从国家和社会的角度来说，即使人对其财产的使用有违神的属灵的意旨，人的产权仍然具有神的正式认可。财产的合乎道德的使用会为其所有者积德，但从法律上来说，所有权本身并不要求他这样做。这里并不是对一个人正当获得的财产的法律的或道德的权利存疑，而仅仅是强调应该合乎道德地使用财产。

因此，在今天，在看待共产主义从道德方面批评私有制时，不把法律权利和道德权利绝对割裂开来，而是强调它们部分重合，是非常重要的。基督教神学把国家为达到公正而颁布的法规，与教会以属灵的角度从这些法规所申引出来的善行区别开来。教会并不会把属灵的律令强加于一个非基督教社会。但是，教会有责任把为达到一个公正社会政府所必须弘扬的以及人们必须警醒的这些启示原理告诉世人。影响民众心态的社会习俗，亦总是需要由启示的道德规范来修正。国家并没有合法的权威来修改神为社会正义所规定的原则。这包括人按神的旨意来行事的个人自由。从《圣经》伦理的角度来说，否定私有财产，意味着否定一种神所设定的理念，是对人的自由的一种武断的限制，亦会从意识形态方面损毁一个公正社会的可能性。如果教会对社会的定规或国家对社会的命令废除了个人自由的和道德责任的话，财产的占有方面的公正亦不复存在。相反，从宏扬和维护神的秩序来说，神所赋予人类的所有或占有中却反映出公正。

# （四）

基督教的财产伦理准则亦不可与圣经的整个教训分离开来。《圣经》在任何地方都没有赞许这样一种观点，即私有财产作为一种拥有，是立足于人的自由处理权而独立于道德的和属灵的义务之外的[1]。相反，《圣经》始终认为，所有是在神的权威之下的并受制于他人的正当权利一种负责任的拥有。正如阿尔弗莱德·迪·梏温（Alfred de Quervain）所指出，《圣经》揭示了一种所有权"秩序"[2]。这种秩序的意义触及了当代有关产权问题的争论的深层问题：

1. 人的财产作为赐恩的神的创造物，本源于属灵的世界。因此，财产作为人的生存的需要，从一开始就包涵着一个先决条件，即他人的需要。

2. 每一个人从神的世界中分享一份作为个人所有，即神彰显荣耀的自然的秩序和美丽，如新鲜的空气，清爽的雨水，以及既照耀义人也照耀恶人的阳光，等等。因此，除私有财产外，每个人也丰富地分享神所创造的世界。

---

[1] H. G. 伍德（H. G. Wood）评论道，福音派的复兴重新强调了财物代管（stewardship of possession）的后期（即《新约》中的——译者注）观念："福音派不只是仅仅从'十诫'的角度，而是从更加深邃的十字架福音的层次来看待财产问题，从而把产权看作是与基督徒的道德心有关的神圣责任。"引自 *Property：Its Duties and Rights*，*Essays by L. T. Hobhouse and Others*，London：Macmillan and Co. LTD. 1913，p. 165.

[2] Alfred de Quervain, Ruthe und Arbeit, Lohn und Eigentum, Ethik II, 3 Band, Zollikon-Zurich：Evangelischer Verlag, 1956, p. 113.

3. 私有产权与许多方面相关联，其中包括神的工作宏旨和所有权，个人的自由与幸福，社会的和平生活，抵制国家对人的权利的侵犯的个人力量，以及体现在慷慨与仁慈方面的灵性发展。社会问题的解决，并不是只要割断劳动与私有财产的追逐即可实现，而只有通过在神的意旨的定规之内，促进财产的权利和责任的办法来实现。

4. 私有财产赋于每个人一定范围的自由权。这反过来促进人类的风纪和成熟。作为自然的统治者，人可以通过"看守和修理"（《创世纪》第2章第15节）自然来行使他的支配权。人既可遵从神的精神意旨来使用它，亦可为一些自私或罪恶的目的来开发它[1]。个人所有本身预先假定有一个生命和个人发展的资源存在。在自由使用个人财产时，人作为神的形象的承担者，自身就变成了一个制造者，一个创造者。借用《圣经》记述神创造世界时所用的术语，人有塑造"空虚混沌"的相应机会。但是，这种自由王国亦为个人志愿为他人服务提供了一种手段。[2]

5. 因为神作为"创造者"和"拯救者"永远是生命和事物的终极所有者，人永远必须寻求他的上主的意愿。财产和人一样是神的创造物，人则是为与财产有关的一种特定的目的而被创造出来的。财产是"神的赠品，应该为赠与者自己所使用，为神的国度的实现，以及为在地上彰显神的权柄而拥有"。[3]

---

[1] G. K. 切斯特顿（G. K. Chesterton）曾经把财产描述为"仅仅是民主的艺术"。因为，财产的拥有使每个人有一些东西，以致他可以"把自己的意象注入其中"。

[2] Paul Althaus, *Grundriss der Ethik*, Gutersloh, C., Bertelsmann, 1931.

[3] Vernom Bartlet, in *Property: its Duties and Rights*, essays by L. T. Hobhouse and others, p. 88.

6. 作为一个财产拥有者，人总是立足于两个"邻居"之间，一方面是神，另一方面是人类。因此，在使用所有物时，应该呼求人不要仅仅为了满足个人的愿望，而是为了事奉神和服务于人类。《圣经》中的"代管"（stewardship）概念，预先设定了人的权利与责任。财产所有只是一种"借贷"。人永远负他的财产的主的债，因而在财产的使用上，人负有道德的和属灵的责任。《旧约》建立了十一奉献、献祭以及过公正和怜恤生活的属灵义务。《新约》则把人的拥有看成一个整体。就财产问题而言，《旧约》的第八条诫命和《新约》的诫命（亦被称为"爱的诫命"）和谐地结合在一起。神圣的"上主"（Overlandlord）反对任何损害社会福利和压迫穷人的财产误用。

7. 一个人如何使用他的财产和占有物表明他是如何回答这样一个根本性的问题："我属于谁？我是谁的财产？"正如新教改革者所说，因为基督徒属于神，他必须事奉神。因而，他的财产和占有物的使用将反映这一神圣关系。显示出他是属于神，还是属于他的财产。[1]

8. 人必须把神而不是把物质财富作为信心的源泉。我们必须既要听从摩西对所有权所说的话，又要牢记耶稣有关事奉玛门（金钱）危险的教诲。

9. 只有把占有置于神的主权之下，才能保护个人和社会不致于坠入罪恶的和毁灭性的结局，才会赋良善予正当的所有权。占有

---

[1] Gottfried W. Locher, *Der Eigentumsbegriff als Problem evangelischer Theologie*, Zurich: Zwingli Verlag, 1962, p. 42.

物只有被占有者用作属灵的增长的手段和为公正、慈善的载体而服务于社会时，它们方能从属灵的角度被证明是正当的。因此，财产有人类学的和社会学的功能[1]。它提供了一个精神决定的舞台。在其中，基督徒的责任得以表现，基督徒的信心和爱亦会彰显出来。

10. 财产的非公正和不道德的使用暗含着人权的滥用。这将威胁到人的自由，并必定否定在所有权方面的人权。

11. 好的政府的目标在于促进社会的公正与秩序。这包括在产权领域保护正确的东西。公正的国家将保护产权，而不是破坏它。产权得以保护的社会将比产权遭到危害的社会更加稳定。反过来，私有财产总是政治稳定的必要基础之一。

12.《圣经》中的一个基本观点是，所有的人同等尊贵并有同等的价值。然而，《圣经》却不把公正和社会的良善等同于财富的平均。正如查理斯·高尔（Charles Gore）所指出，追求个人的最大幸福，是每个人的"神圣和同等的权利"。但是，这并不意味着消灭人的财富不均。假如今晚把全世界的人的经济状况全部削平，由于人的智力和机会的不均等，明天又会出现财富不均。假如通过政治法令消除不平等，这一事实本身就意味着政治家们处在一个不平等的地位上。《旧约》从来没有把财富不均看作有罪的。相反，在某种情况下它认为财富是神的祝福的表征。基督教的公正概念并不意味着绝对均等。从人们在产权方面权利均等的这一事实，并不能推导出财产的平均分配。新教改革者并没有倡导财产平均的教义。勤劳的人应该比懒惰的人得到的更多。不愿工作的人也应该予

---

[1] 艾米尔·布鲁纳（Emil Brunner）比其他的当代神学家更强调这样一个事实，即人的个人和社会的本质并不应该被看作相逆反的因素，而必须把它们看作出自神的意象（Imago Dei）的二重性。从创造和救赎的方面来说，个人是在社会关系中的个人（参 *Das Gebot und Die Ordnungen*：*Entwurf einer protestantischen-theologischen Ethik*，Tubingen：J. C. B. Mohr Paul Siebeck，1932，p. 389，p. 633）。

以报偿。产权问题服从工作问题，这一原则仍然适应于当代社会。

13. 为了生存，人必须有一个最低限度的财产。任何人无权侵犯他人的最低限度财产的产权。对不同的人来说，这一最低限度有差异。食品、衣服、房屋、家具和武器诸如此类的东西是人生存的必需品。装饰品、书籍和超出人的生理需要之外的物品则是维持人的尊贵所必不可少的。

14. 与把产权与人权对立起来的近期趋势截然不同，《圣经》教导人们，私有产权是数种人权之一[1]。美国宗教和劳工委员会所出版的周刊《同路人》（*Walking Together*）曾声言："教会和劳工组织均认为人权道德上优于产权"[2]。这种观点误解了《圣经》。因为，它贬低了产权。《圣经》把产权看作人权之一，而不是把产权看成劣于其他人权。

15. 高估产权和把产权与其他人权孤立起来，以至于忽视其他人权，从而把产权置于人的尊贵之上，也是不正确的。罗马思想家认为，人对财产的控制有神圣不可侵犯性。这一观点从他们对奴隶的态度上反映出来。尽管他们承认人与人之间的关系非同于人与财

---

[1]　正如约翰·张伯伦（John Chamberlain）所指出："时尚人士已经形成一个习惯，即把'人权'与'产权'对立起来。……但是，尽管有此等时尚潮流，产权却恰恰是一种人权。在无产权的地方，人总是被任意蹂躏。如在苏俄，人权被政治家们任意糟蹋；在一些军阀制度中，军人草菅人命；在印加时代的秘鲁，祭司对人任意摧残。"（见 John Chamberlain, *The Roots of Capitalism*, New York: D. Van Nostrand Co. Inc., 1959, p. 26）一些社会改良者也曾说，梭罗（Thoreau 美国19世纪的一位作家——译者注）和加里森（Garrison——美国19世纪的一位废奴主义者——译者注）尊重人的尊严，而其他的人宏扬产权。后来，某些政治家亦常常把胡佛（Herbert Hoover）形容为产权的倡导者，把罗斯福（Franklin D. Roosevelt）形容为人权的斗士。

[2]　*Walking Together*, No. 422, July 16, 1964.

产之间的关系，他们仍然忽视了人的价值和尊贵[1]。在古代异教社会，奴隶与家畜一样被看作是财产，可以由其主人任意处置[2]。基督教先从理论上宣判奴隶制是不正当的，在实践上亦反对它[3]。在基督教的影响下，罗马的财产法发生了显著的变化。这主要是在有关人（如奴隶、妻子和孩子）的财产法。这一点从后来的"查士丁尼修正案"上反映出来。在属灵的影响丧失的国家，尽管产权仍然受到尊重，其他人权却变得淡漠了。然而，属灵方面的淡漠迟早会破坏所有人权的基础，其中包括产权。例如，希特勒曾宣称："我们坚决维护私有财产，……我们将保护自由企业。我们与其把此作为一种权宜之计，毋宁把它看作唯一可能的经济秩序。"[4] 当说这番话的时侯，希特勒是一个社会主义者，而不是一个"自由企业"的倡导者。这时，只有德国共产党人比他更急进。但是，希特勒这种对私有财产的乖戾的热心很快就证明是做表面文章。在 1938 年 11 月 9 日夜里，在一系列有计划的集体大迫害中，纳粹政府捣毁了 815 家犹太人的商店，烧毁 119 座犹太人的聚会所和 171 座房屋，

---

[1] W. E. 霍金（W. H. Hocking）也类似地指出，完全控制这一因素恰恰说明"人本身不能是财产"（见 W. E. Hocking, *Strength of Men and Nations*, New Yok：Harperand Bros. , 1959, p. 52.）。但是，假如产权是人权，它就必须负有人道责任，即必须符合公正和爱邻人的原则。

[2] 傅农·巴特莱（Vernon Bartlet）把这种人权和产权的颠倒说成是"对产权的最大侵犯"（见 Vernon Bartlet, in *Property：Its Duties and Rights*, essays by L. T. Hobhouse and others, p. 88）。

[3] 正如傅农·巴特莱所指出，"基督教把私有制看作社会生活的一个条件。通过教导人们人本身有无可比拟的价值，基督教整个改变了人们的财产观和人们的财产思想的着重点和难点，亦改变了人们对财产的本能感情"（见 Vernon Bartlet 前引文，第 95 页）。

[4] *Der Fuehrer*, 1926（U. S. edition）, p. 287.

并破坏了另外 79 座犹太教的聚会所。赫曼·格林还告诉德国保险公司的代表怎样拒付犹太人的丧亡赔偿要求[1]。假如一种自由哲学（philosophy of liberty）不把人权和产权看成一回事从而破坏真正的自由（freedom）的话，它就不会服务于社会公正。

16. 从政治经济哲学的角度来说，《圣经》并没有制订详细的法典。相反，它只是提供了解决一些特定问题的原则。例如，《圣经》并没有提出一部理想的由政府控制人们的事务的产权法，它亦没有为所有权设定一个数量界限。但是，《圣经》的确坚持财产的合乎道德的使用，以致所有权既受神的诫命的保护，也受神的诫命的限制。

（a）神规定合理地使用所有的土地，首先为了满足人们的共同需要。土地亦为在其中劳动的人而创造，而不是为那些不在土地上劳动的人而创造。在《旧约》中，社会存在的规范模式是由一片耕作土地而结合在一起的农业家庭。然而，在今天，只有一小部分人依靠农业而生存。资本主义的根本特征是大量人口脱离开农业和财产为小部分人所有。因此，我们必须对财产加以分类，把生存所必需的财产，真正的自由所必需的财产，以服务为目的的财产，以及为赚取利润而积累的财产，与用于扩大个人权利和剥夺他人的自由财产区别开来。从后者来说，有必要存在一些特别的约束，来保护正规的工业，有意义的劳动，以及工人的个人自由。其中，最坏的选择是在计划社会中国家大权独揽；较为容易令人接受的是在民主

---

[1] William L. Shirer, *The Rise and Fall of the Third Reich*, New York: Simon and Schuster, 1960, p. 431.

社会中通过立法来限制权力的自由使用；而较佳选择是在属灵的社会中以道德上负责的方式自愿地使用经济权利。

（b）财产的继承是一种社会凝聚因素。在继承不复存在的地方，家庭亦不复存在。因为所有的财产来自获取和赠与，继承不但不是错误的，而是合情合理的。在继承方面错误的是它的误用，即助长一种寄生虫式的生活。

（c）通过禧年或第五十年（即在七个安息年之后）的规定，《旧约》即保证又限制永久所有权（见《利未记》第25章第8节）。在希伯来的神权政治中，所有的人均受此约束。土地之所以不能"永卖"，是因为神是终极所有者，而人只是"客居的人"（《利未记》第25章第23节）。在禧年，财产要归还给原来的所有者（《利未记》第25章第10节），所有的奴隶亦必须宣告自由（正如神把整个以色列人从在埃及的奴隶状况下拯救出来一样）。因此，禧年成了"通过土地而重获自由"的时间。另外，《旧约》规定，在安息年，土地必须休耕。在今天，禧年的一些客观法则已经由其他的方法来实现。例如，自从工业革命以来，科技种田已使土地不经安息年休耕得以恢复。在以土地为主要财产的农业社会，实际的财产归还可以在一个固定的时期极其艰难地来推行。在贸易、商业和资本主义企业的时代，由于财产的多样化，这些客观法则已几乎不能贯彻。但是，《旧约》保护穷人不受奴役的精神和意旨，却仍然存在。《旧约》时期的先知们谴责对财产的无限的占取、保留和永久化，说这种行为扼杀他人的生命，压抑无能获取财产的人的生活（《以赛亚书》第5章第8节）。今天，财产的积累为不动产税所阻抑，这种税收实际上把部分财产的价值征作为社会的共同基金。现代经济理论中有一个倾向，即错误地认为，财富像土地一样是固定的。进一步的问题是，应把财富分布在大量的人手中。《旧约》的法律制度明显地区别于现代的法律体制。前者具有神对社会生活的立法；而后者则在各国均有差异。一些现代法律制度亦常常削弱而不是保护产权。因而现代法律制度不能提高个人的自觉与责任。

（d）在决定土地的最适当应用时，唯一可供选择的标准是土地充分利用。这包括土地的经济收益。这里，计划社会应该除外。因为，计划社会是按一个人们所不愿接受的标准来操作的。

（e）因为神赋意志力量予政府，国家可以是一个财产占有者。但是，国家并不是真正的财产所有者，因为神是至高无上的所有者和万有之主。只要民法不与神的权威相冲突，合法的政府权威就应当被支持。在缺乏自律的情况下，政府可以为社会良善的缘故诉诸立法来约束财产的不良使用。但是，如果有人提出为维护普遍的公正而限制国家的权限，或提出限制国家不至于通过立法来保护任何一个阶级的特殊利益而损害另一个阶级的利益，国家就不能对此充耳不闻、置之不理。政府限制人权的代价要远比人们一般想象的要大得多。因此，政府不值得去冒此风险[1]。实行自由制度而没有道德和属灵的成熟，很快就会产生法律限制的要求。这包括对权利和自由的限制。阻止违反公共秩序和一般人的福利的财产的误用，是政府的义务。但这不是它的首要义务。承认和维持私有财产才是政府的首要责任。加之，私有财产并不是国家所权定的一种制度，而

---

[1]　根据《新约》的教导，即使是坏的政府，基督徒也必须服从。因此，基督徒应该尽力限制使用民权。其他人可能倾向于选择闹事和造反。但基督徒应该最好阻止造反的需要。

是神授予人类的一种不可剥夺的权利。正如西塞·戴鲍尔（Cecil DeBoer）所指出："最好实行基督教的代管制（Christian stewardship），并且按时实行，而不是太晚。"[1] 人们拒绝作神的管家，决定了他们成了一些假神（这里指金钱或政府）的奴隶。

（f）在早期，一部分使徒所在教会的基督徒出于相互的爱心，曾实行过凡物公用，以满足每个人的需要。因而，这些使徒从对财产的个人的价值观念上，以及从他们出于过信心生活而把作神的管家置于自私之上方面，表现了他们的信仰。他们这种自愿奉献出自己的财产做法，使得一些早期教父得出了私有财产出自贪婪的错误结论。

然而，从《圣经》的观点来看，如果财产被用于事奉神和服务于人，合法的所有权无论从属灵的意义还是从道德的角度来说，都是正当的。一些宗教社会主义者曾认为，所有权问题应由神来审判，因而它不再是一个法律问题。这种观点是站不住脚的。尽管《圣经》准许政府维持公正和限制非公正，它却不鼓励政府控制人们的生活和财产，从而用强制代替自由。这些宗教社会主义者的观点错在两个方面：首先，在提出"加速末世来临"（即企图在现在就建立一个乌托邦社会）的命题时，他们并没有看到这样一个事实，即人们现在生活在一个非同于神的天国的政治和经济制度中。其次，他们随意把社会主义的一些特征加予神的国度。尽管基督教本身是对社会秩序的创造性的挑战，然而，《圣经》却并没有把这

---

[1] Cecil Deboer, *Responsible Protestantism*, Grand Rapids: Wm. B. Eerdmans Publishing Co., 1957, p. 105.

种挑战界定为对私有产权及形式的攻击。

# （五）

在当今的社会危机之中，私有产权观念的模糊不会给社会带来任何益处。同时，私有产权概念亦不能仅仅依赖于次等的准可（secondary sanctions），即只是依靠法律的规定。这种作法将使私有财产经不起现代否定观点的攻击。对于仅仅从人的个性发展和自由企业经济学的角度来看待产权问题的人来说，私有财产的确是必不可少的一部分。但是，当极权政府欲僭越地决定人们的整个生活时，除了神对人权的立法与规定，没有任何吁求能支撑整个人权的大厦。因此，私有财产不是仅靠民法的传统得以确立，它亦是神的意旨，并符合道德法则。这种对私有财产的有神论者的证明，亦要求人在其存在的所有方面均生活在神的赞许之中，包括劳动与财产。当从严格的责任和人权的角度来考察产权问题时，以及把占有物的使用视为事奉时，只有把从道德根源的角度来看待的资本主义合理性，提高到神的目的与慈爱的更高的层次，才能给予解释。

世俗的资本主义的私有财产的概念是苍白无力的，这是因为它脱离了外在的支撑点。也正是因为缺乏外在的立法，私有财产的内在假定常常靠不住。在一些资本主义国家，对私有财产的尊重的降低，就非常清楚地证明了这一事实。对私有财产的尊重的下降，可以从两种趋势中测量出来：第一，越来越多的侵犯财产案件发生。尽管所有的民法均谴责侵犯他人财产，社会对此类犯罪的惩罚却变得更宽大了。这说明人们亦不把此类犯罪看得如以前那样严重。

1950 年在美国的所有监狱犯人中，73％的人是因为侵犯他人财产而被关押的。根据美国联邦调查局的《综合犯罪报告》，除了有组织的犯罪外，美国社会主要面临的犯罪问题是：高速公路抢劫，住户和商业建筑的盗窃，汽车、汽车零部件和单车的偷盗，抢钱包，雇员的小偷小摸，商店偷盗，骗售物业，以及各种诈骗。

第二，在世俗的资本主义社会中，产权观念的下降，还表现为对无财产的人的同情心的下降。如果考虑到私有财产是一种人权，是人的发展的一个必要手段，是神的权柄和人的代管得以实现的一种工具，是社会的稳定与安全的一个条件，那么，私有财产所有者就应该深思这样一个问题：怎样才能让无所有者参与这一不仅是人的特权而且是人的权利的领域？没有产权，追求幸福就是一句空话。没有财产，人的自我价值就会降低。阿瑟·杨（Arthur Young）在他的《法兰西旅游记》（1787）曾说过一句话："财产的魔力能把沙子变成黄金。"[1] 因此，任何一种宏扬私有财产的经济哲学，必须勇敢地批评私有财产的误用。否则的话，这种社会制度的反对者将会通过借用一些模棱两可的例子，来挫败人们在产权上的信心。一个有产权的人同时亦有责任。在当今的自由世界中，最急需的责任是保护而不是破坏他人的产权。

假如要重新恢复对私有财产的尊重的话，在自由世界中，人们必须接受这样一个事实，即只有基督教的原则才能恢复人们在财产问题上的道德自律。从在当今时代人对所有权承认（不但在对待无财产的人方面，而且在对待邻居方面）的背叛这一事实，使我们怀

---

[1]　Arthur Young, *Travels in France*, 1787.

疑人们在保护私有财产问题上的道德上的诚意。在一篇名为《罗马的交通》一文中，托马斯·斯特林（Thomas Sterling）形容罗马的卡车司机"像走路一样随便地挤凹他人的普通汽车的防护板"[1]。在美国，不尊重他人的私有财产的例子亦可谓俯拾即是。周末旅游者顺便把空啤酒罐扔到别人的草地上；行李搬运工人装卸别人的易碎包裹时任意摔打，好像它是一个水泥块；旅馆的接待员揭下房客信件上的外国邮票；散步者总是牵着狗从他人的土地上走过，如此等等，不胜枚举。这些琐碎的事例，说明美国人在许多方面违反他们所公开声承的对私有财产的信奉。

综上所述，应该说，在今天有必要大声疾呼地重新强调个人的私有产权。此外，由于犹太教—基督教把所有人权（包括产权）放在道德和属灵责任的舞台背景之中，只有《圣经》的观点，才会为私有财产做出最强有力的证明。最后，从任何角度来说，经济学的中心问题是代管（stewardship）问题。而基督教信仰把代管看作是至关重要的。当一种无神论哲学攻击私有财产并把它说成贪婪的结果时，仅仅从社会效益上来为私有财产辩护，说私有财产是人的发展所必须的，甚至从私有财产的法的基础上说它是正确的，均是不够的。当私有制的敌人声称私有财产是一种习俗的产物并且是伪公正的时候，对他们的最有力的回答是，私有财产是来自神的创造。而神是公正的定义者，亦是人的权利和责任的终极源泉。

---

[1]　Thomas Syerling, "Romes on the Two Wheels", in *Italviews*, January, 1964.

（原载萨缪尔·L．布鲁曼菲尔德编《人道经济中的财产问题》[1]，第 23～45 页。

本文分节为译者所加。为了适应国内的宣传口径。译者亦对原文略有删节。——韦森 1995 年原注）

**韩客尔**（Carl F. H. Henry）美国最著名的神学家和哲学家，当今神学界的泰斗。美国北方浸信神学院神学博士，波士顿大学哲学博士。曾任教于美国许多神学院和大学，并任美国基督教高级研究院院长，《当代基督教》杂志的先锋编辑。韩客尔教授著作等身，讲学海内外，曾被列入美国名人录。韩客尔教授的许多著作已被译为中文。其中包括《神·启示·权威》四卷。

＊**译者附言**：悉尼华语基督徒会堂的郑欧传道和澳洲《自立快报》的编译劳焯坤兄弟曾给本译文初稿提出许多修改意见。特此志谢。但是，文中尚有误译之处，完全由译者自己负责。译者还特别感谢原台湾"中华福音神学院"院长戴绍曾（James H. Taylor）牧师费心征得作者的同意以中文发表和出版——1995 年于澳大利亚。

---

[1]　Samuel L. Blumenfeld ed.，*Property in a Humane Economy*，La Salle，Illinois：Open Court，1974.

# 初版后记

哪里有像今日喧嚷科学民主者必欲抹杀一切道德、宗
教、哲学、生命的学问这种蛮横不讲理的衰世怪现象呢?

——牟宗三（1997b，第 92 页）

在这本小册子初稿的撰写接近尾声的时候，适逢目前国际上著名经济学家、美国斯坦福大学的青木昌彦（Masahiko Aoki）教授来复旦讲学。我和我的同事张军教授得以有机会与青木教授一块共进工作午餐。由于我在复旦讲授的"比较经济学"与青木教授在斯坦福这几年开设的"比较制度分析"（comparative institutional analysis）内容差不多重合，我们在交谈中一见如故，交流颇多。这次青木教授来中国，主要是来参加他的巨著《比较制度分析》中译本在上海的发行仪式。这部著作是由青木教授和钱颖一教授等斯坦福的学者所共同拓辟出的"比较制度分析"研究领域中最新、最前沿和最全面的研究成果。它用英文、法文、日文和中文在全世界同时出版，也说明了作者本人对这部著作的重视。

青木教授于 2001 年 12 月 5 日下午在复旦的讲演中专门提到，他这本著作的分析有意避开了"文化"这一变量。他给出的理由

是，他觉得对经济理论分析来说，文化这一"剩余解释变量"太难把握。[1] 很显然，这是从当代主流经济学理论进路分析社会经济现象的一个自然结果。事实上，这也是我近些年来一直不敢苟同青木教授只从社会博弈均衡的理论进路理解社会制序的地方。文化与制序，密不可分。这两者，离开哪一方，都解释不清楚另一方。我实在不能相信，如果不考虑中国、日本和韩国文化与英美和西方文化的差异，一个经济学家就能比较得了和解释得清楚如中国、日本、韩国、新加坡的市场经济制序与英美和欧洲诸国市场经济制序的差异。当然，在当代新古典主义主流学和博弈论的分析框架中，文化确实是一个难以操作的分析变量。但无论从直观上来判断，还是从社会历史事实上来观察，文化在社会制序的生发、型构、驻存和演进中，无疑起着某种"原发性的"或者说"内生性的"作用。虽然我们还不能像青木教授所提及的那样把所有"制序"均归结为"'文化基因'编程的结果"（这就无疑成了地道的"文化决定

---

[1] 这里要指出的是，不但只是在当代经济学界中有这一认识，文化思想界的其他学者也常常表达出相似的见解。杜维明教授所提出的文化只是经济学分析的"添加价值"说，就是明显的一例。在1998年庆祝新加坡《联合早报》创刊75周年的讲演中，杜维明（Tu, 2001, 90）教授曾说："讨论文化在我看来是一种"added value"，就是经济学所谓的'添加价值'。就是说，谈文化不是把其他东西都排除掉，单谈文化，而是在其他问题都考虑了，却不周全，还要把文化价值这一软体的东西加进来。"杜维明教授的这一见解，显然与青木教授等新古典主义主流经济学家的"文化只是经济学解释的一个剩余变量"的见解不谋而合。说不能以文化分析排除和替代其他分析当然是对的。但是，相对于社会制序生发、型构、驻存、变迁以及市场经济体系的运作来说，文化绝非是一种像"软体一样的"、"外生的"或"嵌入的"东西，而是内在于其中的东西，或如青木（2001, 中译本，第3页）教授所提出来但表示怀疑的那样："制序是'文化基因'编程的结果。"因此，把文化和制序，把文化变量与经济变量分别视作"两张皮"，是当代新古典主义主流经济的理论进路中容不下，也容不得"文化考虑"的主要原因。

论"），但离开了文化，却难能解释得清楚什么是"制序"，也更难能比较得了东方（如中国、日本、韩国、朝鲜、新加坡、越南）和西方（如英美、法国、德国和意大利等）的目前存在的社会制序。当然，正如青木教授所意识到的那样，要把文化变量融入新古典的数学模型建构式的分析中去，是非常困难的。然而，没有文化方维的考虑，比较东西方的社会制序（不是像从前那样只从计划与市场、集权与分权、公有与私有的视角比较"资源配置方式"即经济体制），又有任何意义？又有多少可信度？

因之，如果非要在依文化方维做"描述性"和"分析性"的解释与做精美且逻辑严谨的经济学数学模型建构之间做一选择的话，我会毫不犹豫地选择前者。这实际上也是我 2001 年初从剑桥大学访学归来后没有运用任何数学或博弈模型为复旦的研究生和部分进修教师们讲授"文化与制序"这个题目的原因［但在为同一班同学讲授"伦理道德与社会制序"的题目时，我就使用了一些简单数学和博弈模型，（见韦森，2002）］。也正是在为讲授这一题目而撰写授课笔记的压力下，我初草了这一小册子。另外，从目前国际学坛来看，也已经有许多经济学家开始运用数学和博弈论分析工具把文化变成对经济体系分析的一个"内生变量"。譬如，青木教授的同事、斯坦福大学的格雷夫（Avner Greif）教授在他最近几年才拓辟出的"历史比较制度分析"的进路中，就非常高明地把"文化信念"变量"内生"在他的对 11 和 12 世纪地中海周遍的热那亚和马格里布商人社会的历史"博弈模型"分析中去了。当然，从文化视角来研究社会经济制序的生发、型构、维系和变迁，目前还只能说是一个尚待开发的新领域。在这个领域的拓荒中，经济学家与其更多地向数学和博弈论的工具箱中寻求分析方法和工具，毋宁更多地从弗雷泽（James G. Frazer）、马林诺夫斯基、列维-斯特劳斯和格尔兹等人类学巨匠们著作中，以及从涂尔干、滕尼斯、韦伯、帕森斯（Talcott Parsons）和伯杰（Peter L. Berger）等社会学家的著作中汲取更多的东西。另外，不了解"新儒家"和"后儒家"的理论进路，不了解西方汉学家以及西方研究日本和东亚问题的学者的工作，也显然难能从文化和制序相互作用的视角来比较东西方的社会制序。否则的话，即使做了一些纯经济学的体制比较，即使运用了现代经济学的数学和博弈论分析工具，也不可能会有多大理论与现实意义，并且很有可能再次落入"比较经济体制"（comparative economic systems）旧的巢臼中去。毫无疑问，从文化与制序的相互关系比较当代世界诸社会的制序，将是一项浩大和艰难的工程，但无疑这是一颇富研究前景并具有非常重要的研究意义的领域。也许毋庸赘言，相对于这一极富研究意义和开拓前景的比较制序（度）分析来说，呈于读者面前的这本小册子，只是一"门外"的"呼吁"和"呐喊"。这里之所以匆匆草草地把这本小册子付梓，也只是希冀更多的学界同仁——尤其是未来的青年思想者们——能投注更多的研究精力于这一研究方向。

这里谨志对 2001 年和 2002 年上半年选修我的"制度经济学"课程的复旦大学经济学院、复旦大学其他学院以及外校的研究生和进修教师的谢忱。我这本小册子的许多观点，都是与选修我这门课程的研究生和一些校内、校外教师教学互动中形成的。这里，也特别感谢笔者的学术友人林毅夫、汪丁丁、张雄、叶航、黄少安、茅于轼先生、李杨女士，我的同事张军、马涛和宋铮、陆铭、陈钊、王永钦博士，以及我的学生、安徽工业大学的蔡保兴教授和赵冠骁博士，我的学术友人、奥斯汀哲学专家福建师范大学杨玉成博士，南开大学的曹利群博士，南京理工大学的祁洞之、朱宪辰教授，等等学界友人对这一小册子或其中部分章节的评论。我的一些学生如季虹、李达、吴锦宇、李萌、程嘉等也对本书的文字表达提出了一些有益的意见，并被采纳到修改稿之中。目前正在美国读书的我的学生朱渊为了这本小册子的撰写，还从美国杜克大学图书馆专门为我复印到了格尔兹的《文化解释》英文原版，这对我理解格尔兹的原意提供了直接的帮助。[1] 这里也谨志谢忱。这里特别感谢上海人民出版社尤其是何元龙先生的鼎力支持，方使得这本横跨经济学、哲学、人类学和社会学等多门学科因而自然有些晦涩难懂的学术著作得以面世。笔者再次感谢忻雁翔女士在编辑这本著作所做的大量工作。我的三部学术著作，都能有幸经由忻雁翔女士的精湛、细心和纯熟的编辑润色，实在是幸运之至。另外，本研究曾得到复旦大

---

[1] 有惧于国内翻译界的"胡翻乱翻"，这几年来，当我引用外国学者——尤其是一些思想大家——的文句时，不查对原文，我一般不大敢引用一个句子。翻译不仅是一个语言水平问题，更重要的是一个"文化理解问题"。因此，在我引用一个西方学者的话而限于国内条件找不到原文而不得不从中译本引用时，我心里总是不踏实。同样，当我遇到一些德文、法文原作被转译到英文而我只有通过英文来理解作者的思想时，我也常有这个恐惧感。譬如，在我最近撰写《经济学与伦理学》的小册子时，曾涉及亚里士多德的《尼各马科伦理学》中的一段文字，当我读到苗力田先生根据古希腊文版翻译的中译本，再查核一下自己书架上存放的"西学基本经典100部"中亚里士多德的同一著作的英译本中的同一段话时，我简直不知如何是好。苗力田先生是国内翻译名家，又是亚里士多德专家，故读了苗先生的中译本，我有点不敢再信英译本了，甚至不敢再引这段话。前一段时期参考几种英译本读康德的"三批判"和苗先生翻译的康德的《道德的形上原理》时，我也常有此恐惧感。在那本小册子中，当我不得不引用康德的几句话时，我也只好根据英文和中文的多种译本，自己揣摩着重新翻译。

学亚洲研究中心项目基金的资助，这里也谨志谢忱。最后也特别谨志内子阮素娥的支持。这本小册子的每一句话，每一个字，都是在素娥的陪伴和爱的滋润中构思出来并键成电脑文档的。最近，我在各地的许多学生都反映，我的文笔和话语（discourse）风格近来发生了很大变化，即从我以前（如上海三联书店 2001 年出版的《社会制序的经济分析导论》）的晦涩、幽暗和沉闷中，变得轻松、清晰和明朗起来了。这即是原因。

最后，我真城地希望，这本由于评述列维-斯特劳斯、格尔兹、道金斯等学者的著作和涉及牟宗三先生等"大家"学者的一些思想而自然带有些思辨色彩的小册子，能给读者一点点清新和明晰的思想，以接近实现我 2000 年圣诞期间在剑桥所萌发、并在最近将由天津人民出版社出版的我的经济学随笔论文集《难得糊涂的经济学家》"后记"中所表达出来的一个梦想："**经济学应该是诗。**"

韦森于 2002 年 11 月 20 日谨识于上海复旦

**图书在版编目（CIP）数据**

文化与制序：修订增补版/韦森著.—上海：上海三联书店，2020.7
ISBN 978-7-5426-6962-9

Ⅰ.①文…　Ⅱ.①韦…　Ⅲ.①新制度经济学－研究
Ⅳ.①F091.8

中国版本图书馆 CIP 数据核字（2020）第 013477 号

# 文化与制序（修订增补版）

著　　者/韦　森

特约编辑/谷　雨
责任编辑/李　英
装帧设计/徐　徐
监　　制/姚　军
责任校对/张大伟　王凌霄

出版发行/上海三联书店
　　　　　（200030）中国上海市漕溪北路 331 号 A 座 6 楼
邮购电话/021-22895540
印　　刷/上海南朝印刷有限公司

版　　次/2020 年 7 月第 1 版
印　　次/2020 年 7 月第 1 次印刷
开　　本/640×960　1/16
字　　数/250 千字
印　　张/18
书　　号/ISBN 978-7-5426-6962-9/F・800
定　　价/68.00 元

敬启读者，如发现本书有印装质量问题，请与印刷厂联系 021-62213990